가림 경영학 총서 15

네트워크시대 네트워크 마케팅

임동학 지음

가림출판사

책머리에

"성장하는 시장의 길목에 그물을 쳐라", "고기가 많은 바다에 그물을 쳐라."

매우 잘 알려진 마케팅 금언이다. 이 말을 바꾸어 말하면, 쇠퇴하는 시장의 길목에 그물을 치면 그 사업은 어려워지고, 고기가 없는 바다에 그물을 치면 노력에 비하여 성과가 오르지 않아 실적은 엉망이 된다는 뜻일 것이다.

1999년 9,150억 원, 2000년 2조 원, 2001년 3.9조 원, 2002년 4.9조 원, 매년 20~100% 성장하는 네트워크 마케팅은 분명 성장하는 시장의 길목이고, 고기가 많은 바다임이 틀림없다. 따라서 두 가지 종류의 사업이 있다면 하나는 확실한 사업이고, 다른 하나는 확실하지 않은 사업이다. 성장하는 시장, 고기가 많은 바다는 확실한 사업이 될 것이다.

갈브레이드가 『불확실성의 시대(*The Age of Uncertainty*)』를 발표한 이래, 그리고 IMF를 겪으면서 우리는 엄청난 불확실을 경험해 왔다. 은행이 무너지는 모습을 보았고, 35%의 소득이 떨어지는 현상을 경험했으며, 대학졸업은 성공이라는 등식이 무너지고 있고, 10년 후 사업실패률은 95%나 되며, 26개의 그룹이 추풍낙엽처럼 도산하는 것을 보아 왔다.

어디 그 뿐이랴. 40~50대의 명예퇴직과 강제퇴직으로 정년의 신화가 무너지고 있으며, 아시아 1위라는 이혼율은 결혼이 더 이상 경제적 안정을 보장해 주지 못하는 현실을 말해주고 있고, 노인이 되어 갈 곳 없게 된 노인 인구는 하루가 다르게 늘어가고만 있다. 열심히 노력하고 성실하게 일하면 성공한다는 교과서식 등식도 무너지고 있다. 불확실해도 너무 불확실한 것이다.

우리는 모두가 간절히 소망하고 바라는 것이 있다. 하고 싶은 것, 되고 싶은 것, 갖고 싶은 것, 불가항력의 불행으로부터 보호받고 싶은 것…. 그러나 대부분의 사람들은 열심히 일하고 성실하게 일하고 있음에도 그것을 이루지 못하고 있다. 그것은 이미 태어나면서, 성장하는 과정에서, 환경적 이유에서 불평등이 지배하고 있기 때문일 것이다. 권력의 세습, 부의 세습, 명예의 세습이 과거보다 더욱 심해졌고, 그래서 '개천에서 용 난다' 는 신화를 만들어 가는 몇 안 되는 사람들은 영웅이 되곤 한다.

모두가 간절히 소망하고 바라는 것을 이루고, 시간으로부터의 자유, 빚으로부터의 자유, 스트레스로부터 벗어나 자유롭고 싶다. 진정한 자유를 원하고 있는 것이다. 그 모든 것의 대부분은 경제적 충족으로 가능해질 수 있는 것이다.

많은 사람들을 영웅으로 만드는 길이 있는가? 모두가 평등하게 경제적 성공기회를 가질 수 있는가?

많은 사람들이 영웅이 되는 길이 있다. 모두가 평등하게 경제적 성공기회를 갖는 길이 있다. 네트워크 마케팅이 그 길이다. 네트워크 마케팅은 학력, 배경, 성별, 남녀, 종교, 경험 등의 제약으로부터 모두에게 평등의 길과 영웅의 길을 열어 놓고 있기 때문이다.

만일 당신이 그 길에 관심이 있다면 '네트워크 시대, 네트워크 마케팅' 을 가까이 하는 것이다. 그리하면 그 길은 아주 쉽게 당신에게 다가올 것이 분명하다. 더욱이 그 길은 성장하는 길목이고 고기가 많은 바다라고 말하지 않던가?

'젖과 꿀이 흐르는 가나안 땅', 꿈을 향해 가는 것이다. 진정한 자유를 향하여….

2003년 봄, 망원동 연구실에서

임 동 학

CONTENTS

CONTENTS

제2장 피라미드를 넘어 전략목표로…

제3장 유통방식을 넘어 행동하기로

제4장 사업목표를 넘어 지렛대효과로

제6장 부 록

본문 내용 중 설명이 필요한 단어는 밑줄로 강조해 놓았습니다. 이 단어들은 제6장 부록 편 네트워크 마케팅의 용어 해설을 참조하시기 바랍니다.

1

불확실성을 넘어 네트워크로

불확실성의 시대

불확실성의 시대

불확실성의 시대

불확실성의 시대

1억을 손해본 회사원

김한수 씨는 다른 샐러리맨들과 다를 바 없는 직장인이다. 아침 8시 30분에 회사에 도착해 오후 6시 30분이면 어김없이 퇴근한다. 직장생활 13년 동안 알뜰히 저축하여 1억 5천만 원을 모았다. 그리고 그 돈을 평소에 알고 지내던 모 신용협동조합 이사의 권유에 따라 높은 이자가 보장되는 정기예금에 묶어 두고 있었다.

2002년 가을 그는 뉴스를 듣다가 기절할 뻔했다. 부실 신용협동조합을 퇴출시킨다는 소식을 들은 것이다. 그래서 거래하는 신용협동조합에 가보니 이미 많은 사람들이 모여 있었으며 하나같이 울분을 토하고 있었다. "아들 학자금인데 이를 어쩌나 …", "집사람 수술비로 쓸 건데…", "사업자금으로 사용하려 했는데…". 아비규환이 따로 없었다.

그로부터 1개월 후 김한수 씨는 1억 5천만 원 중 예금자 보호법에 따라 5천만 원만 돌려 받았다. 하늘이 꺼지고 땅이 무너지는 것 같았다. 먹을 것도 제대로 먹지 않고 입을 것도 입지 못하고 아내의 성화에도 제주도 여행 한번 가보지 못하고 억척스럽게 모은 돈이었다.

우리는 '은행은 망하지 않는다'는 신화 같은 것을 믿고 살았다. 그런데 은행이 망하기 시작한 것이다. IMF를 거치면서 많은 부실 은행과 금융기관이 간판을 내렸다. 적어도 그 이전에는 상상도 하지 못하던 일이 현실로 나타나고 있는 것이다.

그러나 이미 이것을 예견했던 사람이 있다. 갈브레이드가 그 사람이다. 그는 아담 스미스에서 마르크스에 이르는 사회 · 경제적 불안을 너무도 상세하게 기술하고 있다. 토지와 금을 바탕으로 정치 · 경제 · 사회가 움직여 나가던 '확실성의 시대'를 뒤로 하고 변화와 팽창이 계속되는 '불확실성의 시대(The Age of Uncertainty)'에서는 돈과 은행에 대한 불확실성이 더욱 우리를 초조하게 만든다고 했다. 결국 불확실한 금융기관에 저축한 것을 두고두고 후회해도 1억 원의 돈은 찾을 수가 없는 것이다.

35%의 소득 하락

우리 대부분은 가난을 벗어나자고 '잘 살아보세!'를 노래하면서 열심히 일했다. 월세 방에서, 전세로, 전세에서 작은 연립주택으로, 연립주택에서 30평 아파트로 조금씩 재산을 불리면서 희망을 갖고 살았다. 그리고 마침내 내 집을 마련해 이삿 짐을 옮겨 놓고 목놓아 울었던 기억이 있다. 그랬다. 희망이 성취되었다는 감동 때문에 그랬을 것이다.

1997년 IMF의 파고와 함께 확실하게 느껴졌던 미래에 대한 꿈이 하루아침에 사라져 버렸다. 불확실해도 이렇게 불확실할 수가 없는 것이다. 30평에서 연립주택으로, 연립주택에서 전세로 하향 이동이 시작되었다. 1997년 1인당 국민소득이 10,315달러에서 1998년 1인당 국민소득은 6,744달러로 35%나 하락하고 만 것이다. 어떤 사람은 노숙자로 전락하고 목을 매 자살한 사람도 있었다.

박정희 대통령 이후 성장만을 계속했던 우리가 마이너스 성장을 기록하면서 성장에도 불확실성이 있다는 것을 알게 되었다. '국민의 부'를 이루겠다는 정치인들의 공약이 얼마나 불확실한가를 여실히 보여주었다. 그 와중에 부자는 더욱 부자가 되고 가난한 자는 더욱 가난해졌다. 이른바 '부익부 빈익빈(富益富 貧益貧)'인 것이다. 〔표 1-1〕과 같이 1997년의 1인당 국민소득은 IMF로부터 4년이 지나 외환보유고가 1천억 달러가 넘었다지만 2001년 현재 8,900달러로 1997년의 1인당 국민 소득을 회복하지 못하고 있다. 참으로 불확실한 세상이다.

연도	국민총소득(억 달러)	1인당 국민 소득	경제성장률
1997	4,740	10,315	5.0
1998	3,121	6,744	−6.7
1999	4,007	8,595	10.9
2000	4,592	9,770	9.3
2001	4,213	8,900	3.0

〔표 1-1〕 국민 1인당 소득 변화추이

4년제 대학졸업자의 미취업률이 40%

김대중 전 대통령과 노무현 대통령이 상고 출신이라는 것이 알려지면서 세간에는 이런 말이 회자되고 있다. "법대는 별 볼일 없고, 상고는 별 볼일 있다."는 것이 그것이다. 이 말을 반영이라도 하듯 요즈음 4년제 대학졸업자의 취업이 사회문제로 대두되고 있다. 2000년에는 43.3%가 취업을 못 하더니 2002년에는 40%가 취업을 하지 못하는 것으로 보도되고 있다. 10명 중 4명 이상이 취업을 하지 못하는 것이다. 부모가 힘들여 가르쳤지만 빈둥빈둥 노는 젊은이가 늘어나고 있는 것이다. 굶어도 대학은 보내야 하고, 가는 것이 옳다고 생각했다. 그래서 어려서부터 학원을 다니며 공부를 하고 없는 돈 있는 돈을 동원해 대학을 졸업시켰더니 갈곳이 없다니 참으로 한심하다.

언젠가 한국의 박사 11만 명 중 실업자가 50%라는 이야기를 들었을 때 필자는 귀를 의심하였다. 많이 배우면 배울수록 성공하고 출세하는 것이 아닌가? 그런데 어째서 많이 배우면 배울수록 오히려 힘들어 지는 세상이 되어가고 있는 것일까? 한때 한 가문에 박사 한 사람 있으면 온 고을에 칭송이 자자했던 때를 생각하면 참으로 허망하기 그지없다. 이제 대학교육과 좋은 직장, 그리고 성공이라는 등식은 불확실해졌다.

5년 후의 사업성공률 22%

샐러리맨의 꿈은 오너가 되는 것이다. 그래서 이렇게 말하곤 한다. "나가서 구멍가게라도 하면 굶기야 하겠는가?" 말은 그럴 듯 하다. 그러나 사업에 성공한다는 것이 얼마나 힘든 일인지 잘 모르고 하는 소리지, 알고 하는 소리는 아닌 듯 싶다.

필자는 현재의 사무실에서 3년을 넘게 사업을 하고 있다. 그런데 다른 곳은 1년이 다르게 입주업체들이 바뀌는 것이다. 이른바 도산이나 폐업으로 사무실을 닫는 곳이 대부분이다. 이 건물에서 3년 전부터 있던 업체는 필자와 또 한 곳밖에 없다. 참으로 망하고 흥하는 것이 무상하기 그지없다. 망한 사람들의 대부분은 개업과 함께 고사를 지내고 새 책상을 들여놓는다 법석을 떨지만 대부분 2년을 넘기지 못하고 문을 닫았다. 사업이라는 것이 회사에 근무할 때보다 3배로 일해도 될 듯 말 듯 한데 회사에서 근무하는 자세로 일한다면 성공할 사업이 그리 많지 않은 것을 그들은 모르는 듯 싶다. 그래서 사업은 창업하기 보다 지키는 일이 더 어렵다고 말하지 않던가?

통계청 자료에 의하면 오늘 100개의 기업이 새 출발하면 2년 후에 도산할 확률은 26%이고, 5년 후에 도산할 확률은 78%여서 결국 5년 후에는 22%만이 생존한다는 것이다. 전국에 약 280만 개의 사업체가 있는데 평균 수명은 6.5년이라는 것이다. 특히 수명이 짧은 업종은 음 · 숙박업(음식점, 숙박업)으로 평균수명은 1.5년이라는 것이다. 5년 후의 생존율이 22%라고 했지만 10년 후의 생존율은 5%를 넘지 못할 것으로 추정된다. 그런데 문제는 한 번 실패하면 공든 탑이 무너지고 신용은 땅에 떨어지며 막대한 재산이 공중분해 된다는데 더 큰 심각성이 있는 것이다. 따라서 사업이라는 것도 불확실하기는 마찬가지이다.

26개 그룹의 도산 *

'대마불사'의 신화를 이 땅에 뿌렸던 많은 재벌들이 어느 날부터인가 추풍낙엽처럼 떨어지기 시작했다. IMF 3년간 재벌그룹 몰락이 26개, 상장사 몰락이 49개, 참으로 어처구니없는 일이다. 이들 회사의 도산으로 살을 에는 추운 겨울에 길거리로 내몰린 근로자들의 경제를 생각해 보면 가슴이 저리다.

도산한 그룹들을 한 번 뒤돌아보자. 한일, 청구, 해태, 신동방, 대우, 동아건설, 진로, 극동건설, 건영, 성원, 고려증권, 나산, 대농, 신호제지, 한신공영, 신원, 쌍방울, 우방건설, 통일, 아남, 신동아, 거평, 서광건설, 태일정밀, 기아자동차 등…….

그렇다면 이들 그룹들은 왜 갑자기 도산했는가? IMF 때문이었는가? 또 다른 이유가 있었을까? 혹자는 말한다. 그들은 정경유착의 고리를 포기하지 않았다거나, 부채비율이 높았다거나, 총수의 사생활이 문란했다거나, 2세 경영자의 재산싸움이 있었다거나, 과잉투자의 덫에 걸렸다는 등이 그것이다.

필자는 위에 사례로 든 원인 외에도 더 많은 이유가 있을 것이라고 생각한다. 그 같은 이유들은 허먼 메이너드 2세와 수전 E. 머턴스의 공저 『제4의 물결(*The Fourth Wave*)』에서 찾을 수 있다. 이 책의 필자들은 기업의 몰락이 '외부로부터의 충격'보다는 '내부로부터의 파괴'가 더욱 심각함을 보여주고 있다. 〔표 1-2 내부로부터 파괴되고 있는 회사〕를 보면 납득이 갈 것이다.

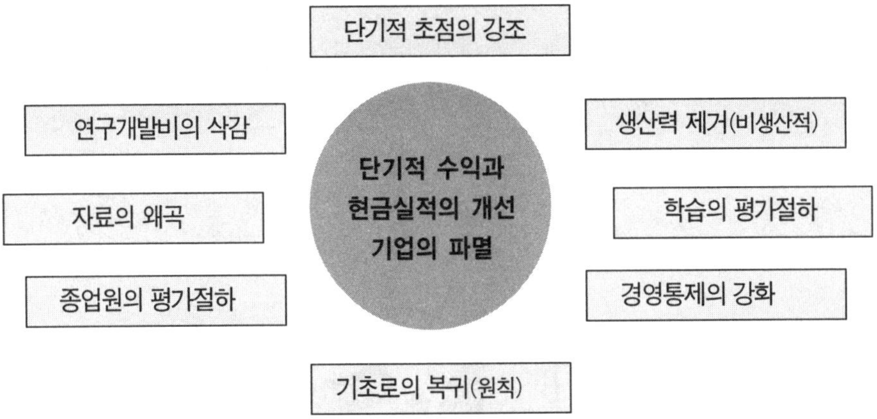

단기적 초점의 강조

연구개발비의 삭감

자료의 왜곡

종업원의 평가절하

단기적 수익과 현금실적의 개선 기업의 파멸

생산력 제거(비생산적)

학습의 평가절하

경영통제의 강화

기초로의 복귀(원칙)

〔표 1-2 내부로부터 파괴되고 있는 회사〕

미국의 경우 대기업과 중소기업의 대부분이 내부로부터 파괴되고 있는 것으로 주장되고 있다. 대부분의 기업들은 단기적 수익에 부응하기 위하여 많은 재산을 처분하고 있으며 현금화할 재산이 남아 있지 않으면 도산하게 된다는 것이다. 그리고 기업들이 수익을 창출하지 못하는 데는 〔그림 1-2〕에서 원인으로 제시한 바와 같이 학습의 평가절하로 교육이 줄고, 경영통제의 강화로 '과오를 범하지 않겠다는 사원들'을 양산하며, 기초로의 복귀로 융통성이 없으며, 종업원을 평가절하하거나, 자료(회계자료 등)를 왜곡하거나, 연구 개발비를 삭감해 더욱 단기적 초점을 강조하게 되는 악순환이 이루어진다는 것이다.

평생 직장이 사라지고 있는 이유들을 이제 어림잡아 느꼈을 것이다. 그리고 사업(事業)인가? 사업(死業)인가를 다시 한 번 생각해 볼 필요가 있는 것이다. 기업에 인생을 건다는 것이 얼마나 불확실한 것인가를 다시 한 번 공감해야 한다.

자기책임경제의 시대

자기책임경제의 시대

자기책임경제의 시대

자기책임경제의 시대

55세의 대기 발령

S사 연수원에 강의를 갔을 때 어깨가 축 늘어지고 힘없어 보이는 50대의 간부 사원 20여 명이 웅성거리고 있는 것을 보았다.

"30년을 한결같이 청춘을 바쳤는데…."

"누가 아니래. 배신감 때문에 잠을 이룰 수가 없어…."

"이런 저런 생각을 하면 울화통이 터져 죽겠어…."

이들은 불과 얼마 전까지만 해도 현업 지점장으로 어깨에 힘을 주었던 사람들이다. 그런데 어느 날 낙동강 오리알 떨어지듯이 연수원에 대기발령이 내려졌고 1948년 이전에 태어난 사람은 모두 이곳에 모인 것이다. 그리고 회사측으로부터 '의원사직' 아니면, '연봉 20% 삭감'으로 근로계약을 체결할 것인가를 3개월 내에 결정하라는 통보를 받은 상황이었다. 아직 자녀들은 고등학교와 대학에 다니고 있어 한참 돈이 들어가야 할 처지에 갑자기 불어닥친 대기발령이 실감나지 않는 분위기였다. 어떤 사람은 이렇게 말한다. "30년 일하고 30년을 쓰면서 산다."고. 군대를 제대하고 취업하는 나이가 25세, 보통 55세면 기업에서 천덕꾸러기가 되는 것이다. 55세를 전후하여 명예퇴직 또는 강제퇴직을 당하면 85세까지 돈을 써야 하는데 결국 30년 벌고 30년 쓰는 인생이 된다는 것이다.

만일 여의치 않으면 명예퇴직 후에도 취업을 해야 하나 그 나이에 취업은 현실적으로 거의 불가능하다. 무엇인가 자기 사업을 하면서 살아갈 방법을 찾아야 하는 것이다. 그러나 그것 또한 만만치 않은 것이다.

44세부터 적자인생

그렇다고 40대는 상황이 훨씬 좋다는 증거가 있는가? 모 생명보험회사의 직장인 수명주기를 보면 44세부터 지출이 수입을 초과하여 적자 가계가 된다는 것이다. 요즈음 강제퇴직 1순위가 40~50대라는 것을 감안하면 이러한 적자기간은 더욱 길어질 공산이 크다. 이에 따라 중년의 안정은 사라지고 그 대신 적자를 메우기 위해 집의 크기를 줄이

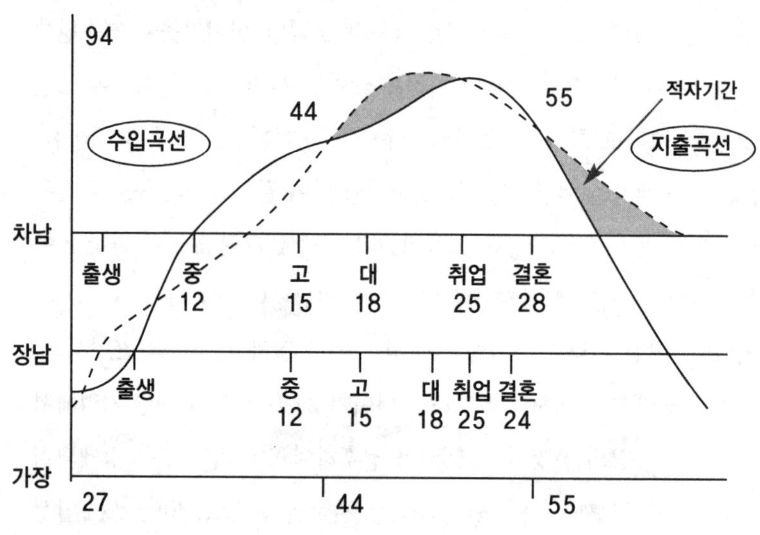

〔표 1-3〕 인생 수명 주기상의 수입 · 지출 추이

거나 은행창구를 기웃거릴 수밖에 없는 것이다.

어쨌든 직장인들은 이래저래 경제생활에서 자유로울 수가 없는 것이다. 〔표 1-3〕에서 보는 바와 같이 20대에는 결혼자금 마련 때문에, 30대는 내 집 마련 때문에, 40대에는 자녀학비와 과외 때문에, 50대에는 자녀 결혼자금과 노후 준비 때문에 늘 재정적으로 허덕이면서 살아가는 것이다. 그러니까 44세부터의 적자인생이 우리를 괴롭히는 것이다.

이혼율, 아시아 1위

얼마 전에 모 탤런트와의 이혼을 전격적으로 발표했던 C씨의 기사로 한동안 신문지상이 떠들썩했다. 탤런트들의 이혼이 어제 오늘의 일은 아니다. 아마도 가장 많은 이혼율을 기록하는 사람들이 연예인이 아닐까 싶다. 1970~80년대만 해도 '여편네 팔자는 뒤웅박 팔자'라고 해서 남편 잘 만나 시집 한 번 잘 가면 팔자가 늘어진다고 했다. 그러나 이혼율이 이렇게 높아지는 현실에서 결혼만이 경제적으로 안정을 찾는 최선의 길은 아닌 것이다. 통계청에 의하면 1990년 이후 이혼이 꾸준히 증가하여 일본, 대만 등 주요 아시아 국가를 제치고 아시아 1위라는 자리를 차지하고 있다. 이 같은 통계를 보면서 웃어야 할지, 울어야 할지 모르겠지만 어쨌든 가정파괴의 현상이 심각하게 대두되고 있다. 특히 최근에는 황혼이혼율이 급격히 증가하여 1991년에 비하여 2000년에는 13.4%에서 26.3%로 두 배 가까이 증가한 것이 특색이다. 이 같은 현상을 두고 '자기중심적 삶의 지향 등 가치관의 변화와 경제적 요인이 이혼율을 높이고 있다'고 통계청은 설명하고 있다. 그런데 아마도 경제적 요인이 더 크게 작용하고 있는 것으로 보인다.

최근 들어 맞벌이가 증가하고 있는 이유는 부부가 함께 벌지 않고는 미래의 풍요를 기대하기 힘들기 때문이다. 특히 서울과 대도시의 주거비와 교육비 문제는 하루가 다르게 치솟고 있어서 어느 한 사람의 수입으로 버티기에는 한계에 와 있다.

더욱이 젊은층으로 갈수록 이혼율은 심각해진다. 서울의 경우 하루에 277쌍이 결혼하고 78쌍이 이혼한다는 것이다. 높은 이혼율은 여성이 경제적인 독립성을 갖기를 요구하고 있다는 사실을 시사하고 있다. 그래서 결혼은 더 이상 여성들의 도피처가 될 수 없음이 명백해졌다.

78세 노인의 가출 *

노인 문제는 더욱 심각하다. 뼈가 으스러지도록 일해서 아들을 대학 공부시키고 결혼시켜 주었는데 노후에는 기댈 곳이 없다. "작은 집도 아들입니다. 몇 년은 거기서 지내십시오", "원래 부모님은 큰아들이 모시는 것 아닙니까?" 노인을 물건 취급하듯이 이리저리 밀고 있는 것이 현실인 것이다. 이럴 때 가슴을 치고 통곡하고 싶을 것이다. 자식에 대한 배신감이 어찌 크지 않겠는가?

어느 날 2호선 홍대역 부근에서 배회하는 78세의 할머니와 마주쳤다. 가실 곳이 없다고 했다. 그리고 눈물을 흘리면서 "아들과 며느리의 구박이 너무 심해서 그냥 무작정 나왔어 …."라고 하셨다. 그러면서 어디 무료 양로원이라도 찾아갈 계획이라는 것이다.

78세 할머니의 모습이 미래에 우리의 모습이 아닐 것이라고 장담할 수 있겠는가? 이제 더 이상 경로효친 사상이 한국의 자랑거리는 아니다. 그만큼 노인 문제는 발등에 떨어진 불과 같은 것이다.

선진국에서는 60세 이상 노인 인구가 전체 인구의 20%를 넘기고 있다고 한다. 한국도 노인 인구가 계속 증가하여 2050년이면 전체 인구의 33%가 되어 두 명이 한 사람의 노인을 부양하게 된다는 것이다. 따라서 노인 문제는 앞으로 더욱 논의가 활발하게 이루어지겠지만 많은 사람들은 노인이 되어 경제적으로 자유롭지 못하고 궁핍하게 살아갈 확률이 매우 높다. 미국의 경우 65세 이상 노인의 현황을 살펴보았더니 자선단체나 친인척에 의존하여 사는 사람이 75%, 여전히 일을 해야 먹고사는 사람이 23%이고 경제적으로 자유로운 사람은 2%에 불과했다. 세계적인 경제대국의 모습이 이러하다면 20년 후 우리의 모습도 크게 다를 게 없을 것이다. 〔표 1-4〕에서 보는 바와 같이 우리나라의 노령화지수도 급속도로 진행되고 있어 20년 전에 비하여 3배를 웃돌고 있다. 앞으로 20년 후의 모습은 불을 보듯 뻔하다.

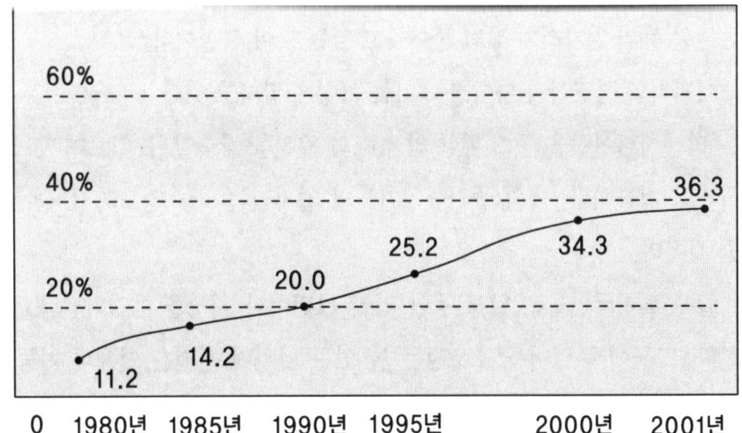

〔표 1-4〕 한국의 노령화지수 추이

$$노령화지수 = \frac{65세\ 인구}{0\sim14세\ 인구} \times 100$$

- 유년층 인구에 대한 노령층 인구의 비율로 이 지수가 증가할 때의 현상을 노령화라 하고 인구의 연소화에 대한 상대적 개념이다

40%의 감축과 실업률

많은 변화 중에서 우리가 피부로 느끼고 있는 것 중의 하나가 바로 많은 종업원을 거느린 대기업이 점점 사라지고 있다는 것이다. 왜냐하면 오늘날에는 뛰어난 소프트웨어 시스템을 모니터링 할 수 있는 전문가 1명이 과거에 5천 명이 하던 일을 간단하게 해치우고 있기 때문이다.

특히 최첨단 기기는 중간유통업 단계의 직장을 사라지게 하고 있다. 사이버 거래가 증가하면서 보험설계사, 증권중개인, 자동차 세일즈맨, 은행원 등의 일자리가 점점 줄어들고 있는 것이 사실이다.

세계적인 경영학자 마이클 해머는 이렇게 말하고 있다.

"리엔지니어링을 통해 평균 약 40%의 인원을 감축할 수 있으며 75%까지도 가능하다. 특히 중간관리자들의 일자리는 80% 정도까지 줄어들 것이다."

실제로 미국인들은 일생 동안 평균 11번이나 직장을 옮겨다닌다고 한다. 그들에게 있어 구조조정은 늘 있는 일이며 실업은 언제나 가능한 일로 받아들여지고 있다. 그리고 이러한 추세는 날이 갈수록 더욱 더 강해질 것이다. 2000년 5월 현재 사이버증권거래는 50%에 달하고 주요 증권사의 사이버거래는 60%대에 이른다. 또한 자동차의 사이버 거래가 폭발적으로 증가하여 3만 명에 이르는 자동차 세일즈맨이 위기의식에 휩싸여 있으며 보험설계사의 경우에도 지난 4년 동안 11만 명이나 격감하였고 향후 5~10년 이내에 보험의 인터넷 판매 비중이 50%를 넘어설 것으로 예측되고 있다.

우리가 겪고 있는 이 변화의 바람은 결코 늦출 수조차 없다. 빌 게이츠는 이렇게 말하였다.

"변화는 선택의 문제가 아니다. 사실, 우리는 그 어느 때보다 빨리 변화하고 있지만, 우리는 투표를 통해 변화를 멈출 수가 없다."

이제 평생 직장은 옛말이 되었다. 그런 와중에 노동집약적인 산업은 저임금 국가로 이동되고 있다.

통계청 자료를 보면 실업률은 2002년 1월 3.7%에서 2002년 10월 2.7%로 1%가 낮아진 것으로 발표되었으나 비정규직이 50%를 넘는 실정이고 보면 피부로 느끼는 실업률은 더 높을 것으로 보인다.

고실업시대를 방관할 것인가, 아니면 능동적으로 이를 준비하면서 살 것인가?

그렇다. 살벌한 21세기를 살아가는 지혜가 있다면, 누구에게도 어디에도 경제적으로 의지할 데가 많지 않다는 것을 아는 것이다. 젊을 때의 기개와 품위를 노인이 되어서도 지키고 싶은가? 그리고 갑작스럽게 불어닥치는 실직과 이혼에 대비하고 싶은가? 또한 적자인생으로부터 흑자인생이 되고 싶은가?

결론은 하나, '자기책임경제의 시대'를 만들어 가는 것이다.

네트워크 시대

네트워크 시대

네트워크 시대

네트워크 시대

두 종류의 커브 *

아이언 모리슨의 『제2의 커브(*The Second Curve*)』가 시사하는 바는 매우 크다. 이것은 어떤 변화가 우리에게 닥쳐오는지를 실감하게 해준다. 세계의 질서는 '제1의 커브'에서 '제2의 커브'로 이행되고 있다는 것이다. 〔표 1-5〕와 같이 '제1의 커브'나 '제2의 커브'는 저자가 명명한 것으로 앞의 것은 전통적인 시장, 조직, 개인을, 뒤의 것은 미래의 시장, 조직, 개인을 말하고 있다. 특히 '제2의 커브'에서 미래를 좀더 선명하게 느낄 수 있는 것이 보인다. 소비자 중심이라는 것, 전자통신 교역 중심이라는 것, 인터넷 세상이라는 것, 인적 자원이 중요해진다는 것, 개인이 네트워크로 결합된다는 것, 불확실성의 시대라는 것, 미래의 경력이 중요하다는 것 등이 그것이다.

제1의 커브	제2의 커브
시 장	
자본	지식
생산자	소비자
대서양	태평양
일본	중국
국제무역	전자통신교역
컴퓨터	· 인터넷
물적 자원(돈)	인적 자원(사람)
조 직	
기계적	유기적
엔지니어링	환경
기업	· 개인과 개인의 네트워크
수직적 · 수평적 통합	가상의 통합
비즈니스 프로세스	문화
개 인	
열심	초 효율적
안전	불확실성
현재의 경력	· 미래의 경력
믿음	희망
충성심	용기

〔표 1-5〕 제1의 커브와 제2의 커브의 차이

지금 우리가 숨쉬고 있는 이 시간에도 엄청난 변화가 진행되고 있다. 미래를 위해 무엇인가 준비를 해야 되지 않겠는가? 그렇다면 우리는 변화의 중심에 설 것인가 아니면 변화의 주변에서 서성거릴 것인가? 그것을 결정해야 하는 변곡점(變曲點)에 서 있다. 늘 그러하듯이 먼저 변하는 자가 유리할 가능성이 높다. 따지고 보면 모든 기회는 선점하는 자의 몫이기 때문이다.

특히 가슴속 깊이 클로즈업되는 단어가 있다. '인터넷'과 '개인과 개인의 네트워크' 및 '미래의 경력'이 그것이다. 아마도 이 3가지의 단어가 21세기 성공의 키워드가 되는 것은 아닌가? 그런 생각이 든다. 개인과 개인의 네트워크, 그리고 그것이 인터넷과 연결된다. 그것은 미래가 아니라 이미 우리 앞에 성큼 다가온 것은 아닐까?

우리는 이제부터 미래를 위한 경력을 만들어야 할 필요가 있는 것이다. 그것은 낯설고 새로운 것이며 맞서 싸워야만 얻을 수 있을지도 모른다. 그러나 두려워 할 필요는 없다. 자신이 소유한 것을 기초로 자신을 다시 개발하면 되는 것이기 때문이다. 새로운 경력을 만드는데 주저하지 말자. 스포츠용품 회사인 나이키사에서 배울 것이 있다. 그것은, "바로 행동에 옮겨라(Just do it)."이다.

제4의 물결

미래학자 앨빈 토플러는 『제3의 물결(*The Third Wave*)』이라는 저서를 통해 인류문명의 변화과정을 다음과 같이 설명하고 있다.

제1의 물결 : 농경시대. 원시적인 사냥과 농사를 중심으로 사회가 이루어졌다.

제2의 물결 : 산업화 시대. 영국 공장에서 300년 전에 시작되어 제2차 세계대전 중과 직후에 전성기를 맞이했다.

제3의 물결 : 정보화 시대. 1950년대, 미국에서 확립되어 화이트칼라 노동자의 수가 블루칼라 노동자의 수를 넘었다.

제1의 물결 시대에는 대부분의 국가에서 전 국민의 90% 이상이 1차 산업에서 종사하였다. 그리고 제2의 물결 시대에는 너도나도 공장을 중심으로 하여 삶을 영위하였다. 하지만 제3의 물결인 정보화 시대에는 지식자본이 중요해졌고 정보통신이 급속도로 발전하면서 자연보호와 삶의 존엄성이 높이 평가되기 시작했다.

그렇다면 미래의 물결을 무엇이라고 해야 할까? 필자는 아마도 그 물결이 '제4의 물결' 이 되지 않을까 예상된다. 그런데 그 제4의 물결은 네트워크 시대가 될 것으로 보인다. 21세기는 이 네트워크가 큰 물결로 자라잡고 세상을 변화시키는 주역이 될 것으로 보인다.

그렇다면, 네트워크(Network)에 대하여 좀더 생각해 보자. '네트워크' 란 정보기술에서 통신선로에 의해 서로 연결되어 있는 일련의 연결점들을 의미한다. 네트워크는 다른 네트워크와 연결될 수 있고 하위 네트워크를 포함할 수 있다. 그래서 네트워크는 망상(網狀)조직, 연락망, 방송망이라는 뜻을 갖고 있으며 한편으로는 거미줄, 그물 망이라는 뜻도 있다.

따라서 네트워크에서 사용자의 수가 많을수록 어떤 재화나 시스템의 사용가치가 커지는 현상을 '네트워크효과(Network Effect)' 라고 한다. 마치 팩스를 사용하는 사람이 많을수록 팩스의 가치가 높아지는 것과 같다. 그리고 경쟁기업이든, 협력업체든, 개인과 개인들이 상호 밀접하게 연결되어 있어 전략적 제휴를 맺고 있는 것처럼 보이는 것을 '네트워크조직(Network Organization)' 이라고 한다.

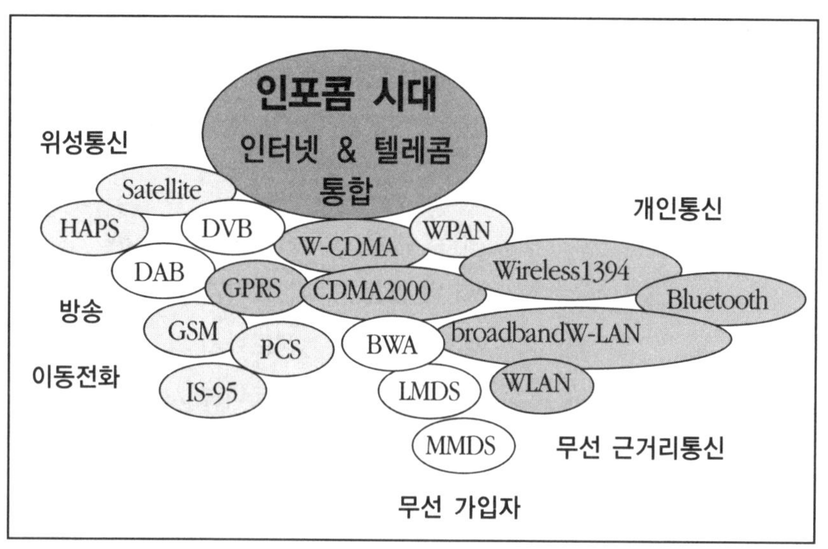

경쟁기업 협력업체/개인과 개인의 밀접한 연결/
시스템들의 연결/전략적 제휴 = 네트워크조직

〔표 1-6〕 네트워크 시대의 개념도

〔표 1-6 네트워크 시대의 개념도〕에서 보는 바와 같이 네트워크 시대는 인터넷과 위성통신, 방송, 이동전화, 무선가입자, 무선근거리통신, 개인통신 등의 텔레커뮤니케이션(텔레콤)이 결합되어 인포콤시대를 형성하고 다시 네트워크 조직과 만나면서 '네트워크 시대'가 되는 것을 보여주고 있다. 따라서 제4의 물결은 다음과 같이 네트워크 시대가 될 것으로 판단된다.

제1의 물결	농경시대
제2의 물결	산업화시대
제3의 물결	정보화시대
제4의 물결	네트워크 시대

이미 '제2의 커브'에서 설명한 바와 같이 네트워크 시대 역시 인터넷, 그리고 개인과 개인의 상호 밀접한 연결이 똑같은 무게로 거론되고 있는 것이 특징이다. 이제 좀더 쉽게 네트워크 시대를 풀이하면 '인터넷과 텔레커뮤니케이션, 그리고 네트워크 조직이 연결되는 상황'을 말하는 것으로 이해하면 된다.

2종류의 사람

우리는 앞에서 제2의 커브와 네트워크 시대가 오고 있음을 보았다. 그것이 미래이기도 하지만 이미 우리의 품속에 깊숙이 파고 들어오고 있다는 것을 모르고 있는 사람들이 있다.

1900년까지 정보는 100년마다 배로 늘어났지만 제2차 세계대전이 끝나고 정보는 25년마다 배로 늘어나고 있다고 한다. 그런데 최근에는 5년마다 배로 늘어나고 있다는 것이다. 필요한 정보를 필요한 장소에서, 필요한 시간에 따라잡아야 한다.

세상에는 2종류의 사람이 있다. 한 종류의 사람은 빠른 자(The fast)이고, 또 한 종류의 사람은 느린 자(The slow)이다. 빠른 자는 변화의 물결과 정보를 신속하게 받아들이고, 늦은 자는 그것을 늦게 받아들이고 따돌림을 당하거나 무리에서 밀려난 낙오자가 되는 것이다.

이는 국가, 기업, 개인에게 모두 적용되는 개념이다. 느린 국가, 느린 기업, 느린 개인들은 거대한 변화를 느끼지 못한다. 느린 자는 과거 산업사회의 낡은 틀과 사고방식, 업무처리방식에 안주하기 때문에 변화를 거부하거나 빨리 적응하지 못하는 경우가 많다. 그러므로 미래는 빠른 자가 느린 자를 지배하고 느린 자는 결국 2류, 3류 등으로 처져 도태의 길을 걸을 수도 있는 것이다.

네트워크 시대, 우리는 변화에 적응할 것인가 아니면 변화에 도태될 것인가?

마케팅 시대

마케팅 시대

마케팅 시대

마케팅 시대

마케팅의 4가지 개념

필자는 1개월 전에 K사에 마케팅 컨설팅을 실시한 적이 있다. '마케팅 컨설팅' 이라는 서비스상품의 판매과정을 보면서 마케팅의 4가지 개념을 알아보자.

첫째, 인간은 무엇인가 부족함을 느끼고 있을 때 필요를 느끼게 되고 필요를 만족시키는 서비스나 상품을 갖고자 하는 바람을 욕구라 하는데, 이렇게 특정 제품이나 서비스에 대한 욕구에 구매의사와 능력이 뒷받침될 때 그것을 '수요(Demand)' 라 한다.

둘째, 소비자는 서비스나 상품의 여러 대안 중에서 '만족과 가치(Satisfaction & Value)' 를 느끼는 것을 선택하게 된다.

셋째, 상품이나 서비스를 제공하는 기업이 이익이 있어야 '교환(Exchange)' 이 이루어진다.

넷째, 어떤 제품이나 서비스의 실제 또는 잠재적 구매자들의 집합을 '시장(Market)' 이라고 한다.

그렇다면, 마케팅 컨설팅의 서비스상품을 파는 과정을 이에 대입해 보자. K사가 마케팅 컨설팅의 필요와 욕구가 있었기 때문에 '수요' 가 있었으며, 여러 회사의 컨설팅 프로그램 가운데 필자의 회사 프로그램이 선택된 것은 그것이 '만족과 가치' 를 줄 수 있었기 때문이다. 또한 필자의 회사와 K사한테도 이익이 되기 때문에 '교환' 이 이루어질 수 있었던 것이다. 끝으로 K사와 같이 실제적으로 구매하는 업체이든 잠재적 구매자들이든 이들 모두를 합쳐 '시장' 이라고 말하는 것이다.

따라서 마케팅의 4가지 핵심개념들은 수요, 만족과 가치, 교환, 시장이라고 결론을 내릴 수 있다. 〔표 1-7〕은 마케팅의 4가지 핵심개념을 도식화한 것이다.

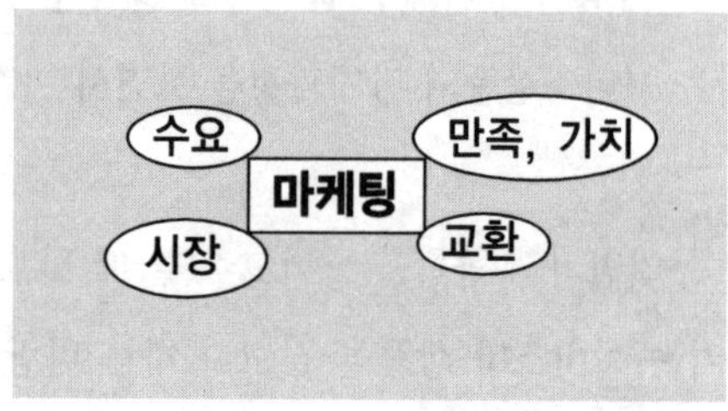

〔표 1-7〕 마케팅의 4가지 핵심개념

원하는 것을 얻는 4가지 방법

마케팅의 개념을 좀더 이해하기 쉽게 설명하면 다음과 같다.

인간이 원하는 것을 얻는 방법에는 4가지가 있다.

하나 : 원하는 것을 스스로 만드는 '자가생산방법' 으로서 배고픈 사람이 사냥, 낚시, 농사 등을 통하여 먹을 것을 농사짓거나 채취하는 것을 말한다.

둘 : '강탈하는 방법' 이 있다. 이미 수확된 농산물이나 채취해 놓은 것을 내가 배고프다고 남에게 강제로 빼앗는 방법을 말한다.

셋 : 빼앗지는 않지만 '구걸하는 방법'이 있다. 빼앗는 방법보다 도덕적으로 문제는 없지만 게으르다는 평가를 받을 것이다.

넷 : 먹을 것을 가지고 있는 사람과 옷을 가지고 있는 사람이 서로간에 배고픈 사람에게는 음식을 주고, 옷이 없는 사람에게는 옷을 주는 것을 서로가 WIN – WIN 하는 '교환의 방법'이라고 하는 것이다.

아마도 마케팅의 기원은 교환경제로부터 시작되었을 것이다. 그런데 '교환거래'에는 반드시 5가지 원칙이 있다.

- 둘 이상의 당사자가 있어야 한다.
- 서로가 상대에게 가치가 있는 무엇인가를 갖고 있어야 한다.
- 서로가 의사소통과 배달을 할 수 있어야 한다.
- 서로가 상대가 제공한 것을 거절하거나 승낙할 수 있어야 한다.
- 서로가 상대방과 거래하는 것이 적절하거나 바람직하다고 믿어야 한다.

마케팅의 3가지 정의 *

"우리의 일은 고객(회원)과 함께 가치를 창조하는 것이다."라고 말하는 사람이 있다. 아마도, 나우만이 쓴 『고객(회원) · 가치 · 창조』라는 저서를 읽고 마케팅의 정의를 '고객 · 가치 · 창조'라고 말하는 것 같다. 따지고 보면 고객(회원)이 존재하지 않는다면 마케팅은 존재할 수 없는 것이다. 그래서 고객은 가장 소중하고, 함께 발전할 대상이며, 배워야 할 대상이라고 한다. 가치는 고객에게 이익을 줄 수 있는 것을 말하며, 창조는 독특하게 차별화시켜서 남이 하지 않는 방법으로 마케팅을 전개하는 것을 말한다.

또한 피터 드러커는 마케팅의 정의를 이렇게 말했다. "마케팅이란 고객(회원) 창조와 유지이다."

끝으로 가장 많이 사용되고 있는 정의는 미국 마케팅협회의 것으로, "마케팅이란, 개인과 조직의 목표를 만족시키는 교환을 창조하기 위해 아이디어, 재화, 서비스의 컨셉트와 가격, 프로모션, 유통을 계획하고 실행하는 과정이다."를 들 수 있다.

이상의 3가지 정의를 종합하면 마케팅에 대해 좀더 가까이 다가설 수 있으리라 생각한다.

한마디로 '마케팅 행위'는 파는 사람과 사는 사람이 있어야 하며, 상품이나 서비스나 화폐가 있어야 하고, 교환거래가 서로 가치 있다고 믿어야 하며, 쌍방이 적절하거나 바람직하다(만족)고 생각해야 가능한 것이다.

다단계 마케팅과 피라미드 영업

"나는 피라미드 영업을 해서 1,000만원을 빚졌다.", "나는 다단계를 해서 돈을 많이 벌었다.", "네트워크 마케팅 권유를 받았는데 검토중이야."

실제로 우리는 이런 이야기를 자주 듣는다.

필자에게는 25살 난 딸이 있다. 벌써 3년 전의 일이다. 하루는 딸의 방에서 우연히 많은 양의 비누와 치약을 보고 놀라지 않을 수 없었다.

"웬 비누와 치약이 그렇게 많아?"

"…." 다시 물었다.

"웬 비누와 치약이 그렇게 많으냐고 물었잖아?"

"다단계 사업하려고요."

"뭐 다단계? 그게 얼마치인데?"

"80만 원…."

그 때는 다단계인지, 피라미드인지 그것은 잘 알지 못했다. 다만 3개월을 넘기지 못하고 그만두었다. 그 때 남은 비누와 치약은 아직도 남아 있고 가족들로부터 "질이 좋지 않은 것을 억지로 쓴다."며 핀잔을 듣고 있다. 이 글을 쓰면서 생각해 보니 딸은 피라미드 영업을 하려 했던 것이 틀림없다. "아빠 이제 저는 어린아이가 아니잖아요."라면서 대들던 딸을 생각하면 지금도 헛웃음이 저절로 나온다.

어쨌든, 지금처럼 네트워크 마케팅(Network Marketing)이 보편화되기 전에 일본식의 다단계 마케팅(Multi-level Marketing)이라는 용어를 썼고 피라미드 영업(Pyramid Sales)이라는 용어도 있었다. 아마도 네트워크 시대를 맞이하면서 다단계 마케팅을 네트워크 마케팅으로 고쳐 부르기 시작한 것으로 보인다. 따라서 네트워크 마케팅과 다단계 마케팅은 손의 바닥과 등이라고 보아야 할 것이며 동의어에 가깝다.

실제로 1993년『유통산업의 대혁명 MLM(Multi-Level Marketing)의 실체(김정수)』라는 저서가 출간되었는데 이 책의 내용 중 135쪽부터 암웨이, 선라이더 등 유수한 네트워크 마케팅 회사가 소개되고 있는 것을 보면 알 수 있다. 이 책은 제1장 무섭게 번창하는 MLM업계, 제2장 MLM이란 무엇인가?, 제3장 실제 사례와 분석, 제4장 피라미드 방식이란 무엇인가?, 제5장 MLM사업에서 성공하기 위하여 등으로 그 내용이 이루어져 있다.

이상의 내용을 종합하면, 건전하고 상식적인 것을 네트워크 마케팅이라 하고, 불건전하고 비상식적인 것을 피라미드 영업이라고 하면 될 것이다. 네트워크 마케팅과 피라미드 영업의 차이는 〈피라미드 영업의 함정〉편에서 살펴보겠다.

네트워크 마케팅의 정의

그렇다면, '네트워크 마케팅의 정의'는 무엇인가? 네트워크 마케팅의 키워드를 살펴보면 답이 나온다. 첫째, 마케팅, 둘째, 네트워크, 셋째, 인터넷(전자상거래). 따라서 '네트워크 마케팅이란 개인과 조직의 목표를 만족시키는 교환을 창조하기 위하여 제품이나 서비스의 개념과 가격, 프로모션, 네트워크 유통 및 전자상거래를 계획하고 실행하는 과정이다.' 라고 말할 수 있을 것이다.

네트워크 마케팅의 특징을 살펴보면 다음과 같다.

첫째, 제품이나 서비스를 중간유통업자를 거치지 않고 고객에게 직접 판매하는 형식을 갖는다.

둘째, 제품이나 서비스가 독립적인 사업자들의 네트워크를 통해 유통된다.

셋째, Off-Line 및 On-Line 거래가 모두 가능하다.

넷째, 독립적인 사업자는 인적 네트워크의 넓이와 깊이에 따라 보상이 달리 제공된다.

다섯째, 사업자의 입장에서 보면 무점포 판매이다.

여섯째, 학벌, 경험, 지위, 남녀 등 어떤 제한도 받지 않는다.

네트워크 마케팅을 생각하면 거미줄을 연상하면 된다. 한 가닥의 긴 거미줄은 매우 약하지만 그 줄로 엮어 만들어진 원형의 거미줄 망은 한 가닥의 거미줄에 비하여 매우 강한 힘을 발휘하듯이 많은 사업자(Distributor)들로 이루어진 인간의 거미줄 망은 막강한 유통력을 발휘하게 되는 것이다.

마치 밤하늘에 홀로 떠 있는 작은 별은 보잘것없지만 별들이 무리를 이루고 있는 은하수는 매우 아름답고 장엄한 것과 같다. 한 사람의 사업자는 보잘것없지만 많은 사업자들이 무리를 이루고 있는 커다란 네트워크는 강력한 협력체이면서 이익을 공유하는 집단이 되는 것이다.

어쨌든 마케팅은 중요하다. 지금을 마케팅 시대라고 하는 것은 팔지 못하면 기업이 생존할 수 없기 때문이다. 판다는 것을 전제로 부가가치가 발생하기 때문이다. 그래서 기업의 생존 키워드는 매출액 목표달성, 이익률 목표달성, 시장점유율 목표달성인데 그 중에 가장 중요한 것은 '판다' 고 하는 마케팅인 것이다.

네트워크 마케팅 시대

네트워크 마케팅 시대

네트워크 마케팅 시대

네트워크 마케팅 시대

사업실패에 대한 3인의 증언

우리는 흔히 풍요롭게 살기를 희망한다. 그러나 풍요롭게 살기 위해서는 가정경제가 뒷받침되지 않으면 안 된다. 어떤 사람은 부모로부터 많은 유산을 물려받아 평생 일하지 않고도 먹고사는 사람이 있는가 하면, 또 어떤 사람은 복권이 당첨되어 대박을 터트리는 경우도 있다. 그런가 하면 증권에 투자하여 큰돈을 버는 사람도 있고, 전문가로 인정받아 성공적인 프리랜서로 살아가는 사람도 있으며, 사업으로 큰돈을 버는 사람도 있다.

그런데 각자의 능력과 형편이 다르기 때문에 꼬집어 말하기는 힘들지만, 유산만 하더라도 그것은 선택된 소수만이 혜택을 누리고 있으며, 복권에 당첨될 확률은 너무 희박하고, 증권 투자는 전문가도 쪽박을 차는 경우가 많으며, 전문가가 되기 위해서는 상위 5% 이내에 진입해야 하는데 그것이 쉽지 않다는 것이다. 끝으로 사업은 10년 동안 유지할 확률이 5%에도 미치지 못한다.

사업에 대한 실패를 말하는 것은 즐거운 일이 아니지만 몇 가지 사례를 들어본다.

◈ 사례 1

유○석 씨는 대기업 전산부에 근무하면서 터득한 소프트웨어 개발에 대한 노하우를 밑천으로 사업을 시작했다. 그러나 소프트웨어 개발이 늦어지면서 창업자금은 바닥이 났고, 개발이 완료되면서 엄청난 마케팅비용을 감당하지 못하고 도산하고 말았다. 그는 "샐러리맨은 지긋지긋 하다."고 말하였는데 또다시 샐러리맨으로 돌아가고 말았다.

◈ 사례 2

한○수 씨는 합정동 네거리에서 한 블럭 들어간 곳에 찜닭 집을 차렸다. 장사를 처음 시작했을 때에는 손님이 많아 일손이 모자랄 정도였지만 6개월 후부터 차츰 손님이 줄기 시작하더니 최근에는 거의 손님이 없어 가게문을 닫고 말았다. 고객들의 입맛이 매우 빠르게 변하고 있다는 것을 깨닫지 못하고 속수무책으로 있다가 2억 원이라는 투자비 중 간신히 5천만 원을 챙기는 아픔을 감수해야 했다.

◈ 사례 3

오○혜 씨는 1억 5천만 원을 투자하여 꽃집을 차렸다. 꽃집을 한 지 3개월 후 어느 날 갑자기 법원으로부터 자신이 입주해 있는 건물이 경매로 낙찰되었다는 사실을 통보 받고 망연자실할 수밖에 없었다. 그도 그럴 것이 오○혜 씨는 경매 개시 후 주인과 계약을 맺었고 전세권에 대한 확정일자를 받지 못해 보증금 1억 5천만 원을 한푼도 챙기지 못하고 떼이게 된 것이다. 부동산 권리분석에 대한 상식이 없었던 그녀로서는 참으로 청천벽력 같은 사건이었다.

돈이 중요한 시대

"늙어가면서 든든한 효심은 돈"이라는 말이 있다. "돈 떨어지자 입맛 난다.", "돈만 있으면 개도 멍 첨지라.", "돈 있으면 귀신도 부릴 수 있다.", "돈 있으면 범도 무섭지 않다.", "돈에 침 뱉는 놈 없다.", "돈이 돈을 번다.", "돈이 없으면 적막 강산이오, 돈이 있으면 금수강산이다.", "돈이 장사다." 등 돈에 대한 우리의 속담은 너무나 많다. 그리고 돈이 소중하기는 옛날이나 지금이나 매 한 가지다. 성경에 부지런히 돈을 벌어야 하는 이유를 강조하고 있는 구절이 있다.

어느 집에 세 사람의 종이 있었다. 주인이 멀리 오랫동안 여행을 떠나면서 한 사람에게는 1달란트를, 다른 한 사람에게는 2달란트를, 나머지 한 사람에게는 5달란트를 주었다. 주인이 여행에서 돌아와 5달란트를 받은 종에게 그 돈을 어떻게 했느냐고 물었다. 그 종은 5달란트를 이용하여 10달란트를 만들었다고 대답했다. 이에 주인이 "충성스러운 종아, 네가 가진 것을 이용함에 있어서 충성을 다했으므로 너에게 더 많은 돈을 주겠노라."라고 했다.

또 2달란트를 받았던 종에게도 물어보니 그 종도 그 돈을 몇 배로 불렸다고 말했다. 끝으로 주인은 1달란트를 받은 종에게 그 돈을 어떻게 했느냐고 물었다.

"주인님, 주인님께서는 다른 종들에게는 많은 돈을 주셨지만 저에게는 1달란트만 주셨습니다. 뿐만 아니라 당신은 못 하는 것이 없는 주인이기 때문에 뿌리지 않은데서 거두는 것으로 알았으며, 1달란트는 잃어버릴까 겁이 나서 땅에 묻어 두었습니다." 그러자 주인이 대답했다.

"너는 사악하고 게으른 종이다." 그리고 나서 그 1달란트마저 빼앗아 10달란트를 가지고 있는 종에게 주었다. 그 이후 세상의 울보들은 이렇게 말해왔다.

"부자는 더욱 부자가 되고, 가난한 자는 더욱 가난해진다."

그리고 성경에는 이런 말도 있다. "갖은 자에게 더 많은 것이 주어질 것이다." 이 메시지가 주는 뜻은 분명하다. 당신이 가지고 있는 것을 취해서 이용하라. 그러면 그것은 더 많은 보상을 가져올 것이라는 뜻일 것이다.

어쨌든 우리는 풍요롭게 살아야 하고 노후를 대비해야 한다. 그것에 대한 확실한 보루는 돈이라는 것에 이의가 없다. 사마천은 『사기열전』의 〈화식(貨殖)〉 편에서 이렇게 말했다.

"부를 얻는데 일정한 직업이 없다. 천금의 부자는 한 도시를 지배하고, 만금의 부호는 왕(王)과 즐거움을 같이 한다."

우리의 비전 *

무엇이든지 미래에 꿈을 줄 수 없다면 그것을 비전이라고 말하지 않는다. 비전, 그것은 꿈인 것이다. 그러면서도 달성 가능한 꿈이어야 하는 것이다.

영국에서 가장 훌륭한 책 중의 하나로 평가받는 『천로역정』을 저술한 존 버니언은 종교적인 견해 차이로 감옥에 갇혀 고통을 겪은 후에야 이 책을 출판하게 되었다. 오 헨리는 커다란 재난을 겪고 지하감옥에 갇힌 후, 그의 천재성을 발휘하였다. 찰스 디킨즈는 비극적인 첫사랑이 영혼 깊숙한 곳을 자극하여 위대한 작가로 탄생하게 되었다. 헬렌 켈러는 태어난 지 얼마 안 되어 귀가 안 들리고 말도 못 하며 앞을 못 보았지만 그녀는 위대한 역사의 한 페이지를 그녀의 이름으로 훌륭하게 장식했다. 베토벤은 귀가 먹었지만 「운명」이라는 교향곡을 썼고, 밀튼은 눈이 멀었지만 『실락원』이라는 위대한 저서를 남겼다. 그래서 그들의 이름은 인류의 역사가 계속 되는 한 길이 남을 것이다. 왜냐하면 그들은 꿈을 가졌고 꿈을 창조적인 사고로 바꾸었기 때문이다.

그렇다면 어떻게 해야 우리의 꿈을 이룰 수 있을까?

ITT(국제전신전화회사)의 해럴드 기넌은 그 비결에 대해 이렇게 말하고 있다.

"꿈을 실현하는 사람은 어떤 일을 벌이는 사람이다. 여기서 일을 벌인다는 것은 결단을 내려 무엇인가를 시작하는 것이고 주도권을 쥐고 어떤 일에 파고드는 사람이다. 그리고 지시해줄 사람을 기다리지 않고 스스로 일을 벌여나간다."

우리의 비전은 무엇인가? 무엇이 우리의 꿈이란 말인가? 우리가 미래를 향한 풍요의 꿈을 꾸었다면 지금부터 무엇을 해야 하는가?

네트워크 마케팅의 비전

우리가 꿈을 이루기 위해서는 무엇인가 일을 벌여야 한다. 그런데 앞에서 말한 바와 같이 이 같은 문제를 해결하기가 쉽지 않다는 것을 함께 공감했다.

"늙었기 때문에 일을 멈추는 것이 아니라 일을 멈추었기 때문에 늙는 것이다.", "열심히 일을 하다가 등이 굽은 사람보다는 일을 피하려고 하다가 등이 굽은 사람이 더 많다.", "진정한 안정은 일 속에서 이루어진다." 모두 옳은 말이다.

그렇다면, 어떤 일을 벌여야 좋단 말인가? 필자는 네트워크 마케팅을 권하고 싶다. 왜냐하면 네트워크 마케팅에는 매력적인 비전이 있기 때문이다. 이른바 부담 없는 5가지 특성과 5가지 성공조건이 그것이다.

먼저 5가지 특징을 보면 다음과 같다.

- 무자본으로 사업할 수 있다. 사업을 위해 점포와 사무실, 그리고 상품의 재고를 필요로 하지 않는다.

- 무고용 조건이다. 1인 사업자 한 사람으로 충분하고 종업원이 필요 없다. 따라서 채용, 임금, 노조, 사람관리 등을 걱정하지 않아도 되며 각자의 노력에 따라 상응하는 대가가 주어진다.

- 무단계 조건이다. 본사와 총판, 도매상, 소매상 등의 유통단계를 거치지 않는 그야말로 무단계의 유통인 것이다. 그러므로 사업자간에 높고 낮은 단계가 없다.

- 무배경 조건이다. 학력, 경험, 신분, 권력, 명예 등 어떤 개인적인 배경 없이도 사업을 시작할 수 있고 노력에 따라 보상을 받을 수 있다.

- 무제한 조건이다. 어느 누구의 네트워크 활동에 대하여 제한을 받지 않으며 네트워크 라인의 깊이에 대하여 대부분 제한이 없다.

다음으로 5가지 성공조건을 보면 다음과 같다.

- 꿈이 있어야 한다. 반드시 이루어내야 할 꿈을 말한다.

- 열정이 있어야 한다. 꿈을 이루려는 열정을 말한다.

- 목표가 있어야 한다. 꿈의 실현을 위해 단계적인 목표를 설정해야 한다.
- 계획을 세워야 한다. 단계적인 목표를 달성할 구체적인 계획이 있어야 한다.
- 행동할 수 있어야 한다. 모든 계획을 행동에 옮길 수 있어야 한다.

〔표1-8〕 네트워크 마케팅의 성공시스템

게임의 주역이 되는 시대

게임을 하는 사람들이 게임에서 어떤 역할을 하는가? 그들의 역할을 자세히 살펴보자. 주인공, 평범한 사람, 뒷전에 있는 사람 등으로 구분할 수 있을 것이다. 뒷전에 있는 사람들은 주인공의 영향을 받게 된다. 그리고 이들은 관망하는 자세로 게임을 구경하고 있다.

이러한 사람들을 우리의 네트워크 마케팅에 연결하여 비교해 보자.

우리가 게임에서 주된 역할을 하는 주인공일 때, 우리는 어떤 사업도 성공적으로 이끌어갈 수 있다. 따라서 우리는 누군가가 네트워크 마케팅을 가르쳐 줄 때까지 기다리지 않는다. 많은 관심과 적극적으로 행동하는 사람이 더 빨리 성공하기 마련이다. 우리는 지금 인생의 성공이라는 게임에 뛰어들 시기이다. 그리고 그 게임에서 우리는 주역이 되어야 한다. 우리는 주역이 될 것인가? 뒷전에서 머뭇거릴 것인가?

네트워크 마케팅의 고성장 *

최근 몇 년간 네트워크 마케팅의 한국 시장은 그야말로 쾌속 질주를 하고 있다. 2001년 3.9조 원에서 2002년 4.9조 원으로 전년 대비 26%가 성장했다. 업체별 매출현황은 〈네트워크 마케팅 회사의 올바른 선택〉 편에서 충분히 설명하고 있다. 다만 여기서는 네트워크 마케팅시장이 고속 성장하고 있는 모습을 이야기하고 싶은 것이다.

한때 IMF로 시장이 위축되는가 싶었는데 매년 20~100% 성장하고 있는 한국의 네트워크 마케팅시장은 이제 세계 3위로 우뚝 서는 엄청난 성장을 기록하고 있는 것이다. 〔표1-9〕는 한국의 네트워크 마케팅 업계의 연도별 매출추이이다.

마케팅 금언에 이런 말이 있다. "성장시장에 그물을 쳐라."

시장의 성장 측면에서 보면 시장을 크게 두 가지로 구분할 수 있다. 하나는 성장시장이오, 또 하나는 성숙시장이다. 당연히 성장시장에서 그만큼 기회가 많다는 것을 의미하고 있다. 기회의 땅에 깃발을 꽂을 것인가? 아니면 외면할 것인가?

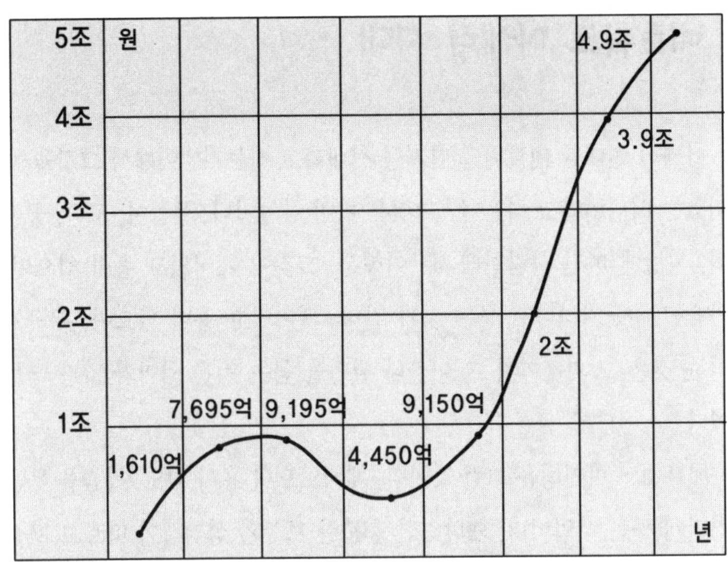

〔표 1-9〕 한국의 네트워크 마케팅 업계의 연도별 매출 추이

네트워크 마케팅 시대

어째서 현대를 네트워크 마케팅 시대라고 하는가? 어째서 그것을 재미있는 사업이라고 하는가? 그것은 마치 물놀이나, 불놀이, 도박, 공놀이, 사랑에 빠진 사람한테 왜, 어째서, 그것이 재미있고 흥미 있으며, 가슴이 두근거리냐고 묻는 것과 같다. 재미있고 흥미 있으며, 두근거리는 것은 그 자체이지 그 이유나 원인을 묻는 것은 의미가 없기 때문이다.

네트워크 마케팅은 그런 것이다. 재미있으며 흥미 있고, 가슴을 두근거리게 하는 사업이다. 왜냐하면 충분한 보상과 성취감이 따르고 자신감을 갖는 사업이기 때문이다. 따라서 네트워크 마케팅의 시대적 물결에 합류하는 사람에게는 다음과 같은 이익이 제공된다.

- 사업과 관련된 모든 것의 세금이 면제된다.
- 아이들이 우리를 필요로 할 때 그들과 함께 할 수 있다.
- 우리의 리더십이 놀랍게 발전한다.
- 부수입을 올린다.
- 지속되는 발전과 성장을 즐긴다.
- 여기에 참여하는 우리 모두에게 동등한 기회가 주어진다.
- 정년퇴임 후를 위해 저축계획을 세울 수 있다.
- 최고의 교육을 받는다.
- 할인된 가격으로 좋은 제품을 산다.
- 파트타임의 경력을 쌓는다.
- 우리에게 길을 제시하는 성공적인 사람들을 만난다.

- 아이들을 놀이방에 보낼 필요가 없다.
- 사업경비가 적게 든다.
- 자유로운 일과 시간을 갖는다.
- 새로운 친구를 많이 만난다.
- 자녀의 대학 및 대학원에 대한 교육비를 걱정할 필요가 없다.
- 아이들과 좋은 시간을 많이 가질 수 있다.
- 자유롭게 여행을 떠난다.
- 우리가 선택한 시간에만 일한다.
- 재택 근무가 가능하다.
- 긍정적이고 의욕적이며 추진력이 있고 열의와 야망이 있는 사람들과 함께 일한다.
- 우리가 각자 선택한 사람과 함께 일한다.
- 사업의 가능성보다 어떻게 사업을 하고 얼마 만큼 효과적으로 사업을 하며 봉사하는가에 따라 수입이 비례한다.
- 각자가 집중하여 사업을 전개하고 절대 포기하지 않는다면 원하는 것을 무엇이든 얻을 수 있다.
- 네트워크 마케팅 사업은 누구나 참여할 수 있다.
- 그 어느 때보다도 지금은 네트워크 마케팅을 하기에 좋은 여건을 갖고 있다.
- 네트워크 마케팅을 통해 많은 돈을 벌 수 있다.
- 네트워크 마케팅으로 우리는 원하는 만큼의 돈을 벌 수 있다.

그러나 네트워크 마케팅에 성공하려면 넘어야 할 산도 있다.

- 네트워크 마케팅에서 많은 돈을 버는 데는 시간이 필요하다. 3~5

년의 계획을 세워라.

- 네트워크 마케팅은 빨리 배울수록 좋다. 돈을 벌면서 배워도 된다.
- 시간 관리를 잘할 수 있어야 한다.
- 네트워크 마케팅에서 레벨이 높아지면 좀더 쉽게 사업을 할 수 있다.
- 대부분의 네트워크 마케팅의 마케팅플랜(Marketing Plan/보상플랜)은 최상의 결과를 기준으로 한 것이다.
- 네트워크 마케팅이 쉬울 것이라는 기대를 하기 때문에 쉽게 그만두는 것은 가장 슬픈 일이다. "로마는 하루아침에 이루어지지 않는다."고 했다.
- 네트워크 마케팅은 복권에 당첨되는 것처럼 일시에 부를 거머쥐는 것이 아니다. 따라서 네트워크 마케팅은 쉽지 않다. 그 대신 노력한 만큼의 대가를 지불해 준다.
- 적은 돈을 투자하고 쉽게 착수할 수 있지만 시간이 걸리는 사업이며 노력, 갈망, 결심, 행동이 요구된다.

2

피라미드를 넘어 전략목표로

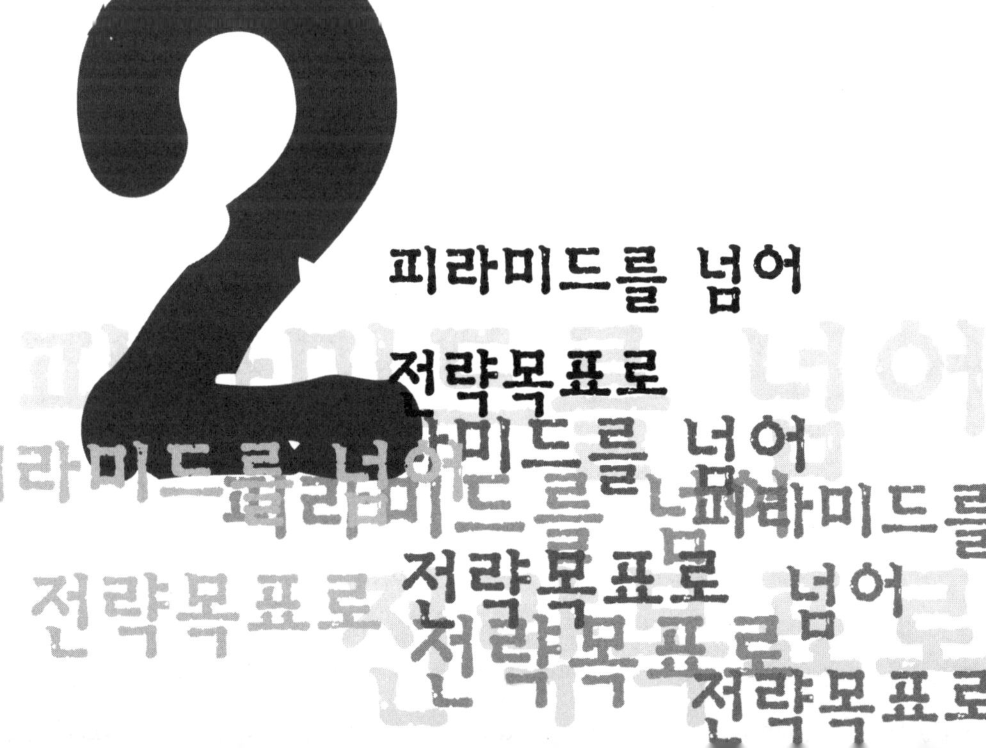

피라미드 영업의 함정

피라미드 영업의 함정

피라미드 영업의 함정

피라미드 영업의 함정

1천억대 피라미드 사기 

서울지검 컴퓨터수사부 한봉조 부장검사는 2002년 12월 30일 인터넷 쇼핑몰로 위장해 벤처 투자명목으로 1천억 원대의 자금을 끌어 모은 금융피라미드업체 (주)비즈앤퍼슨스라는 회사의 대표 이 모 씨 등 8명을 사기혐의로 구속 기소했다.

검찰에 따르면 정씨 등은 인터넷에 쇼핑몰을 개설한 뒤 이 쇼핑몰을 정보통신, 전자상거래, 바이오산업 등 첨단 벤처산업에 투자하는 회사라고 선전한 뒤 투자원금 150% 보장을 조건으로 4만 4천 2백 53명으로부터 모두 1,007억 원을 사기 쳤다는 것이다.

극소수 초기 투자자들은 약속한 수익금을 받았지만 투자자들 대부분은 후순위 회원이 낸 투자금으로 선순위 회원의 투자금을 반환하는 소위 '아랫돌 빼내 윗돌을 괴는 방식'이라는 것을 모르는 채 가족과 주변 사람까지 동원, 투자하는 바람에 큰 피해를 입은 것으로 보도되었다.

필자는 이런 보도를 접할 때마다 마음이 아프다. 이런 사기사건이 일어난 것이 한두 번이 아닌데 같은 수법으로 반복되는 것이 안타깝다는 이야기다.

피라미드는 원래 무덤을 뜻하는 용어이다. 결국 피라미드 판매망에 걸려든 사람은 무덤을 파는 결과를 가져오는 것이다.

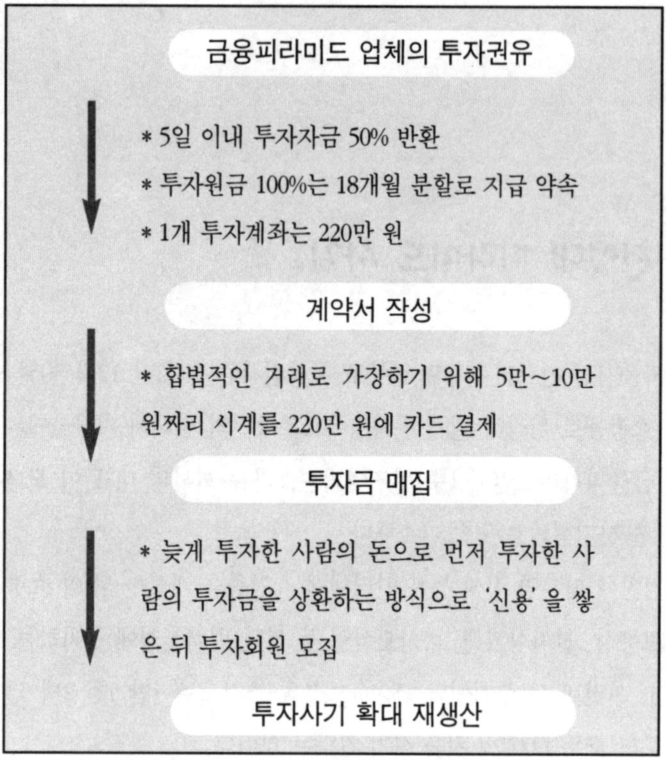

금융피라미드 업체의 투자권유

* 5일 이내 투자자금 50% 반환
* 투자원금 100%는 18개월 분할로 지급 약속
* 1개 투자계좌는 220만 원

계약서 작성

* 합법적인 거래로 가장하기 위해 5만~10만 원짜리 시계를 220만 원에 카드 결제

투자금 매집

* 늦게 투자한 사람의 돈으로 먼저 투자한 사람의 투자금을 상환하는 방식으로 '신용'을 쌓은 뒤 투자회원 모집

투자사기 확대 재생산

〔표 2-1〕 인터넷 쇼핑몰 투자사기 흐름도

그런데 피라미드 영업은 네트워크 마케팅과 비슷한 다단계의 조직을 이용해서 유통사업(?)을 하는 시스템으로 취급상품이나, 운영제도 등이 비합리적이고 비윤리적(비록 법적인 규제 대상은 아니더라도)인 것을 말한다.

〔표 2-1〕은 '인터넷 쇼핑몰 투자사기 흐름'인데, 검찰 조사결과 인터넷 쇼핑몰을 통한 정상적인 물품거래로 가장하기 위해 '카드 깡' 수법을 이용, 시가 5만~10만 원짜리 시계를 1회 투자분 명목으로 220만

원에 판매했다. 그 후 5일 이내에 시계를 산 사람들에게 '금값' 이라는 명목으로 투자금액의 절반을 돌려주고 이후 18개월에 걸쳐 원금의 100%를 분할 지급했던 것으로 드러났다.

피라미드 영업의 8가지 죄악 

원칙적으로 방문판매 등에 관한 법률 시행규칙에 보면 가입자에게 가입비, 교육비, 보증금, 예치금 등의 명목으로 5만 원 이상의 금전을 부과하지 못하게 되어 있다. 또 그 같은 조직은 피라미드 조직이라고 정의하고 있다.

그러나 부지불식간에 친지의 권유로 피라미드에 가입하면 감언이설, 교언영색 등 수단방법을 가리지 않고 고가의 상품을 구매하도록 유인하는 것이다. 이 경우 모든 서류는 본인의 필요에 의하여 구매하는 것처럼 꾸며지기 때문에 상위 라인들은 법망에서 벗어나는 합법성의 탈을 쓰는 것이다. 그러나 손해를 보고도 피해자의 허황된 욕심에서 비롯되었다는 것과 가해자와의 친분 때문에 고발까지 가는 사례는 그리 많지 않다는 것이다.

〔표 2-2〕는 피라미드 영업의 8가지 해악을 일목요연하게 설명해 놓은 것이다.

구 분	설 명
베팅(투기수법)	- 예를 들어 2천만 원을 구매할 때 대리점 자격이 된다면, 2천만 원을 베팅하고 물품을 구매하여 대리점이 된다. - 대리점이 된 뒤 4명을 1천만 원 투자로 끌어들인다. - 4명이 투자한 1천만 원 중 50%를 리베이트로 받는다. - 2천만 원을 회수하여 초기 투자금액을 회수한다. - 결국 상위 사업자와 하위 사업자간에 분쟁이 생긴다. - 조직은 와해되고 많은 피해자들이 발생한다.
바가지(폭리)수법	- 일반적으로 네트워크 회사는 4천 원의 매출원가라면 1만 원 정도 받는다. 1만 원 중 40%는 회사 몫으로, 나머지 30%는 네트워크에 참여한 조직원들에게 캐시백(cash back)으로, 30% 는 회원에게 할인혜택을 준다. - 그러나 피라미드의 바가지는 같은 상품을 2만 원에 팔고 45%는 회사가, 55%는 조직원에게 분배하는 수법인 것이다. - 그러니까 같은 상품을 두 배로 바가지를 쓰고 사는 셈이 되는 것이다.

구 분	설 명
제품을 떠 안게 만든다	- 이 수법은 부장이 되려면 5천만 원의 실적을 올려야 한다고 할 때, 현재까지의 실적이 4천만 원일 때 1천만 원의 실적이 모자라게 되는 것이다. - 위의 4천만 원 실적은 첫 달 2천만 원, 둘째 달 2천만 원일 때 진급까지는 1천만 원이 모자라게 된다. - 이 경우 1천만 원의 상품을 팔지도 않았으면서 떠 안게 만드는 것이다. - 그렇게 하지 않으면 첫 달의 2천만 원 실적은 무효가 되어 부장진급에서 제외되기 때문이다.
노력이 아니라 기득권	- 한 사이클을 10세대로 보며 보통 5개월이 걸린다. 이 것은 노력이 아니라 기득권의 대가가 주어진다. - 0세대가 2명을 가입시키면 그 2명은 1세대가 된다. 그로부터 10세대까지 가면 1,024명이 된다. - 1세대가 2명이므로 전체는 2,048명이 된다. - 어느 제품을 2만 원의 이익을 보았다면 4천 9십 2만 원이 되는 것이다. - 이것은 구조적으로 상위 라인은 엄청난 이익을 보지만 하위 라인으로 갈수록 특히 막차

구 분	설 명
	를 탄 사람은 큰 손해를 보는 것이다.
제품은 판매의 대상이 아니라 수단	- 제품 가격이라는 명목으로 비싼 입회비를 받는다. - 당연히 많은 회원을 모집해야 하고 피해자가 발생한다.
회사가 조직을 흡수	- 소매상으로 진급하는 조건으로 지금까지의 조직은 회사가 흡수한다. - 또다시 특약점으로 진급할 때도 마찬가지이다. - 천신만고 끝에 대리점으로 승진되면 내근으로 돌린다. - '실적이 없다', '무능하다'는 이유 등으로 밀어내는 것이다.
움직이는 철새 집단	- 강력한 리더에 의하여 팀이 만들어진다. 그러면 리더는 시장 형성이 미흡하거나 대중성이 없는 업체와 재고처분을 위한 판매대행 계약을 맺는다. - 리더는 여러 가지 함정을 만들어 놓는다. - 1주일에 3명씩 1세대를 만드는 조건 등을 만든다. 그 조건을 만족시키지 않으면 수익금의 50%를 지급한다. - 결국 조직은 와해되고 막차를 탄 사람이 손해를 본다.

구 분	설 명
꿈과 좌절을 준다	- 이상의 모든 것은 처음에는 꿈과 희망을 준다. - 다음에 상처와 좌절을 준다. - 큰돈을 벌 수 있다고 부추기면서 기회를 놓칠지도 모른다고 불안감을 주기도 한다. - 능력 있고 도전적인 젊은이에게 씻을 수 없는 고통을 준다. - 열변을 토하거나 군중심리를 교묘히 이용하기도 한다.

〔표 2-2〕 피라미드 영업의 8가지 해악

피라미드의 죄악을 피하기

앞에서 설명했거니와 피라미드의 리더들은 감동적인 강의실력과 마음을 사로잡는 비법으로 신규 회원들을 늘려간다. "인생이란? 성공이란? 지금과 같은 기회는 일찍이 없었다! 절호의 기회이다." 온몸으로 피를 토하듯이 열변을 하는 것이다. 혹시라도 이 같은 사업설명회에 참가한 경험이 있는 사람이라면 온몸에 소름이 끼치는 전율을 느꼈던 기억이 있을 것이다.

이들 리더들은 군중심리의 고수들로서 허황된 인간의 기대심리를 잔뜩 부풀려 지금 가입하지 않으면 큰 손해를 본다고 불안감을 조성하고 열광적이며 비정상적인 분위기를 만드는 것이다. 그렇게 함으로써 합리적이고, 과학적인 판단이나 분별심을 방해하기 때문에 이런 곳에 한 번 빠지면 유혹을 뿌리치기 힘들다고 한다.

따라서 다음 사항을 명심하면 피라미드의 8가지 죄악을 피할 수 있다.

- 일확천금을 쉽게 번다고 하면 일단 의심해 본다.
- 몇 명만 가입시키면 투자금이 회수된다고 하면 베팅이기 때문에 의심해 본다.
- 시중보다 상품 값이 비싸다면 일단 의심해 본다.
- 제품을 떠 안고 승진하라고 하면 일단 의심해 본다.
- 약간의 상품 명목으로 입회비 비슷한 것을 받는다면 일단 의심해 본다.
- 회사가 조직을 흡수하는 제도가 승진 조건으로 주어진다면 일단 의심해 본다.

- 불합리한 함정이 있으면 일단 의심해 본다.
- 쉽게 리더가 될 수 있고 빠른 시일 안에 큰돈을 번다고 말하면 일단 의심해 본다.

피라미드 영업 실패의 8가지 고통

피라미드 영업의 실패로 생기는 문제가 어디 한두 가지이겠는가? 참으로 많은 문제가 노출되고 있다.

- 대부분 좌절하고 상처를 받는다.
- 막차를 탄 사람은 많은 금전적 손해를 입는다.
- 사람들을 믿지 못하는 불신의 늪에 빠진다.
- 친구나 친지를 가입시켰다가 인맥이 끊어지고 왕따가 된다.
- 새로운 사업을 시도하는데 '망설임 병'에 걸린다.
- 나는 능력이 없다고 생각하면서 '자기한정'의 병에 걸린다.
- 드물게는 자기가 배운 사기 수법을 그대로 활용해 더 많은 피해자를 만든다.
- 피라미드 영업에서 손해를 본 것을 보충하기 위하여 도박에 손댈 가능성도 있다.

이상에서 설명한 바와 같이 피라미드 영업은 개인적인 피해뿐만 아니라 사회적으로, 국가적으로 엄청난 문제를 남기는 것이다. 따라서 네트워크 마케팅을 하고자 하는 사람은 이 같은 문제를 사려 깊게 살피면서 피라미드 영업에 빠지지 않도록 노력해야 될 것이다.

네트워크 마케팅과 피라미드 영업의 차이 

이제 다시 네트워크 마케팅과 피라미드 영업의 차이를 대비시키면서 볼 수 있도록 다음과 같은 표를 만들었다.

구분	네트워크 마케팅	피라미드 영업
상품	- 품질이 좋다. - 가격이 합리적이다. - 가격이 저렴한 소비성 생활 생활필수품이다. - 종류가 다양하다.	- 품질이 나쁘다. - 가격이 비합리적이다. - 고가의 내구재가 기본이다. - 종류가 제한적이다.
재고 부담	- 재고 부담이 없다.	- 처음 가입할 때는 재고 부담이 없지만 점차 재고 부담을 갖도록 유도한다.
구매 강요	- 구매를 강요하지 않는다.	- 신규회원 가입시 일정 금액의 구매를 강요하거나 점차 강제 구매를 유도한다.
조직 확장	- 하위 디스트리뷰터의 숫자에 제한이 없다.	- 하위 디스트리뷰터의 숫자에 제한을 둔다.
수입원	- 판매증대에 기여한 결과가 실적으로 인정된다(노력 없는 대가가 없다).	- 판매원을 가입시키는 행위 자체로 수입이 발생한다(부당이득 / 사람 장사).

구분	네트워크 마케팅	피라미드 영업
재정 투자	- 입회비가 없거나 매우 낮다. - 교육 및 판매 활동에 필요한 최소한의 자금이 요구된다(10만 원 이하).	- 높은 입회비가 있다. - 여러 가지 명분을 들어 10만 원 이상의 투자를 유도한다.
소비자 보호	- 고객만족 보증제도가 있고 이를 지킨다. - 환불 또는 보증 제도가 있다.	- 고객만족 보증제도가 없다. - 환불 또는 상품교환이 힘들다.
보상	- 지속적인 노력이 요구되는 장기적 사업이다.	- 단기간에 쉽게 돈을 벌 수 있다고 속인다.
위험 부담	- 하위 디스트리뷰터의 숫자를 늘리는 후원 활동이 중단되어도 피해자가 없다.	- 조직 확장이 중단될 경우 많은 피해자가 발생한다.
합법성 여부	- 윤리적이고 합법적이다.	- 불법적이다. - 합법적인 경우라 하더라도 비합리적이며 비윤리적이다.

〔표 2-3〕 네트워크 마케팅과 피라미드 영업의 차이

네트워크 마케팅의 성공스토리

네트워크 마케팅의 성공스토리

네트워크 마케팅의 성공스토리

네트워크 마케팅의 성공스토리

더블 다이아몬드 한창호 씨

네트워크 마케팅에 관한 성공담은 너무도 많다. 먼저 더블 다이아몬드 한창호 씨의 이야기를 들어보자.

"서로 신뢰하고 존중하며 한마음으로 함께 하는 파트너십이 가장 큰 자랑입니다."라고 말하는 한창호 씨 부부는 "때로는 우리의 인생이 방향을 잡는 데에 평생을 허비하고도 모자랄 때가 있습니다. 하물며, 삶의 매순간 한 단계, 한 단계 발전하며 성장하고 있다는 것을 느끼며 살 수 있다는 것은 얼마나 행복한 일입니까?"

그들 부부는 올해로 네트워크 마케팅 사업을 시작한 지 10년이 된다고 한다. 그들 부부는 10년간 한 번도 사업에 대한 신념이 흔들린 적이 없다고 한다.

"지난 10년 동안 15만 명 정도의 네트워크 회원을 얻은 것이 가장 큰 재산입니다."라고 말하는 그들 부부는, 네트워크 마케팅은 환경 여건에 따라 사업실적이 때로는 부침을 겪고 풍파를 타기도 했지만, 한 번 한 울타리 안에서 식구가 된 사업 파트너들과는 지금까지 끈끈한 동지애로 함께 하고 있고 스폰서와 다운 라인 사이에 단 한 번의 불협화음도 없이 항상 신뢰하고 존경하며 멋진 파트너십을 이루고 있다는 것이 자랑이라고 한다.

그들 부부의 그 밖의 성공 요인들을 살펴보면 다음과 같다.

- 오직 하나의 목표가 있었다.
- 많은 사람들과 네트워크를 형성해 왔다.
- 10년을 하루 같이 포기하지 않는 사업을 해 왔다.
- 최상의 인간관계를 유지해 왔다.
- 사업 파트너들과 신뢰를 유지해 왔다.
- 파트너들과의 약속은 철저히 지켰다.
- 시행착오를 두려워하지 않았다.

더블 다이아몬드 박교영 씨

"진실된 마음과 자기 계발을 위한 노력이 성공의 지름길입니다.", "사업에 있어 경험이란 소중한 자산입니다. 실패의 경험이든, 성공의 경험이든, 그것은 다음 사업의 좋은 길잡이가 되어 주기 때문입니다." 라고 박교영 씨 부부는 성공소감을 말한다.

"사업을 하기 전에 맞벌이 부부생활을 하면서 정말 하루하루 전쟁을 치루듯이 살았는데 지금은 자기가 하고 싶은 일을 하면서 어디론가 훌쩍 떠나고 싶을 때 아무런 망설임 없이 여행을 떠날 수 있게 되었어요", "초기에는 사업설명회를 하루에 3~4회씩 보름간 지속한 적도 있죠. 목이 잠기는 건 기본이고 나중에 아랫배까지 당기고 기진맥진했지만 9년 동안 전력투구를 해 왔습니다. 결국 그런 열정과 노력이 성장을 가져온 것이라고 생각합니다."

그들 부부의 또 다른 성공요인들은 다음과 같다.

- 자기 계발에 최선을 다한다.
- 타인과의 좋은 인간관계를 만들어간다.
- 열심히 하는 것도 중요하지만 진실 되게 하는 것은 더 중요하다.
- 자신을 비우고 상대방에게 더 많이 듣고 더 많이 사랑을 베푼다.
- 자기 자신을 변화시키기 위하여 노력한다.
- 사업 초기 2년 동안 사업설명회에 많이 참석한다.
- 사업은 재미있게 하지만 기본을 잊어서는 안 된다.
- 스스로 원칙을 지키고 모범을 보인다.
- 통찰력과 결단력을 갖는 리더십을 갖는다.
- 장기적인 안목을 갖고 사업을 추진해간다.

더블 다이아몬드 김명환 씨

"자신에게 찾아온 기회를 깨닫고, 스스로 변화하고 발전한다면 누구든지 성공할 수 있습니다.", "처음 사업을 시작할 때 오늘을 예측하지 못했고, 지금 이 순간에도 내일을 예측할 수 없습니다. 늘 생각했던 것을 뛰어넘는 변화가 달려왔기 때문입니다."라고 사업 9년 차인 김명환 씨 부부는 말한다. "천천히 당겨야 가장 많이 늘어나는 고무줄처럼 천천히 평생 사업을 지속할 것입니다."

그들 부부의 또 다른 성공요인은 다음과 같다.

- 끈기와 인내가 있어야 한다.
- 평생 할 수 있는 일이라고 믿는다.
- 어떤 사람도 절대 포기하지 않는다.

- 사람들의 다양성을 이해한다.
- 시행착오란 부메랑 같은 것이다(결국 자신에게 돌아와 사업가적 자질을 키운다).
- 인간관계란 서로가 가치를 창출해야 한다.
- 문제해결을 통해 성장한다.

더블 다이아몬드 김창음 씨 *

"새로운 목표와 도전정신으로 언제나 성장하는 리더가 되겠습니다.", "7년 동안 한결같이 우직하게 한 우물을 파는 노력파를 당해낼 도리가 없을 것입니다."라고 김창음 씨 부부는 말한다. "요즈음도 5시간 이상 잠자지 않습니다. 왜냐하면 사업 파트너들 때문에 마음이 급하고 앞으로 새로운 도전과 성장에 처음처럼 흥분과 기대감으로 가슴이 벅차 오르기 때문입니다.", "사업의 본질이, 함께 성공하는 WIN-WIN 플랜이라는 점에서 자신감을 가질 수 있었고, 그것이 지금까지 저희들의 열정을 지켜주고 있는 것 같습니다."

그들 부부의 또 다른 성공요인은 다음과 같다.

- 우직하게 한 우물을 판다.
- 무조건 열심히 한다.
- 파트너의 성공을 위해 최선을 다한다.
- 사업 초기의 순수한 열정과 마음을 오래도록 간직한다.
- 책임감과 헌신적인 자세가 있다.
- 파트너들에게 솔선수범 한다.

- 불굴의 리더십을 갖춘다.
- 도전하고 성취하는 자세를 갖는다.
- 인정과 배려로 사업의 본질과 원칙을 지켜 나간다.
- 다른 사람들이 성공하도록 도와준다.

여기서 성공이라는 것은 경제적 성공에 초점이 맞추어져 있다. 이후에도 성공이라는 개념은 경제적 성공에 무게가 실려 있음을 알려둔다.

이상에서 네 사람의 성공담을 들어보면서 우리는 한 가지 분명한 사실을 알게 되었다. 성공에 왕도가 없다는 것이다. 마치 '수학에 왕도가 없는 것'과 같다. 그러나 이들 네 사람의 가슴 벅찬 성공담은 우리의 가슴을 뛰게 한다. 왜냐하면 그들도 눈이 둘, 코가 하나, 귀가 둘, 입이 하나라는 것이다. 결코 우리보다 무엇을 더 갖고 시작한 것이 아니라는 것이다. 그들이 할 수 있었다면 우리가 못 할 이유가 무엇인가?

"할 수 있다고 생각하는 사람은 할 수 있고, 할 수 없다고 생각하는 사람은 할 수 없다."는 말이 있다.

우리는 그것을 할 수 있을 것인가? 할 수 없을 것인가?

네트워크 마케터의 자기성찰

네트워크 마케터의 자기성찰

네트워크 마케터의 자기성찰

네트워크 마케터의 자기성찰

자신의 SWOT 분석

일찍이 손자는 이렇게 말했다. "적을 알고 나를 알면 백 번 싸워서 백 번 위태롭지 않다."고. 자신을 제대로 알지 못하는 데서 문제가 생기는 경우가 많다. 우리가 문제라고 할 때 그것은 목표와 실적의 갭(Gap)을 말하며, 정상이 아닌 비정상을 말하고, 정답을 구하는 의문을 문제라고 한다.

자신의 문제를 제대로 알지 못하면서 네트워크 사업을 시작하는 것보다 약점을 최소화하거나 위기를 대처하고 시작하는 자세가 더 중요한 것이다. 그래서 자신의 내부와 외부의 환경을 분석해 보는 것이 중요하다. 흔히 내부적으로 자신의 강점과 약점을 파악하고, 외부적으로 기회와 위협을 파악하는 것이다. 이른바 SWOT(스워트) 분석이 그것이다.

강점(Strength)	약점(Weakness)
- 9년의 경험 축적 - 6권의 책 저술 - 컨설팅 기기의 완비 - 업무영역의 확대	- 조직 취약 - 새로운 지식의 부족 - 새로운 컨설팅 기법의 부족 - 변화에 대한 부적응

기회(Opportunity)	위협(Threat)
- 외부에 대한 인지도 상승 - 클라이언트의 증가 - 정부컨설팅 기대 - 컨설팅 시장의 확대	- 컨설팅 시장의 경쟁 격화 - 사이버 컨설팅 시장 - 사내 컨설턴트 양성 - 급격한 시장의 변화
SO전략(강점으로 기회에 부응)	**WO전략(약점을 극복하여 기회 확대)**
- 9년의 경험을 최대한 활용한다. - 계속해서 새로운 저서를 펴낸다. - 계속적으로 업무영역을 확대한다.	- 조직을 보강한다. - 새로운 지식을 보충한다. - 변화에 적응하는 자세를 갖는다.
ST전략(위협을 최소로 기회 도전)	**WT전략(약점과 위협 최소화)**
- 급격한 시장의 변화를 읽는다. - 경쟁전략을 강화한다. - 사내 컨설턴트를 압도한다.	- 철수 - 재검토 - 엄청난 내 · 외부적인 혁신

〔표 2-4〕 SWOT 분석의 사례

〔표 2-4〕는 어느 컨설턴트의 SWOT 분석을 보여주고 있다. 이것을 보면 문제의 핵심은 약점과 위기를 어떻게 접근할 것인가에 있다.

어느 컨설턴트의 SWOT 분석을 통하여 이 컨설턴트가 2003년 나아가야 할 핵심 성공요인은 다음과 같다.

- 9년의 경험을 최대한 활용한다.
- 계속해서 새로운 저서를 펴내도록 하며 가능하면 1년에 한 권을 목표로 한다.
- 계속 새로운 업무영역을 개척해 나가되 2003년에는 1가지 이상의

새로운 영역을 만든다.

- 조직을 보강하기 위하여 5명 이상의 컨설턴트와 네트워크를 만든다.
- 새로운 지식을 보강하기 위하여 해외 연수를 1회 다녀온다.
- 변화에 적응하기 위하여 각종 세미나에 10회 이상 참여한다.
- 급격한 시장의 변화를 알기 위해 전문잡지 2권을 추가 구독한다.
- 경쟁전략을 만들기 위해 자체 워크숍(Work Shop)을 2회 실시한다.
- 사내 컨설턴트를 압도하는 실력향상을 위해 자체 학습모임을 12회 갖는다.

우리가 핵심성공 요인을 만들 때, 가장 중요한 것은 가능하면 숫자화시켜서 만들어 보는 것이다. 추상적으로 만든 것은 결국 추상으로 끝날 공산이 크기 때문이다.

위의 사례는 하인츠 웨이릿치의 「목표에 의한 전략경영」에서 벤치마킹한 것이지만, 이제 우리들도 네트워크 마케팅을 실행하기 전에 자신에 대하여 SWOT 분석을 해보는 것이 좋다. 그 결과 자신의 약점이, 사람을 싫어하고 기피하는 경향이 있다면 이를 효과적으로 극복하는 것이 중요하다. 또한 네트워크 마케팅에 대한 지식이 없는 약점이 있다면 이에 관한 책들을 구해서 읽는 것이 필요하다. 위협 또한 마찬가지다. 피라미드 영업의 흑색광고가 정상적인 네트워크 마케팅을 방해할 경우 이를 어떻게 반론으로 격퇴시킬 것인가를 연구해야 한다. 네트워크 마케팅에 대해 긍정적이고 우호적인 사람들이 많기는 하지만 비우호적인 사람들도 있다. 이들에 대하여 어떻게 접근할 것인가를 공부하는 것도 중요하다. 이 같은 SWOT 분석을 실시할 때는 주위 사람들의 도움을 받는 것도 좋다. 늘 자신을 잘 알고 있다고 하지만 어떤 경우에는 주위 사람들이 더 잘 알고 있는 경우가 많기 때문이다.

나의 인간관계 파워 평가

네트워크 마케팅은 근본적으로 인적 네트워크(Human Network)에 기초하고 있다. 인적 네트워크는 그 바탕에 인간관계를 잘해야 한다는 것을 전제로 한다.

"신용은 우리들 재산의 하나이다.", "신뢰는 거울 같은 것이다. 금이 생기면 원래대로 하나가 될 수 없다." 그렇다. 인간관계는 신뢰가 중요하다. 신뢰를 만드는 요인에는 여러 가지가 있겠지만 〔표 2-5 나의 인간관계 파워 평가표〕를 보면 도움이 될 것이다. 8점 척도로 평가되는 나의 인간관계 파워는 점수가 낮은 항목이 많을수록 인간관계 파워가 낮다는 것을 의미한다. 그러니까 점수가 높으면 높을수록 인간관계 파워가 그만큼 높다는 이야기가 된다. 또한 나의 인간관계 파워를 평가한 후 특히 낮은 항목의 개선을 어떻게 할 것인가를 계획 세우는데 유용한 자료가 될 것이다. 원래 이 표는 피들러의 『리더십 효과의 개선(*Improving Leadership Effectiveness*)』이라는 책에서 소개되었던 것으로, '가장 싫어하는 동료작업자(Least Preferred Co-Worker)' 에 대하여 리더를 평가할 수 있게 만든 표였다.

반대로 나 자신에 대하여 평가하는 모델로 만든 것이 〔표 2-5〕이다. 자, 이제 해당되는 것을 체크하여 자기 자신을 평가해 보자.

쾌활한 사람	8	7	6	5	4	3	2	1	불쾌한 사람
다정한 사람	8	7	6	5	4	3	2	1	다정하지 못한 사람
배타적인 사람	1	2	3	4	5	6	7	8	포용력 있는 사람
긴장하는 사람	1	2	3	4	5	6	7	8	여유있는 사람
냉담한 사람	1	2	3	4	5	6	7	8	따뜻한 사람
지원적인 사람	8	7	6	5	4	3	2	1	적대적인 사람
따분한 사람	1	2	3	4	5	6	7	8	재미있는 사람
호전적인 사람	1	2	3	4	5	6	7	8	조화로운 사람
우울한 사람	1	2	3	4	5	6	7	8	즐거워하는 사람
개방적인 사람	8	7	6	5	4	3	2	1	폐쇄적인 사람
험담 잘하는 사람	1	2	3	4	5	6	7	8	충직한 사람
신뢰할 수 없는 사람	1	2	3	4	5	6	7	8	신뢰할 만한 사람
사려 깊은 사람	8	7	6	5	4	3	2	1	사려 깊지 못한 사람
심술궂은 사람	1	2	3	4	5	6	7	8	신사적인 사람
마음이 맞는 사람	8	7	6	5	4	3	2	1	마음이 맞지 않는 사람
성실하지 못한 사람	1	2	3	4	5	6	7	8	성실한 사람
친절한 사람	8	7	6	5	4	3	2	1	불친절한 사람
거리감 있는 사람	1	2	3	4	5	6	7	8	친근한 사람

〔표 2-5〕 나의 인간관계 파워 평가표

자기 자신의 평가를 통하여 점수의 합계가 63점 이하인 사람은 인간관계 파워가 약한 사람, 73점 이상일 때는 인간관계 파워가 보통인 사람, 103점 이상인 사람은 인간관계 파워가 매우 높은 사람으로 평가해도 좋을 것이다.

나의 협상력 평가 *

〔표 2-6〕은 나의 협상력 평가표이다. 이것을 갖고 자신을 평가해 보기 바란다. 나의 협상력, 그것은 얼마나 중요한가? '인생은 협상의 연속' 이라는 말이 있다.

항목	내용	점수
붙임성(Friendliness)	친구를 얻고 사람에게 영향력을 끼친다.	( )
낙천주의(Optimism)	악담에 관심이 없고 지조가 있다.	( )
결단(Detrrmination)	불가능은 없다. 재능을 최대한 활용한다.	( )
자신감(Confidence)	묵묵한 자신감이 있어야 한다.	( )
책임감(Responsibility)	남의 탓으로 돌리지 않는다.	( )
진실성(Sincerity)	고객에게 영원이 기억될 수 있는 것을 말한다.	( )
스타일(Style)	성격, 재능, 능력이 독특하다.	( )
승리(Victory)	모든 것을 발휘하고, 전력을 다한다.	( )
겸손(Humility)	남을 비웃지 않는다.	( )
헌신(Loyalty)	나는 봉사한다 (I save, Selling = Serving).	( )
	TOTAL	( )

〔표 2-6〕 나의 협상력 평가표

각 항목은 10점 만점으로 평가한다. 낮은 수준은 1~2점, 중간 수준은 4~6점, 높은 수준은 8~10점으로 평가하면 된다. 그래서 나온 점수의 합계가 나의 협상력이다. 80점 이상이면 대체로 양호하다. 60점 이상이면 보통이고, 50점 이하는 많은 노력을 해야 된다. 우리는 우리가 어느 정도의 협상력이 있는지를 모르고 있다. 가끔 "이렇게 자기 계발

할 것이 많다면 어떻게 사업을 하겠는가?"라고 묻는 사람이 있다. 그럴 때, 우리는 가슴 뭉클한 이야기를 들을 필요가 있다.

"나의 사명은 유색인종으로서 아무도 가지 못했던 길을 가는 배우가 되는 것입니다", "나는 길이 없으면 길을 만듭니다." 2001년도 아카데미 여우주연상을 수상한 할 베리가 한 말이다. 할 베리는 흑인으로 온갖 고초를 겪으면서 백인 사회에 우뚝 서는 배우가 될 수 있었다.

"길이 없으면 길을 만든다는 것". 이 얼마나 멋진 말인가? "신체가 부자유하니 오히려 생각의 날개를 펼칠 수가 있었고 연구에 몰두할 수 있었습니다." 스티븐 호킹의 말이다. 그는 온몸이 굳어져 가는 '근위축성 측색경화증'이라는 불치의 병에 걸려 이미 대학생 때 2~3년밖에 살 수 없을 것이라고 진단을 받은 사람이다. 그러나 그는 휠체어에 몸을 의지하여 우주의 '대폭발이론'을 만들어 낸 것이다.

"팔다리가 없는 나만이 할 수 있는 그 무엇이 있을 것이라고 생각했습니다." 오토다케 히로타다의 말이다. 두 팔과 두 다리가 없는 기형으로 세상에 태어났지만 각고의 노력으로 농구, 수영, 등산, 야구를 할 수 있으며 당당히 와세다 대학 정경학부 정치학과에 합격했다. 어릴 때 악동 친구가 "이 팔다리 없는 놈아!"라고 하니까 오토다케는 "이 팔다리 있는 놈아!"라고 응수했다는 일화는 너무도 감동을 준다. 이 말은 '팔다리 있는 네가 팔다리 없는 나보다 잘난 것이 뭐냐?'라는 뜻을 내포하고 있는 듯하다. 이상의 세 사람은 가장 열악한 환경 속에 있었지만 이를 극복하고 자신의 입지를 굳혔으며 당당히 건강한 사람과 경쟁을 해 이긴 사람들이다. 우리에게 두 팔과 두 다리가 있다는 것은 무엇이든 할 수 있다는 것이라고 믿어야 한다. 이들 장애인들에게 비웃음을 살 것인가, 아니면 당당하게 사업자로 명성을 날릴 것인가?

가슴 가득히 성공을 품고 …

가슴 가득히 성공을 품고 …

가슴 가득히 성공을 품고 …

가슴 가득히 성공을 품고 …

우연이나 행운이 있는가?

「개인적 성공계획서(Personal Success Planner)」를 발표한 폴 J. 마이어는 이렇게 말했다. "아무도 순전히 우연에 의하여 진정으로 훌륭해 질 수는 없다. 우리 역시 어떤 뜻밖의 행운으로 성공을 이룩할 수는 없다. 성공은 반드시 행동을 요구한다. 원하는 것을 가지려면 무엇인가를 해야 한다. 그리고 무엇인가를 할 수 있기 위해서는 먼저 할 수 있는 자세가 되어 있어야 한다."

그렇다. 마치 우연이나 행운이 성공을 가져오는 것이라면 누구나 열심히 노력할 필요가 있겠는가? 필자도 55년을 살아오면서 우연이나 행운이 있기를 바란 적이 있다. 그러나 그것은 끝내 보이지 않았다. 그래서 필자는 성공에 우연이나 행운은 존재하지 않는다고 믿는 사람 중의 한 사람이다.

"성공에는 어떤 속임수도 없다. 나는 나에게 주어진 일에 전력을 다했을 뿐이다." - 카네기

"성공의 비결은 어떤 직업일지라도 제1인자가 될 것을 기대하는 것이다." - 카네기

"어느 누구든 무한한 열정을 품고 그 일에 매달리면 성공한다." - C. 슈와프

"성공의 가장 빠른 지름길은 일을 사랑하는 것이다. - 츄우크

"성공하는 사람은 화살처럼 어느 한 점을 향하여 달린다. - 보비

"자신(自信)은 성공의 제1의 비결이다. - 에머슨

성공에 관한 명언, 어디를 보아도 우연이나 행운이 성공의 열쇠라는 말은 없다. 그러니까 '일에 전력함', '제1인자', '열정', '일에 대한 사랑', '일점을 향함', '자신감' 등이 성공의 열쇠임을 확인하였다. 혹시라도 우연과 행운을 기다리고 있다면 그것은 마치 뽕나무밭이 바다가 되고, 나무에 올라가 고기를 낚는 것과 같다. 절대로 어떤 일이 있어도 우연과 행운에서 성공이 오기를 기다리지 않는 편이 좋다. 결론은 '성공에 왕도가 없다' 는 것이다.

12가지 성공의 기술

성공에 관한 책들이 마치 숲을 이루고 있는 느낌이다. 그렇게 많은 성공에 관한 책들이 있음에도 여전히 실패하는 사람이 있고 반대로 성공하는 사람이 있다. 성공한 사람들 중에는 성공에 관한 책을 한 권도 읽어보지 않은 사람이 있다. 그런데 그들은 어떻게 성공했단 말인가? 아마도 그들은 성공에 관한 방정식을 보유하고 세상에 태어난 사람일 게다. 선천적으로 성공의 방정식을 보유하고 태어난 사람은 성공에 관한 책을 읽지 않아도 성공할 수 있을 것이다. 그러나 보통의 사람들은 부모나 은사를 통해 성공에 관한 말씀을 듣거나, 성공에 관한 책을 읽음으로써 성공을 향해 좀더 쉽게 다가설 수 있을 것으로 본다.

고든 웨인라이트의 『성공하는 사람들의 12가지 기술』을 감명 깊게 읽은 적이 있다. 〔표 2-7〕은 이 책을 참고한 것이다. 고든 웨인라이트는 성공하려면 12가지 기술이 있어야 한다고 강조하였다. 논리적 사고, 창조적 사고, 효율적인 기억술, 효과적인 학습 기술, 독해 기술, 효과적인 경청법, 효과적인 글쓰기, 발표기술, 보디 랭귀지, 효과적인 회의 기술, 대인관리 기술, 시간관리 등이 그것이다.

그러니까 성공은 어느 날 갑자기 찾아오는 것이 아니라, 성공을 기다리는 자세로 준비를 하지 않으면, 기대하기 힘들다는 것을 말해준다. 그 준비라는 것이 쉽지 않기 때문에 실패자가 생기는 것이다.

일부의 실패자는 자신을 리모델링하여 재기에 성공하는 사람도 있다.

그러나 많은 사람들은 실패를 하면 재기하지 못하는 것이 현실이다. 그것은 이미 성공을 포기한 것이나 마찬가지이다.

성공의 기술	기술의 목표
논리적 사고	- 논리적 사고방식이 요구되는 문제나 임무, 또는 상황을 정확하게 파악한다. - 사고에서 객관적인 타당성을 유지한다. - 조직적이고 논리적인 사고방식을 익힌다. - 사실과 사견을 명확히 구분한다.
창조적 사고	- 창조적 사고를 할 수 있는 기회를 포착한다. - 기회를 포착하면 창조적 사고기법을 사용하는 연습을 한다. - 새로운 답이나 해결책을 제시하는 데 도움이 되는 방법을 배운다.
효율적인 기억술	- 실제로 메모리가 어떻게 작용하는지를 안다. - 기억해야 할 필요가 있는 것을 결정한다. - 여러 가지 다른 종류의 정보를 기억하는데 가장 적절한 방법을 선택한다.
효과적인 학습 기술	- 한 가지 주제나 기술에 숙달하기 위한 효과적인 방법을 사용한다. - 학습시간을 계획하고 더 효율적으로 학습한다. - 더 효율적인 독서를 한다.
독해 기술	- 독해 속도를 2배로 증가시키기 위해 노력한다. - 이해력을 10% 올린다. - 폭넓은 독서를 한다(한 달에 한 권의 책을 읽

성공의 기술	기술의 목표
	는다).
효과적인 청취	- 능률적인 청취의 기본 원칙과 필요사항을 안다. - 항상 비판적으로 청취한다. - 모든 상황에서 청취능력을 높인다.
효과적인 글쓰기	- 효과적인 작문방법을 익힌다. - 쓰기 전에 어떻게 구상하는가를 안다. - 효과적인 작문의 원칙과 기법을 따른다. - 자기 글을 분석하는 방법을 안다.
발표기술	- 발표자료를 어떻게 구성할 것인가를 안다. - 발표계획을 어떻게 짤 것인가를 안다. - 더 자신 있고 솜씨 있게 발표한다.
보디 랭귀지	- 보디 랭귀지의 사용에 있어서 직감, 지식, 전문적 기술이 왜 중요한 지를 알아야 한다. - 매일 사람을 대할 때 구두로 하는 말과 보디 랭귀지를 함께 사용해야 할 필요성을 이해한다. - 모임, 협상, 인터뷰, 토론, 그 밖의 대인관계에서 보디 랭귀지를 더 효과적으로 사용한다.
효과적인 회의기술	- 회의 목표를 정한다. - 효과적인 회의를 위한 기본원칙을 갖는다. - 회의를 더 효과적으로 주재한다. - 회의가 합의에 이르지 못해 실패하는 주원

성공의 기술	기술의 목표
	인을 알아낸다.
대인관리 기술	- 대인관리에서 자신의 목표를 규정한다. - 여러 사람들의 특징과 역할을 이해한다. - 삶을 관리할 때 일어날 수 있는 문제점의 주요 원인을 확인한다. - 사람들을 효과적으로 이끌 수 있는 리더십을 갖춘다. - 위임의 중요성과 동기부여를 이해한다.
시간관리	- 시간을 더욱 효과적으로 사용할 수 있게 만든다. - 시간을 관리하는 데의 문제점을 안다. - 시간 사용에 있어서 문제점을 해결한다. - 사회생활에서 효과적인 시간 사용의 기회를 알아본다.

〔표 2-7〕 12가지 성공의 기술

27가지의 성공조건

톰 피터스는 『프로비즈니스맨이 고쳐야 할 27가지 습관』이라는 책을 썼다. 필자는 이 책에서 제시하는 내용을 반대로 생각하면 성공의 길이 보인다고 생각했다. 〔표 2-8〕은 27가지의 성공조건으로, 결국 앞의 12가지 성공의 기술과 일부는 중복이 될지도 모른다. 그러나 몇 가지를 비교해 봄으로써 좀더 다양한 의견을 종합할 수 있으리라 믿는다. 이 내용은 구체적으로 쓰기보다는 주제 중심으로 기술해도 충분히 이해가 되리라 믿는다. 세계적 경영학자인 톰 피터스의 탁견은 많은 사람들에게 감동을 주고 있는데 "일만 잘한다고 성공할 수 없다. 문제는 프로다운 자질과 역량이 있어야 한다."고 톰 피터스는 주장했다.

구분	27가지 성공조건
자기 개혁	1. 비전을 가져라. 2. 의욕이 있어야 한다. 3. 창의력이 있어야 한다. 4. 부단히 노력한다. 5. 자기 계발에 최선을 다한다. 6. 지식과 교양을 쌓는다. 7. 시간 관리를 잘한다. 8. 기획을 철저히 한다
자기 개선	9. 자기만의 의견이 있다. 10. 돈을 아끼는 습관이 있다. 11. 스트레스를 극복할 수 있다. 12. 기본 예절이 있다.
업무 능력	13. 타성이 없다. 14. 프로의식이 있다. 15. 책임감이 있다. 16. 적응력이 있다.

구분	27가지 성공조건
	17. 적극적이다. 18. 업무의 규칙을 지킨다. 19. 정보수집을 생활화한다.
대인 관계	20. 불평 불만이 없다. 21. 친절하다. 22. 상사를 존경한다. 23. 팀워크를 이룬다. 24. 커뮤니케이션을 잘한다. 25. 인간관계가 원만하다. 26. 칭찬하고 격려한다. 27. 건강관리를 잘한다.

〔표 2-8〕 27가지 성공의 조건

성공에 이르는 7가지 법칙

"성공을 위해서라면 남과 차별화시키되 독특하고 남이 하지 않는 방법으로 해야 한다."고 필자는 주장해 왔다. 그러니까 한마디로 요약하면 '1%의 차이'를 만들어 가는 것이다.

택시 판매 왕 우성수 씨가 있다. 그는 택시 판매 영업에 뛰어 들면서 남과 다르게 차이를 만들었다. 먼저 그는 이름을 바꾸었다. 우성수에서 우탁으로. 이름 뒤에다 씨자를 붙이면 '우탁 씨'가 되어 택시와 탁씨가 발음이 비슷해 대구에서 그를 모르는 사람이 없을 정도였다고 한다. 다음으로 그는 가슴에 우탁이라는 이름표를 붙이고 다녔다. 끝으로 그는 승용차에도 '택시 세일즈맨 우탁 958－5201' 이라는 스티커를 붙이고 다녔다. 그는 연간 383대의 판매 실적을 올렸고 기아의 자동차 판매 왕이 되었다. 남이 모방할 수 없는 작은 차이가 그를 성공으로 이끈 것이다. 도대체 '성공에 이르게 하는 것' 은 무엇인가?'

필자는 7가지를 주장한다.

첫째, 전문지식(Expert Knowledge)으로 무장하는 것이다.

'인간은 배우면서 살고, 살면서 배우는 존재이다', '한 권의 책을 읽은 사람은 두 권의 책을 읽은 사람한테 지배당한다' 고 했다. 언제나 자신의 가치를 높이고 자질을 향상시키기 위해 늘 공부하는 자세가 중요하다. 끊임없는 자기 계발은 성공의 발판이 되지만, 게을리 하면 실패의 덫이 된다.

둘째, 문제해결(Problem Solution)에 강해야 한다.

'문제 뒤에는 답이 있다' 고 한다. 성공하는 사람들은 사내 업무나 현장에서 문제를 해결하는데, 상황을 정확하게 분석하고 문제를 도출했으며 해결방법을 강구하는 능력이 돋보이고 있다. 문제해결 능력이 쌓이면 전진하지만 그렇지 않으면 정체될 수밖에 없다.

셋째, 의사전달 능력(Communication Power)을 키워라.

'말하는 능력과 듣는 능력이 인생을 좌우한다' 고 한다. 우리는 혼자서 사는 것이 아니라 남과 함께 살아간다. 사는 사람과 파는 사람, 주는 사람과 받는 사람, 사용자와 피사용자 등이 더불어 살아가는 모습이다. 우리가 흔히 말을 잘한다는 것은 필요한 때에, 필요한 사람한테, 필요한 말을 할 수 있는 것을 말한다. 그리고 잘 듣는다는 것은 경청하는 것이다. 귀가 크고 입이 작은 사람〔聖人〕이 되는 것이다. 두 귀로 많이 듣고 하나의 입으로 말을 적게 하는 것이다. 聖 자는 '귀가 크고 입이 작은 왕' 이라는 뜻을 갖고 있다고 한다.

넷째, 용기와 도전(Courage & Challenge)이 있어야 한다.

한 광고업자는 모 회사의 광고를 수주하기 위하여 일주일에 한 번씩 방문했으나 매번 거절당했다. 그러나 그는 포기하지 않고 계속 방문을 했으며 108회의 방문 끝에 사장을 만나 정중한 대접을 받게 되었다. "당신의 용기와 도전에 감복했습니다. 당신이라면 안심하고 우리 회사의 광고를 맡길 수 있을 것 같습니다. 왜냐하면 108번뇌를 이기신 분이니까요. 부탁드립니다."

다섯째, 업무를 확장할(Extension of business) 수 있어야 한다.

데카르트는 그의 저서 『방법서설』에서 이렇게 말하였다.

"자명한 것이 아니면 참이라고 인정하지 않는다. 곤란한 부분은 여러 소부분으로 나누어 검토한다. 알기 쉽고 간편한 것부터 시작하여 점차 복잡한 것으로 단계적으로 실시한다. 결코 누락되는 것이 없도록 전반적인 재검토를 실시한다."

업무를 하는 데는 항상 축소지향이 아니라 확대지향이 필요한 것이다. 현재보다 커지고자 할 때 종종 곤란한 문제에 직면하게 된다. 그것을 슬기롭게 헤쳐 나가는 데는 데카르트의 말이 귀감이 될 것이다.

여섯째, 목표 관리(Management by objectives)가 철저해야 하다.

차○진 씨는 P 생명보험에서 판매 왕이 된 사람이다. 그는 "핏빛처럼 선명한 목표를 가지라."고 말한다.

그는 입사 첫해에 다섯 가지 목표를 세웠다. 1년 안에 보유계약 150건을 만든다, 계약 유지율을 100% 달성한다, MDRT(100만 달러 원탁회의) 회원 자격을 획득한다, 연봉 1억 원의 고소득자가 된다, 라이프플

래너 챔피언이 된다. 1년 후 차○진 씨는 이를 모두 달성해 주위 사람들은 놀라게 했다. 그는 이렇게 말한다. 구체적인 목표가 있어야 하고, 계수화(Measurable)가 가능해야 하며, 달성 가능해야 하고 의미 있는(Relevant) 것이어야 하고, 시한을 정한 것이어야 한다는 것이다. 이른바 스마트(Smart)한 목표라야 성공이 보인다는 것이다.

일곱째, 신용의 씨앗(Seeds of credit)을 뿌리는 것이다.

공자는 "신용이 없으면 설 땅이 없다(無信不立)."고 했다. 필자가 현직에서 근무할 때 있었던 일이다. "자네가 이번에 청주 영업소를 개설해야 되겠네." "제가요?" 그 때 필자는 어려움을 극복하고 훌륭히 영업소를 개설하였고 초대 소장이 되었다. 얼마 후 다시 사장이 불러서 본사를 방문했더니 "자네 청주 영업소를 개설하느라고 수고했네. 그런데 말야 이번에는 목포 영업소를 개설해 주어야 되겠네." "네, 또 제가요?" 조금은 안색이 변한 필자를 보고 사장은 이렇게 말했다. "자네 말야 어렵고 힘든 일이 있을 때, 가장 먼저 머리에 떠오르는 사람이 된다는 게 얼마나 큰 신용을 얻고 있다는 뜻인지 알아?" 결국 필자는 목포 영업소를 성공적으로 개설하고 돌아왔다. 평소에 신용의 씨를 뿌리지 않는다면 중요한 일에서 제외될 수도 있음을 명심해야 할 것이다. 그 당시 2개의 사업장을 개설한 것은 지금도 필자에게는 소중한 경험이 되고 있다. 이상에서 성공으로 가는 수백 가지 중에서 몇 가지를 제시하였다. 그 수백 가지 중 모두를 잘하기는 쉽지 않다. 마치 수학, 과학, 영어, 국어, 음악 등을 모두 잘할 수 없는 것과 같다. 그러나 성공하려면 어느 하나에서 남보다 잘할 수 있어야 한다. 1%의 차이를 만드는 것이 성공으로 가는 길이기 때문이다. 가슴 가득히 성공을 품는다면 네트워크 마케팅의 성공은 우리의 것이 될 것이다.

꿈을 이루는 전략목표

꿈을 이루는 전략목표

꿈을 이루는 전략목표

꿈을 이루는 전략목표

3종류 변화의 수준

번역가이며 작가인 이윤기 씨는 변화의 정도를 3가지 다른 용어로 번역하고 있다. 형태만 변하는 것을 변형(變形 ; Transformation), 성질이 바뀌는 것을 변성(變性 ; Transmutation), 본질이 바뀌는 것을 변역(變易 ; Transubstantiation)이라고 구별하고 있다.

예를 들면, 포도를 가지고 즙을 짜서 먹으면 변형이다. 형태는 바뀌었지만 성분은 같기 때문이다. 그러나 포도를 가지고 포도주를 만들어 내면 이는 변성이다. 성분이 바뀌었기 때문이다. 만일 사람이 포도주를 먹고 취해버렸다면 이는 변역이다. 평소에 그가 가지고 있던 기능과 역할을 잊고 다른 사람이 되었기 때문이다.

구본형은 그의 저서 『그대 스스로를 고용하라』에서 '변역'에 대하여 이렇게 말하고 있다. "변역은 자기를 찾는 것이다. 내가 원래의 자기가 되는 것을 변역이라고 믿고 있다. 말하자면 자기에게 주어진 재능을 발견하고 그것을 계발하며 그 재능이 잘 적용될 수 있는, 스스로 좋아하는 일을 찾아 그 일에 몰입하는 경지에 이른 사람을 변역이라고 불릴 수 있다."

네트워크 마케팅을 하고자 하는 사람은 변역의 경지에 오르지 않으면 안 된다. 적어도 3~5년의 계획을 세우고 단계적으로 성취하는 자세가 필요하다. 그것은 마치 '높은 산에 오르는 사람이 낮은 곳부터 시작하고, 멀리 가고자 하는 사람이 가까운 곳부터 시작하는 것과 같다'.

4종류의 직업과 자기혁명지도 *

구본형 씨는 같은 저서에서 직업에는 4종류의 직업이 있다고 하였다. 〔표 2-9〕는 4종류의 직업이 표시된, 가장 좋은 직업으로 가는 '자기혁명지도'를 보여 주고 있다.

빌 게이츠는 세계적인 거부가 된 사람이다. 그는 처음부터 농장 등의 부동산이 있거나, 빌딩이 있거나, 많은 유산을 갖고 있었던 것이 아니다. 그는 전문성이라는 본질적 변화를 만든 사람이다. 위에서 예로 든 '변역'에 해당되는 변화를 이루어 낸 사람이다.

"오늘날 직장인은 죽었다."고 말하는 사람들이 있다. 평생 직장은 옛말이 되었고, 승진을 통해 미래를 만드는 소시민의 꿈은 사라지고 있으며, 해가 갈수록 보상이 커질 것이라는 희망도 사그라져 가고 있다. 이제 무엇인가 불확실성과 변화에 대처하기 위하여 어떤 방법들이 강구되어야 하는 것이다.

〔표 2-9〕에서 제시한 바와 같이 '자기혁명지도(Self-Revolution Steering Map)'를 참고로 미래를 개척할 필요가 있다. 〔표 2-9〕에서 ①번 직업은 내가 좋아하는 일이면서 보상수준이 높은 일, ②번 직업은 좋아하는 일이긴 하지만 보상수준이 낮은 일, ③번 직업은 보상수준은 높지만 하고 싶지 않은 일, ④번 직업은 보상수준도 낮고 내가 하고 싶지 않은 일을 말한다.

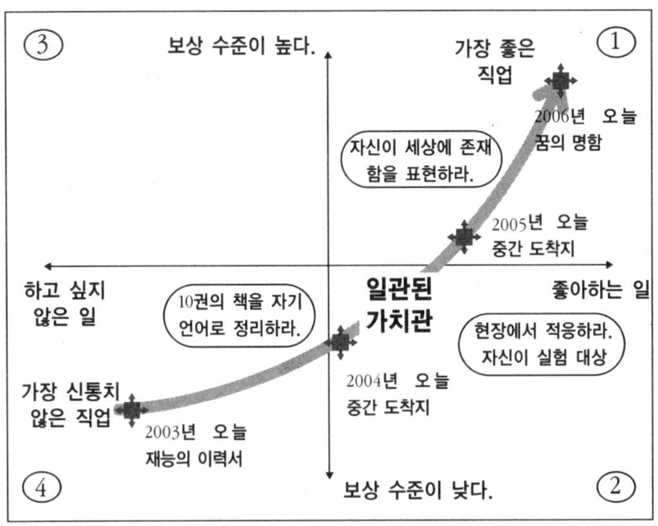

〔표 2-9〕 4종류의 직업과 자기혁명지도

만일 네트워크 마케팅의 성공수준이 3년 후 '꿈의 명함'을 제시하는 수준이라면 단계적 계획을 세워야 한다. 단계를 거치지 않고 단숨에 그곳에 가는 길은 없다. 마치 날개라도 있어서 단숨에 날아가고 싶겠지만 그것은 허망한 꿈에 지나지 않는다. 신은 인간에게는 날개를 주지 않았다.

현재의 우리의 위치를 정할 필요가 있다. 만일 우리의 위치가 4분 면의 가장 신통치 않은 직업에 위치하고 있다면, 3년이라는 마음의 시간을 정할 필요가 있다. 그것은 마음의 시간이기 때문에 실제 시간은 조금 더 걸릴 수도 있고 덜 걸릴 수도 있다. 3년이라는 시간을 다시 3단계로 나누는 작업이 필요하다. 왜냐하면 인간에게는 날개가 없는 것은 주지하는 바와 같다.

1단계는 해당 분야에 10권의 책을 구입하여 밑줄을 치며 읽되 저자의 언어가 아닌 자기의 언어로 만드는 작업이 필요하다.

2단계는 현장에 적응하면서 자기를 실험대상으로 만들어 보는 것이다. 이때 정성을 다하여 부족한 것을 배우고 보완하는 자세가 필요하다. 그리고 세상에는 정답이 없다는 것을 명심해야 한다. 그만큼 많은 정답이 있다는 이야기가 된다.

3단계는 자신이 세상에 존재함을 알리는 것이다. 자신의 이름 석자를 강력한 브랜드로 만드는 것이다. 그곳이 '좋아하는 일이면서, 높은 보상이 주어지는 직업' 이 되면서 당당하게 세상에 '꿈의 명함' 을 알릴 수 있는 직업이 되는 것이다.

이것을 네트워크 마케팅과 비교해 보면, 처음 1단계는 믿을 수 있는 네트워크 마케팅회사를 선정하고 네트워크 마케팅을 시작하면서 1년간 네트워크 마케팅에 관한 10권의 책을 읽으면서 네트워크를 구축해 나간다. 2단계는 준 전문가로 현장에 적응하면서 부족한 것을 배우고 보완하는 자세를 한결같이 가진다. 3단계는 성공한 네트워크 마케팅 전문가로 세상에 당당히 '꿈의 명함' 을 보여줄 수 있는 것이다. 이때가 어림잡아, 연봉 1억의 고소득이 보장되는 수준이 될 것이다.

어떤가? 도전할 가치가 있지 않은가? 그런데 이 같은 3단계의 과정에서 '일관된 가치관' 을 유지하는 것은 매우 중요하다. 때로는 힘들고 어려워도 이를 지켜내야 한다.

8번의 수술과 10가지 목표

필자는 8번의 칼을 대고 8번 꿰매는 팔도팔봉(八刀八縫)의 인생을 살고 있다. 삶과 죽음, 생과 사의 길목을 넘어 오늘에 이르고 있다. 1991년 신장이식 수술을 포함하여, 다음해 인공수정체 수술, 그리고 그 다음 해는 인공고관절 수술을 받는 등 8번의 수술을 받았다.

그러는 동안 회사를 그만두었고 컨설팅 회사를 차리게 되었다. 그때 필자는 앞에서 사례로 제시한 '3단계 전략'을 알지 못했던 터라 무작정 사무실을 차렸다. 결국 1년간 별다른 소득도 없이 손해를 본 것이 필자에게는 매우 큰 손실이었다. 만일 그때 '3단계 전략'을 알았더라면 훨씬 효과적인 전략을 수립했을 것이다.

1991년 신장이식을 성공적으로 끝낸 뒤 필자는 10가지 목표를 설정하였다. 이때 10가지 목표를 설정할 때 앞장에서 제시한 'SMART한 기법'을 사용했다. 그때 필자는 10년을 계획으로 목표를 세웠다.

〔표 2－10〕은 10년 기간의 10가지 목표이다.

백두산 1회 등반 / 경영도서 5권 / 성불
유경 1회 읽음 /
월수입 1천만 원의 고소득자 /
상위 5%에 드는 마케팅 컨설턴트 /
장애인 복지기금 10억 /
30년 전 친구 1회 이상 상봉 /
애창곡 200곡 숙지 /
시신기증 / 분묘 안 만들기

〔표 2-10〕 10년 기간의 10가지 목표

그러니까 1991년에 시작하여 2001년까지 10년을 기간으로 실시하기로 결심하였다. 2001년도 말에 결산을 해보니 거의 모든 목표는 달성되었는데 장애인 복지기금 10억 원은 달성하지 못하였다. 10년을 장기적으로 도전한다는 것은 매우 어려운 일이다. 그러나 결국 이를 해냈고 필자는 전문가의 이름을 얻고 '꿈의 명함'을 제시할 수 있게 되었다. 이제는 다시 향후 20년의 목표를 설정하고 매진중이다.

〔표 2-10〕에서 보는 바와 같이 목표설정은 앞장에서 제시한 SMART 기법을 활용했다. 이것을 화장실, 서재, 현관문, 회사 사무실 책상, 사무실 책상 건너편 벽 등 5곳에 붙여 놓고 마음이 약해질 조짐이 보이면 마음속으로 크게 외쳤던 것이다.

이제 목표를 세우자. 우리 각자의 목표를 세우는 것이다. SMART 기법으로 목표를 세우는 것이다. 3년의 3단계 목표를 세우는 것이다. 그리고 네트워크 마케터로서 프로가 되는 것이다.

3가지 법칙

"심은 대로 거두리라."는 것은 성경에 있는 말이다. 컴퓨터 업계에서는 이런 말도 있다. "쓰레기를 넣으면 쓰레기가 나온다(Garbage In, Garbage Out)."고 해서, 가이고(GIGO)의 법칙이라고 하는 것이 그것이다. 이 말을 우리의 마음가짐에 적용할 때, "실패를 생각하면, 실패가 된다(Failure In, Failure Out)."는 말이 되어 파이포(FIFO)의 법칙이 되기도 한다. 끝으로, "성공을 결의한 사람은 성공하게 된다(Success In, Success Out)."는 사이소(SISO)의 법칙도 있다.

결국 우리 각자는 '파이포의 법칙'을 따라 실패로 갈 것인가? 아니면 '사이소의 법칙'에 따라 성공의 길을 갈 것인가 이다.

Plan-Do-Check-Action 

'사이소의 법칙'에 따르기로 하였다면, 이제부터 자기 관리의 철학을 생각해 볼 필요가 있다. "산중의 호랑이는 잡을 수 있어도 자기 마음속에 있는 도둑을 잡기는 쉽지 않다."는 말이 있다. "천하를 호령할 기개가 있어도, 자신을 이기지 못하면 한낱 물거품이 된다."라는 말도 있다.

안나메리 모지슨 할머니는 어릴 때부터 무척 가난하여 공부는 엄두도 내지 못하고, 철공소 직공, 노동 품팔이, 파출부 등 안 해본 일이 없었다. 75세의 할머니가 된 안나메리 모지슨 씨는 경제적으로 안정을 이룰 수 있게 되자 "그래 나는 지금부터 그림공부를 하는 거야. 그리고 세계 10대 화가가 되는 거야."라고 다짐하게 된다. 그 즉시 붓과 그림 물감을 구해 열심히 습작을 하여 그림공부를 시작한 지 15년 뒤 할머니는 당당히 세계 10대 화가가 되었고, 105세까지 화가로서 명성을 날렸다. 아마도 할머니는 목표달성을 위해 3단계 또는 10단계를 거쳤을 것이다. 그리고 SMART 기법에 따라 '세계 10대 화가' 라는 목표를 세웠을 것이다. '10대 화가를 결의한 사람은 10대 화가가 된다' 는 사이소의 법칙에 따랐을 것이다.

그리고 세부계획을 세워(Plan) 실천에 옮겼으며(Do), 중간점검(Check)을 통하여 문제를 찾아내고, 다음 계획에 반영(Action) 하는 것을 되풀이해 가면서 세계 10대 화가의 반열에 올랐을 것이다. 아마도 그 할머니는 10대 화가로의 길을 가기 위한 계획(Plan)을 세울 때 6W 2H 원칙에 따랐을 것이다. 그것은 무엇을(What), 어떤 목적으로(Why), 언제까지(When), 어디에서(Where), 누가(Who), 누구와 함께(Whom), 어떻게(How), 어느 정도의 수준으로(How-Many)를 말하는 것이다.

시간 스케줄 만들기 *

6W 2H 원칙에 의한 연간 시간 스케줄(Time Schedule)을 만들 때는 〔표 2 - 11〕처럼 만들어 보는 것이다.

세부목표	실천사항	2003년											
		1	2	3	4	5	6	7	8	9	10	11	12
*****	*****												
	*****												
	*****												
	*****												
*****	*****												
	*****												
	*****												
	*****												
*****	*****												
	*****												

〔표 2-11〕 연간 시간 스케줄

그리고 매월 계획과 실행 사이의 갭을 채워 가는 것이다. 따라서 큰 목표는 어느 날 갑자기 성취되는 것은 아니다. 마치 벽돌을 쌓아 가는 마음으로 목표달성에 대한 세부계획을 실천해 가는 것이다. 흔히 이런 말을 한다. "전력투구한다"고. 온힘을 다해서 공을 던지는 것이 전력투구라 한다면 그야말로 전력투구하는 것이 중요하다. '혀를 깨물고 이를 악문다' 는 사람이 있다. 어떤 목표를 향하여 매진하는 마음을 나타내는 뜻일 것이다.

그래서 모두가 '변역(變易)' 의 경지에 이를 수 있어야 할 것이다. 몰입의 경지에서 이루지 못할 일이 있겠는가?

3가지 유형의 사람

필자가 영업현장에서 지점장으로 근무할 때 '김○태' 라는 부하직원이 있었다. 그는 툭하면 지각을 하지 않으면 고객과 싸움을 해 문제를 일으키는 골치 아픈 사원이었다. "김○태 씨! 전체 출근일수 대비 60%가 지각이고도 월급을 타는 직장이 있습니까? 그리고 허구한 날 고객과 싸움을 한다면 어찌 영업사원이라고 할 수 있겠습니까?" "앞으로 잘하겠습니다. 약속을 하겠습니다. 여기 증거로 각서를 제출합니다." 각서의 내용은 대충 이렇게 기억하고 있다. 앞으로 절대 지각하지 않고 고객과 싸우지 않겠으며 만일 이를 위반했을 때는 회사를 그만두는 것은 물론, 민 · 형사상의 어떤 처벌도 감수한다는 것이었다. 그런데 불행하게도 또다시 지각을 하고 고객과 싸우는 일이 발생해 스스로 회사를 그만두었다.

2년 후, 어느 날 김○태 씨로부터 전화가 왔다. "지점장님, 오늘 제가 점심을 사겠습니다." "웬 점심?" "하여튼 지금 출발하겠습니다." 그날 점심을 함께 하고 그의 슈퍼사업에 대해 이런저런 이야기를 나누고 있는데, 갑자기 김○태 씨가 묻지도 않는 말을 했다. "요즘 사업하기 힘들어서 때려치우고 싶은 생각이 들 때가 하루에도 한두 번이 아닙니다.” “왜?” “직원들이 툭하면 지각을 하고 고객들과 싸우는 통에 미치겠습니다.” “뭐라고?” 참으로 어이가 없었다. “남의 눈에 있는 티는 보면서 자기 눈의 들보는 보지 못한다.”고 했던가? 김○태 씨에 대한 애증(愛憎)은 지금도 가끔 뇌리를 스칠 때가 있다.

이처럼 사람은 자율형, 보통형, 통제형 등 3종류로 나눌 수 있으며, 〔표 2-12〕와 같다.

앞서 사례로 든 김○태 씨 같은 경우는 통제형에 속한다. 샐러리맨으로 있을 때는 그래도 월급을 벌 수 있다. 그러나 자기 사업을 하는 사람이 통제형이면 사업에 성공하기 힘든 것이다.

자율형은 스스로 세운 계획을 책임감 있게 실천하지만, 통제형은 누군가가 시켜야 일을 하는 사람인 것이다.

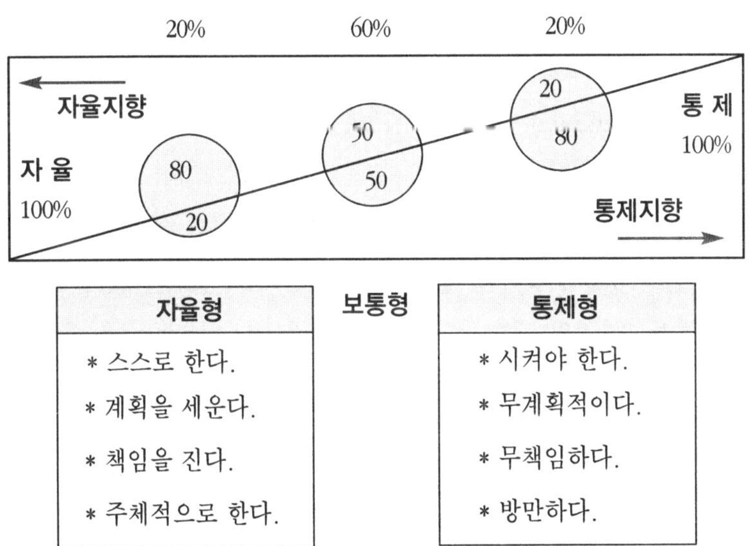

〔표 2-12〕 자율형, 보통형, 통제형

성공하지 못하는 대부분의 사람들은 계획을 세워도 자율적으로 추진하지 못하는 문제가 있는 것이다.

네트워크 마케팅은 엄밀히 말해 자기 책임하에 이루어지는 사업인 것이다. 그러니까 시간이 흐르면 별다른 노력 없이도 네트워크가 형성되고 네트워크 마케팅에 성공하는 것은 아니다.

어떤 일이 있어도 계획대로 실천하는 것이 중요하다. 앞의 김○태 씨처럼 누가 시켜야 일을 하는 사람이라면 강력한 감독자나 후원자를 두고 어느 정도 통제를 받는 것도 고려해 보는 것이 좋다.

누군가의 통제를 받기를 원치 않는다면 계획을 세운 대로 철저히 이행하는 것이다.

〔표 2-12〕에서 80/20은 80%의 자율과 20%의 통제로 일을 열심히 하는 형을 말하고, 반대로 20/80은 20%의 자율과 80%의 통제를 받아야 일을 하는 사람인 것이다.

그리고 50/50은 50%의 자율과 50%의 통제로 일을 하는 사람이다. 예를 들어 100명이 있다면 대개 자율형이 20%, 보통형이 60%, 통제형이 20%를 차지한다.

만일 자기 자신에게 물었을 때 자신이 통제형이라면, 어떤 일이 있어도 자율형이 되는 것이다. 분명히 말하지만 네트워크 마케팅은 자기 사업이며 자율적인 실천이 요구되는 것이다. 자율적으로 꿈을 이루고 목표를 달성해야 되는 것이다.

3 유통방식을 넘어 행동하기로

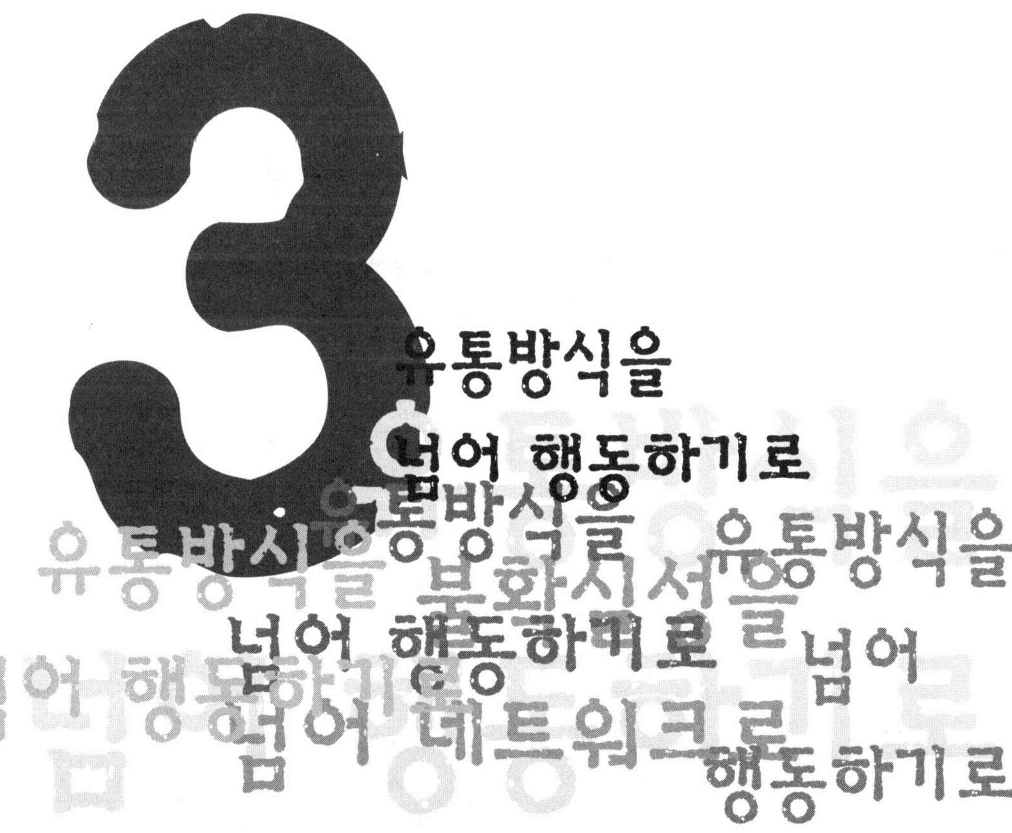

유통의 방식과 진화

유통의 방식과 진화

유통의 방식과 진화

유통의 방식과 진화

2가지의 유통방식

유통방식에는 크게 2가지가 있다. 간접유통과 직접유통이 그것이다. 이것을 메이커 입장에서 보면 간접판매, 직접판매로 말할 수 있다. 간접유통은 메이커가 대리점이나 총판 · 소매상 등을 거쳐 소비자에게 판매하는 유통방식이고 직접유통은 메이커가 대리점이나 총판 · 소매상 등을 거치지 않고 소비자에게 직접 판매하는 유통방식이다. 〔표 3－1〕의 간접유통과 직접유통을 보면 2가지 유통방식에 대해 충분하게 이해가 될 것이다.

직접유통	**(유형 1) 메이커 ➞ 소비자** - 소비자에게 직접 판매하는 방식이다. - 소비자에게 직접 접근하기 때문에 설명이 필요한 상품에 적합하다. - 방문 판매, 카탈로그 판매, 통신 판매, 텔레마케팅 등이 속한다. - 자동차, 보험, 건강식품 등이 여기에 해당된다.
	(유형 2) 메이커 ➞ 네트워크 소비자 - 소비자에게 직접 판매하는 방식이다. - 네트워크화된 소비자를 대상으로 등록된 회원에게 판매한다. - 주로 소비재(생활필수품)를 중심으로 판매된다.
	(유형 3) 메이커(인터넷 쇼핑몰) ➞ 소비자 - 주로 온라인 마케팅으로 소비자에게 직접 판매하는 방식이다. - 소비자는 사이버쇼핑몰을 통해 인터넷 상거래를 한다. - 소비재와 산업재가 동시에 거래될 수 있다.
	(유형 4) 메이커 ➞ 메이커 - 메이커와 기업이 직접 거래하는 방식이다. - 온라인과 오프라인이 함께 운영되기도 한다. - 주로 산업재로 원료, 부품, 기계, 솔루션 등이 거래된다.

간접유통	**(유형 1) 메이커 ➞ 총판 ➞ 소매상 ➞ 소비자** - 광범위한 시장을 커버할 수 있다. - 될 수 있는 한 많은 소매점에 유통시키고 싶을 때 유용한 방법이다. - 메이커의 의사가 소비자에게 전달되기 어렵고, 소매점의 관리가 메이커의 의지대로 되기 어렵다는 단점이 있다.
	(유형 2) 메이커 ➞ 대리점 ➞ 소매상 ➞ 소비자 - 별도의 판매회사 또는 대리점을 이용하여 시장을 관리하는 방법이다. - 소비자 부담문제가 가중되는 점이 있으나 메이커의 의사가 소비자나 소매점에 전달될 수 있다. 판매망을 구축하는데 많은 시간이 든다.
	(유형 3) 메이커 ➞ 소매상 ➞ 소비자 - 메이커의 방침이 가장 강하게 소매점에 전달될 수 있다. - 소매점 관리가 용이하고 소비자에 대한 정보도 입수하기 쉽다. - 대형 소매점과 체인점에 유용하다. 물류기능이 선결되어야 하고, 그렇지 않을 경우 광범위한 시장유통은 곤란하다.
	(유형 4) 메이커 ➞ 할인점 ➞ 소비자 - 메이커는 할인점에 공급하고 소비자는 할인점을 통해 구매한다.

간접유통	- 할인점이 매우 빠르게 성장하고 있어 재래 소매상의 위축을 초래하고 있다. - 할인점은 대형 소매상이라 할 수 있다.
	(유형 5) 메이커 → 홈쇼핑 → 소비자 - 메이커는 CA TV를 보유한 홈쇼핑 업체에 공급하고, 소비자는 홈쇼핑 업체에서 구매한다. - 홈쇼핑 업체는 CA TV를 매체로 사용하는 대형 소매상이라 할 수 있다.

〔표 3-1〕 직접유통과 간접유통

유통비용의 차이

앞의 〔표 3-1〕에서 살펴본 것처럼 유통방식에는 직접유통과 간접유통이 있음을 알았다. 그렇다면 직접유통이 간접유통과 다른 점은 무엇이고, 차별화되는 것은 무엇인가? 간접유통은 이미 〔표 3-1〕에서 살펴본 바와 같이 메이커 → 총판(대리점) → 소매상 → 소비자에 이르는 긴 유통경로를 채택하고 있어 유통비용이 많이 든다는 단점이 있다. 예를 들면, 메이커의 판매가격은 소비자가격을 100%로 보았을 때 30%, 광고 및 유통비용이 70%가 되어 소비자는 100%에 구입하는 것이다. 그런데 직접유통의 네트워크 마케팅은 짧은 유통경로를 형성하기 때문에 유통비용이 적게 드는 장점이 있는 것이다. 예를 들면, 메이커(네트워크 마케팅 사)의 판매가격은 소비자가격을 70%로 보았을 때

40%, 유통비용은 30%가 되지만 이 유통비용은 소비자기금으로 적립하였다가 전액 회원(사업자)에게 보상(Cash Back)으로 지급하는 것이다. 따라서 사업자(회원)는 간접유통보다 30% 싸게 구입하면서 30%의 보상을 네트워크의 크기와 매출에 따라 차등 지급받게 되는 것이다.

〔표 3 - 2〕는 유통방식에 따른 유통비용을 알기 쉽게 작성한 것이다. 이것을 보면 유통방식에 따른 유통비용이 어떻게 형성되는지를 일목요연하게 알 수 있다.

간접유통	재래유통	**메이커 → 대리점(총판) → 소매상 → 소비자**
		30% 광고 및 유통비용 70% 100%
	할인점	**메이커 → 할인점 → 소비자**
		30% 광고 및 유통비용 40% 70%
	홈쇼핑	**메이커 → 홈쇼핑**(CA TV) **→ 소비자**
		30% 광고 및 유통비용 40% 70%
직접유통	방문판매	**메이커 → 소비자**
		30% 광고 및 방문판매비용 70 100%
	네트워크	**메이커 → 소비자**
		40% 소비자(회원) 보상기금 30% 70%

〔표 3-2〕 유통방식에 따른 유통비용

그러니까, [표 3-2]에서 보는 바와 같이 대부분의 유통은 소비자 가격을 중심으로 100~70%에 구매하지만 직접 유통방식의 네트워크 마케팅은 같은 70%에 구매하지만 그 가운데 30%를 보상으로 되돌려 받는 유통방식인 것이다. 그것이 가능한 이유는 광고비용과 유통비용이 들지 않기 때문에 절약된 부분을 사업자(회원)에게 되돌릴 수 있는 것이다. 물론 직접 및 간접유통의 유통비용의 산출은 상품마다 특성이 있고 약간씩 다를 수도 있다. 다만 추정해보면 그런 결과가 나온다는 것이다.

유통의 진화 - 인터넷 상거래

유통의 초기에는 주로 여러 단계를 거치는 간접 유통방식에서 점차 단계가 축소되는 간접 유통방식으로 가다가 이제는 메이커가 소비자에게 직접 판매하는 직접 유통방식이 부상하고 있다. 그리고 인터넷의 보급에 따라 인터넷 상거래가 국경을 초월하여 가능하게 되었다. 결국 여러 단계의 간접유통에서 적은 단계의 간접유통으로, 단계를 제거한 직접유통, 그리고 인터넷 상거래로 진화를 거듭하고 있는 것이다. 모든 네트워크 마케팅 사가 인터넷 상거래 기능을 보유하고 있는 것은 아니지만 거의 대부분이 그 같은 기능을 보유하고 있다.

2002년 말 미국의 인터넷 상거래는 2001년 대비 25%가 증가하는 호황을 누리고 있다. 이것은 우리나라도 예외는 아니다. 한국인터넷정보센터의 발표에 따르면 2002년 12월 말 우리나라의 인터넷 이용자수는 2627만 명으로 전 국민의 59.4%에 해당된다. 전체 이용자 중 31%가 인터넷 상거래를 즐기고 있다. 그러니까 2627만 명의 31%인 814만 명이 인터넷 상거래를 경험하고 있는 셈이다. 구매품목은 의류/생활잡화가 49.9%, 생활/자동차용품이 29.3%, 도서가 26.9%의 순으로 나타나고 있다.

〔표 3-3〕은 연도별 국내 인터넷 이용자수를 보여주고 있다. 1997년 163만 명이었던 인터넷 이용자는 5년 후 2002년 말 2627만 명으로 기하급수적으로 성장한 것이다. 그러니까 성장률이 1161%가 되는 것이다. 전 세계 어디에서도 이런 속도는 찾아보기 힘들다. 이 같은 배경을 기반으로 인터넷 쇼핑몰과 인터넷 비즈니스의 성장이 빠르게 진행되고 있다.

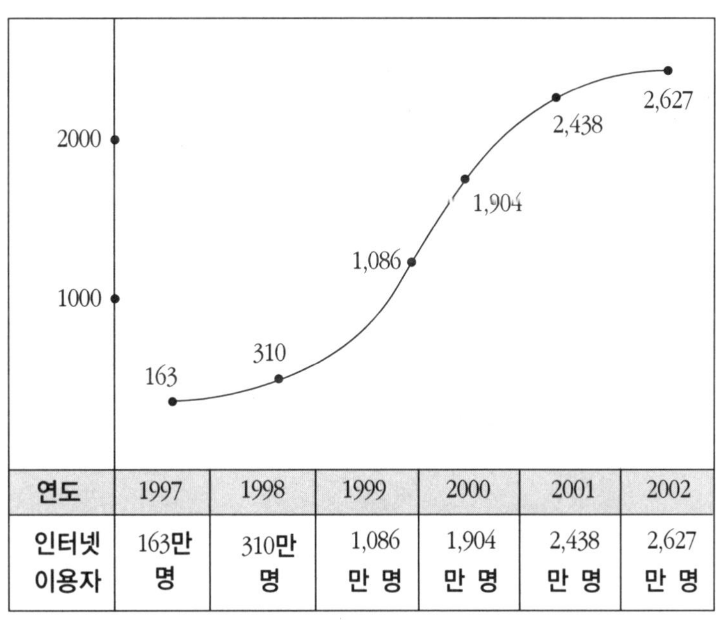

연도	1997	1998	1999	2000	2001	2002
인터넷 이용자	163만 명	310만 명	1,086 만 명	1,904 만 명	2,438 만 명	2,627 만 명

〔표 3-3〕 연도별 국내 인터넷 이용자수

어쨌든 이런 인터넷 상거래가 고객의 인기를 끌게 된 이유는 일일이 매장을 찾아 쇼핑하는 번거로움을 피할 수 있고 시간을 창조적으로 사용할 수 있기 때문이다. 어떤 경우에는 일반 매장에서 구매하는 것보다 20~25% 싸게 구매할 수 있는 이점도 있다.

이처럼 사이버 쇼핑을 포함한 인터넷 상거래는 기존의 거래방식에 강력한 도전장을 내밀면서 몇 천년을 이어온 거래방식에 엄청난 변화를 몰고 오고 있다. 경제의 기본 축이었던 전통적인 거래방식은 크게 위축되고 인터넷 상거래는 가상공간에서 새로운 거래방식을 만들어내고 있는 것이다.

인터넷 상거래의 사회적 공헌 

거역할 수 없는 물결, 인터넷 상거래는 이제 더욱 우리의 곁을 맴돌게 될 것이다. 그렇다면 인터넷 상거래가 소비자(회원)에게 주는 이익은 무엇이란 말인가?

먼저 다양하고 풍부한 상품 정보를 받을 수 있다. 다음으로 자유로운 의사결정이 가능하다. 홈쇼핑은 어떤 경우에는 충동구매로 이어질 수 있지만 인터넷 상거래는 스스로 충분한 검토를 거칠 수 있기 때문이다. 또한 저렴한 구입가격이 소비자의 호주머니를 두둑하게 만든다. 끝으로 시간과 공간을 초월하여 언제 어디서나 구매가 가능하다.

그리고 메이커는 유통비용을 절감하면서도 고객의 정보를 빠르게 수집할 수 있다. 축적된 고객정보는 이른바 데이터베이스 마케팅을 가능케 한다. 뿐만 아니라 고객의 의견을 수렴할 수 있는 장점도 있다. 이 같은 정보를 바탕으로 새로운 마케팅 기회와 효율적인 기업운영이 가능해지는 것이다. [표 3-4]는 인터넷 상거래의 구소이다.

인터넷 상거래가 각광을 받는 가장 큰 이유는 유통 단계를 줄였기 때문에 값이 싸게 상품을 공급할 수 있다는 것이다. 유통비용이 절감되므로 일부 업체는 절감된 유통비용의 일부를 고객에게 되돌려 주거나 할인해 주는 제도를 갖추게 되었다. 이른바 네트워크 마케팅의 방식이 접목되고 있는 것이다.

사실 우리는 오래 전부터 실적에 따른 보상을 주는 여러 제도를 접한 바 있다. 신용카드의 누적점수, 항공사의 마일리지, 외식업체의 포인트 등이 그것이다. 그러나 이 같은 보상제도는 그 금액도 미미하고 보잘것없어 소비자들로부터 크게 환영받지 못하고 있는 실정이다.

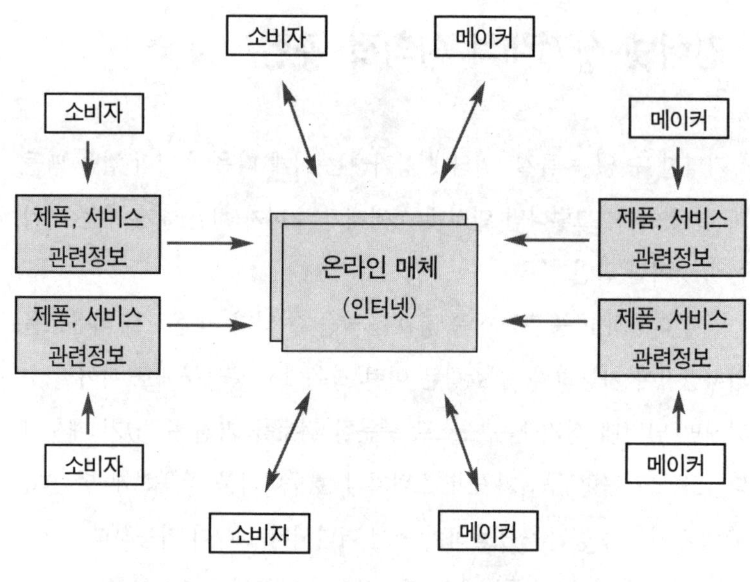

〔표 3-1〕 인터넷 상거래의 구조

그러나 네트워크 마케팅은 자기가 올린 실적은 물론, 내가 소개해 형성된 네트워크 내 사람들의 실적점수도 포함시켜 보상해준다는 것이 크게 다른 점이다. 종합적으로 네트워크 마케팅은 직접 유통방식이면서 인터넷 상거래가 포함된 가장 진화된 유통방식인 것이다. 뿐만 아니라 앞으로 인터넷 상거래는 모바일 커머스(Mobile Commerce ; 무선전자상거래)가 추가되면서 엄청난 변화가 진행될 것으로 보인다. 흔히 모바일 마케팅(Mobile Marketing)의 시대를 앞당기게 되는 가장 큰 요인으로 휴대폰, PDA 등 무선단말기의 폭넓은 보급을 꼽을 수 있다. 2002년 현재 3천만 대에 이르는 휴대폰의 보급은 이제 움직이면서 쇼핑을 즐길 수 있게 하는 큰 원동력이 되는 것이다. 아마도 앞서가는 네트워크 마케팅 회사는 현재의 직접 유통방식과 인터넷 상거래, 그리고 모바일

커머스를 추가하는 유통방식으로 더욱 진화된 유통시스템을 만들어 갈 것이 틀림없다. 머지않아 우리는 걸어다니면서 쇼핑을 즐기는 시대를 맞이 할 것이다.

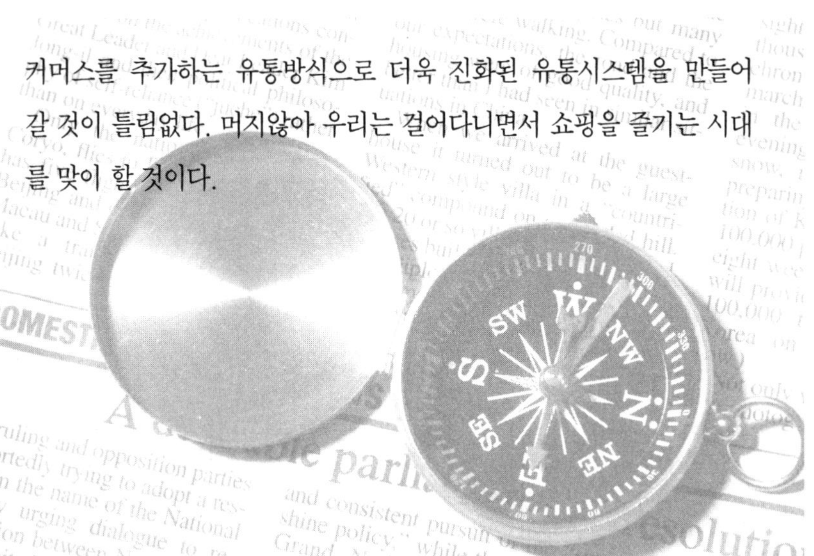

보상플랜의 기본개념

보상플랜의 기본개념

보상플랜의 기본개념

보상플랜의 기본개념

보상과 동기유발 *

"인간의 행동에는 동기가 있다."고 한다. 인간이 어떤 행동에 이르게 하는 데는 행동을 일으킬 만한 어떤 요인이 있어야 한다는 것이다. 그것을 다른 말로 동기유발요인이라고 한다.

당나귀를 움직이게 하는 최선의 방법은 그 앞에 당근을 던져 주거나 또는 뒤에서 채찍으로 때리는 수밖에 없다고 한다. 이른바 '당근과 채찍'을 이르는 것이다. '당근과 채찍'은 다른 말로는 '회유와 협박'이라고도 할 수 있다. 근래에 각광을 받는 동기유발이론에도 불구하고 아직도 '보상과 처벌(Rewards & Punishment)'은 강력한 동기유발요인으로 간주되고 있다.

보상(報償)은 인간의 동기유발요인으로 가장 강력한 것이다. 물론 조직에서는 처벌도 있지만 네트워크 마케팅에서는 네트워크라는 조직의 특성상 비교적 이 부분은 영향이 적은 듯 하다. 그렇다면 보상의 종류에는 무엇이 있는가? 흔히 보상에는 외적 보상과 내적 보상이 있다고 한다. 앞의 것은 화폐적 보상, 뒤의 것은 직무확충(職務擴充)이다.

직무확충에 관한 내용은 여기서 논의하지 않겠다.

그 어떤 동기유발요인보다도 가장 강력한 보상은 화폐적 보상이다. 화폐적 보상의 유형은 여러 형태로 나누어져 있지만 임금, 수당, 상여금, 퇴직금, 복리후생비 등이 그것이다. 화폐적 보상은 과거에도 지금에도 역시 가장 강력한 보상의 하나이다. 네트워크 마케팅에서 사업자(회원)를 움직이는 가장 강력한 동기유발요인도 화폐적 보상임에 틀림없다. 따라서 네트워크 마케팅을 하고자 하는 모든 사람들은 보상플랜을 제대로 이해할 필요가 있는 것이다.

보상플랜의 이해

그렇다면 네트워크 마케팅에 관심이 있는 사람이라면 왜 보상플랜을 이해하는 것이 중요한가? 어떤 사람은 보상플랜을 이해하기보다는 목표를 달성하는데 더욱 노력해야 한다고 말하는 사람도 있다. 그러나 "네트워크 마케팅사업에서 '보는 사람의 시각'을 가장 중시하며 만들어지는 것이 보상플랜이다."라고 말하는 『인사이드 네트워크 마케팅』의 저자 레오나드 클레멘츠의 말을 경청할 필요가 있다. 어떤 경우에는 네트워크 마케팅 회사별로 보상플랜에 별다른 차이가 없음에도 서류상 수익성이 높아 보이도록 하는 방법은 수없이 많기 때문이다. 때로는 보상플랜이 과장되어 있는 경우도 많기 때문이다. 그래서 보상플랜을 이해하고 분석해야 한다는 것이다. 또한 잘못된 보상플랜으로부터 자신을 방어하기 위하여 보상플랜을 꼼꼼히 따져 보아야 하는 것이다.

6가지 보상플랜을 선택하는 기준 

과장된 보상플랜을 알아내기 위하여 박사가 될 필요는 없다. 몇 가지 간단한 원칙만 알고 있으면 충분하기 때문이다. 〔표 3-5〕는 보상플랜을 선택하는 기준이다.

첫째, 조직의 성장잠재성을 살펴보는 것이다.

네트워크 조직은 두 방향, 즉 수평과 수직으로 성장한다. 회사의 보상플랜에서 다운 라인의 폭과 깊이에 어떤 제약을 두는지 알아본다. '깊이'는 커미션을 받을 수 있는 레벨의 수를 의미하고, '폭'은 프론트 라인에 둘 수 있는 사람들의 수를 말한다. 여기서 프론트 라인은 처음에 가입시킨 사람들을 말한다. 네트워크 마케팅에서 깊이와 폭에 어떤 제한을 두는지 잘 살펴보는 것이 중요하다.

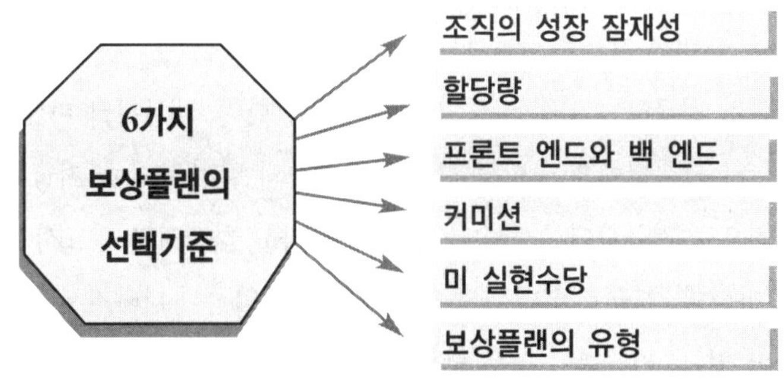

〔표 3-5〕 6가지 보상플랜의 선택기준

둘째, 할당량을 살펴보는 것이다.

커미션과 보너스 수령 자격을 얻기 위해서는 매달 일정량의 제품을 구매할 것을 요구하기도 한다. 이른바 '할당량' 이다. 이것이 최소 의무 구매량이 되는 것이다. 대부분의 보상플랜에서는 매달 특정 커미션 자격을 얻기 위해서 추가로 제품을 주문하게 되는데 그 양이 얼마나 되는지를 확인한다. 할당량이 너무 많아도, 너무 적어도 문제가 된다.

셋째, 프론트 엔드와 백 엔드를 살펴보는 것이다.

어떤 보상플랜은 프론트 엔드 쪽에, 또 어떤 보상플랜은 백 엔드 쪽에 많은 커미션을 지급한다. 프론트 엔드(Front-End)는 보다 높은 레벨, 먼저 형성된 부분을 말한다. 대개 자기가 가입시킨 최초의 사람들을 말한다. 백 엔드(Back-End)는 보다 낮은 레벨을 가리키는데 자신의 조직에 마지막으로 가입시킨 사람들을 말한다. 그러니까 자신이 가입시킨 사람들이 다시 가입시킨 사람들이다. 전통적인 보상플랜에서는 낮은 레벨일수록 커미션을 많이 지급한다. 그러나 백 엔드 커미션은 깊은 조직을 구축하는데 더 효과적일 수 있다.

넷째, 커미션 지급을 살펴보는 것이다.

회사가 지급하는 일정 수준의 커미션을 말한다. 네트워크 마케팅사는 디스트리뷰터에게 커미션 형태로 총매출의 일정 비율을 지급한다. 일반적으로 지급률이 높을수록 좋은 회사라고 하겠지만 반드시 그런 것은 아니다. 지급률이 너무 높으면 기업의 수익성이 나빠져서 도산의 위험이 있고, 지급률이 너무 낮으면 디스트리뷰터의 수익성이 낮아지는 문제가 있다.

다섯째, 미 실현수당을 살펴보는 것이다.

일반적으로 60% 이상을 지급할 수 있는 회사는 없다. 만일 75% 이

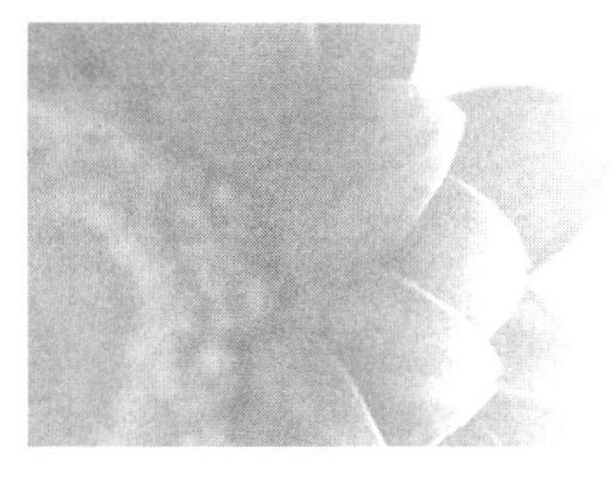

상의 커미션을 제시하는 회사가 있다면 보상플랜에 미 실현수당(Breakage)이 있다고 보아야 한다.

미 실현수당은 회사가 약속한 지급액과 실제 지급액의 차이를 말한다. 예를 들면, 무리한 할당량, 독립한 레그의 판매량을 인정해 주지 않거나, 보너스 포인트를 100만 원이면 70포인트만 인정해 주거나, 페널티 제도 등이다. 그러나 이런 것을 꿰뚫어 본다면 실제 미 실현수당은 문제가 되지 않는다.

여섯째, 보상플랜의 유형을 살펴보는 것이다.

보상플랜에는 4가지가 있다. 모든 보상플랜에는 장점과 단점이 있다. 따라서 장점만 보고 단점을 보지 못한다든지, 단점만 보고 장점을 보지 못해서는 안 된다. 그 4가지 보상플랜은 스테어스텝/브레이크어웨이, 매트릭스 방식, 유니레벨 방식, 바이너리 방식 등을 말한다.

〔표 3－6〕에서 4가지 보상플랜의 장 · 단점을 살펴보면서 어느 것이 정답이라고 말하기는 쉽지 않다. 보상플랜의 전문가들도 이런 의견이 있으면 저런 의견이 있을 뿐 어떤 통일된 의견은 없기 때문이다. 여기서 사업자들은 4가지 보상플랜의 장 · 단점을 비교 · 검토하고 각자의 소신과 철학에 따라 행동하기를 바란다.

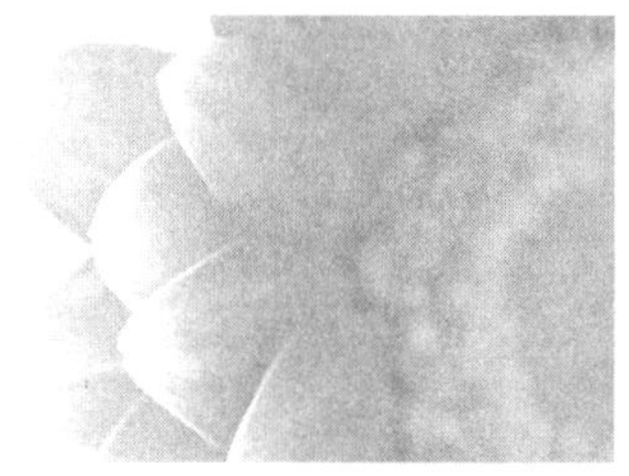

보상플랜의 유형	장점
스테어스텝/브레이크어웨이 (Stairstep/Breakaway Plan) **- 계단식 구조** **- 단계가 올라갈수록 높은 레벨** **- 독립한 그룹은 매출에 포함 시키지 않음**	- 무한한 소득잠재성이 있다. - 지급범위가 넓다. - 다운 라인 조직이 방대하다. - 회사에 안정성을 부여한다. - 오래된 회사의 86%가 채택한다.
	단점
	- 기하급수적인 성장이 늦게 이루어 진다. - 월별 할당량이 높다. - 구조가 복잡하다. - 백 엔드 중심이다.
보상플랜의 유형	장점
매트릭스(Matrix Plan) **- 폭과 깊이를 엄격히 제한** **- 2×12는 깊이 12레벨, 폭 2명**	- 스필오버가 된다(2명만의 폭 외는 하위 그룹으로). - 관리가 쉽다. - 단순하다.
	단점
	- 다운 라인이 게을러지기 쉽다. - '사회주의 효과' 가 있다. - 성장의 한계가 있다.

보상플랜의 유형	장점
유니레벨(Unilevel Plan) **- 레벨 수는 제한** **- 폭 제한이 없음**	- 단순하다. - 폭이 무한하다. - 스필오버가 된다(제3레벨에 더 많은 가입자 유치). - 승급이 쉽다.
	단점
	- 성장의 한계가 있다. - 소극적인 다운 라인이 문제다.
보상플랜의 유형	**장점**
바이너리(Binary Plan) **- 2명만의 폭 인정**	- 돈을 빨리 벌 수 있다. - 깊이가 깊다.
	단점
	- 레그 간의 성장격차가 문제다. - 실적 단위별로 지급된다.

〔표 3-6〕 4가지 보상플랜의 장 · 단점

보상플랜의 실제

디스트리뷰터의 보상은 매월 판매실적에 의해 책정되며 이 점수의 산정은 모든 제품에 부여된 두 가지 수치를 기준으로 한다. 하나는 고정불변의 판매 점수치(PV : Point Value)이며 또 하나는 제품의 가격조정에 따라 변화될 수 있는 판매 가격치(BV : Business Volume)이다. 그리고 디스트리뷰터에게는 자신의 소매활동에 따른 소매이익과 본사에서 지급하는 수당이 있다.

- **판매장려금** : 개인적으로 구매하는 모든 제품의 판매 점수치에 의한 합산, PV와 BV에 의해 결정된다.

- **후원수당** : 디스트리뷰터의 그룹실적, 즉 본인의 개인실적을 제외한 하위 그룹의 판매실적에 의해 결정된다.

- **리더십 장려금** : 디스트리뷰터의 개인판매실적 및 그룹판매실적의 합계가 최고 판매장려금 수준(A회사는 21%)을 달성하면 후원자에게 교육 · 훈련 등의 후원활동에 대한 보상으로 그룹 BV의 일정률(% / A회사는 4%)를 지급하게 된다. 기타 직급에 따라 장려금이 지급된다.

〔표 3－7〕은 A사의 판매장려금 비율 사례이지만 회사별로 비율은 다를 수 있다.

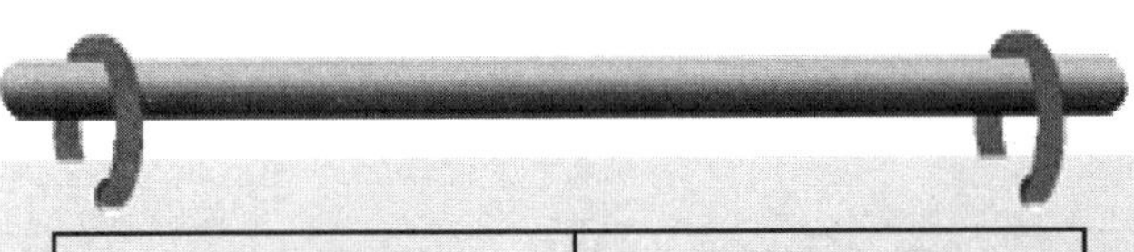

월별 총판매점수	판매장려금 비율
10,000,000	21%
6,800,000	18%
4,000,000	15%
2,400,000	12%
1,200,000	9%
600,000	6%
200,000	3%

〔표 3-7〕 A사의 판매장려금 비율사례

또한 디스트리뷰터가 되기 위해서는 반드시 기존 디스트리뷰터의 추천을 받아야 한다. 이때 기존 디스트리뷰터는 신규 디스트리뷰터의 후원자(스폰서)가 된다.

우리는 흔히 네트워크 마케팅을 먼저 시작한 사람이 나중에 시작한 사람보다 더 많은 보상을 받을 것이라고 생각하겠지만 수익배분의 구조는 대부분 선착순이 아니라 노력순이라는 것이다. 따라서 네트워크 마케팅은 언제 시작해도 손해를 볼 염려는 없는 것이다.

"먼저 된 자로서 나중 되고 나중 된 자로서 먼저 되는 자가 있다."는 성경의 말씀은 이 경우에 딱 맞는 말이다. 〔표 3-8〕은 A사의 단계별 판매장려금의 사례이다. 〔표 3-8〕에서 3단계의 판매장려금 사례를 설명해 보자.

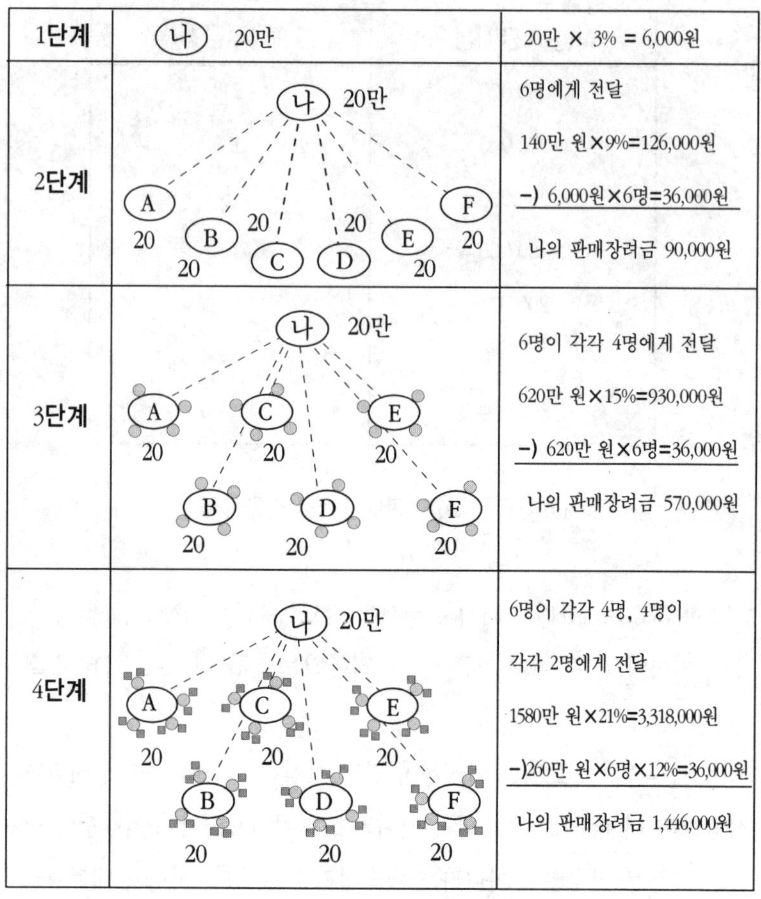

1단계	나 20만	20만 × 3% = 6,000원
2단계	나 20만 A 20, B 20, C 20, D 20, E 20, F 20	6명에게 전달 140만 원×9%=126,000원 −) 6,000원×6명=36,000원 나의 판매장려금 90,000원
3단계	나 20만 A 20, C 20, E 20 B 20, D 20, F 20	6명이 각각 4명에게 전달 620만 원×15%=930,000원 −) 620만 원×6명=36,000원 나의 판매장려금 570,000원
4단계	나 20만 A 20, C 20, E 20 B 20, D 20, F 20	6명이 각각 4명, 4명이 각각 2명에게 전달 1580만 원×21%=3,318,000원 −)260만 원×6명×12%=36,000원 나의 판매장려금 1,446,000원

〔표 3-8〕 A사의 단계별 판매장려금 사례

이 단계는 나로부터 6명의 네트워크 마케팅을 권유하여 소비자로 만들고 다시 이들 6명이 4명의 소비자를 확보했을 때를 말한다. 이 경우 A, B, C, D, E, F 등 각 소그룹의 매출은 100만 원이 되며 6개 소그룹을 합치면 600만 원이 된다. 그리고 나의 소비분을 합치면 그룹 매출은 620만 원이 된다. 620만 원은 〔표 3 - 7〕에서 보는 바와 같이 15%에 해당되므로 620만 원×15%=93만 원이 된다. 이 중에서 하위 소그룹 100만 원은 6%에 해당되므로 100만 원×6%×6명=36만 원이 된다. 따라서 93만 원 - 36만 원=57만 원이 나의 판매 수당이 되는 것이다.

이것은 어디까지나 1인당 20만 원을 소비했을 때를 말하는 것으로 1인당 30만 원일 때는 더욱 높은 판매 수당을 받을 수 있는 것이다. 기타 회사에 따라 여행보너스, 특별보너스 등이 지급되기도 한다.

이상의 것은 하나의 사례를 말하는 것으로 이미 앞서 말한 바 있는 보상플랜의 종류에 따라 계산방법이나 계산율은 조금씩 차이가 날 수도 있다.

네트워크 마케팅의 조직

네트워크 마케팅의 조직

네트워크 마케팅의 조직

네트워크 마케팅의 조직

조직의 개념 

우리는 크든 작든 짜임새가 있든 없든, 애매하든 확실하든 우리를 둘러싸고 있는 어떤 형태의 조직 속에서 생활하고 있다.

어떤 사람은 엉성한 조직이 협동정신을 유발하고 팀워크를 조장할 수 있기 때문에 좋다고 한다.

또 어떤 사람은 진정으로 협동하며 목표를 이룰 수 있도록 하려면 조직 속에서 각자의 역할이 서로 어떤 관계를 갖고 있는지 알게 되면 더욱 효과적이라고 한다. 마치 축구나 교향악에서, 또는 사업이나 행정에서도 마찬가지이다.

그렇다면 '조직' 이란 무엇인가?

'모든 참여자들의 모든 행위를 포함하는 것', '사회적 · 문화적 관계의 전체적 시스템', '기업과 정부의 행정부서' 등 여러 가지 의미로 사용하고 있지만 사업에서는 '역할이나 지위를 의도적으로 구성하는 것'으로 정의하고 있다.

조직의 산술급수적 증가와 기하급수적 증가 *

맬더스는 「인구론」에서 "식량은 산술급수적으로 늘어나는데 인구는 기하급수적으로 늘어난다."는 유명한 말을 남겼다. 여기서 산술급수적이라는 것은 5+5를 의미하고 기하급수적이라는 말은 5×5를 의미한다. 그러니까 5+5+5+5=20이지만 5×5×5×5=625가 되는 것과 같다.

최근의 가맹점사업(Franchising)은 전 세계적으로 54만 개가 되는 것으로 통계되고 있다. 한때 가맹점사업은 사기라고 말하는 사람도 있었다. 그러나 지금은 누구도 가맹점사업을 사기라고 말하지 않는다.

그렇다면 가맹점사업과 네트워크 마케팅사업은 무엇이 다른가?

네트워크 마케팅회사는 성공적인 가맹점설치회사와 비슷한 역할을 한다. 네트워크 마케팅회사는 자사의 가맹자(디스트리뷰터로 불리는)들에게 질 좋은 상품과 완성된 시스템을 제공해준다. 이 시스템은 책자, 전단, 테이프 등 교육자료와 믿을 만한 사업방식으로 뒷받침되고 있다. 우리가 언제 네트워크 마케팅에 가입하더라도 자기 자신은 언제나 자기사업의 주인이 되는 것이다. 따라서 네트워크 마케팅은 주인(대표)들의 조직이라고 해도 과언이 아니다.

가맹점사업은 산술급수적으로 늘어나는데 반하여 네트워크 마케팅은 기하급수적으로 늘어나는 경향이 있다. 〔표 3-9〕는 가맹점사업주와 네트워크 마케팅사업자의 성장 비교이다.

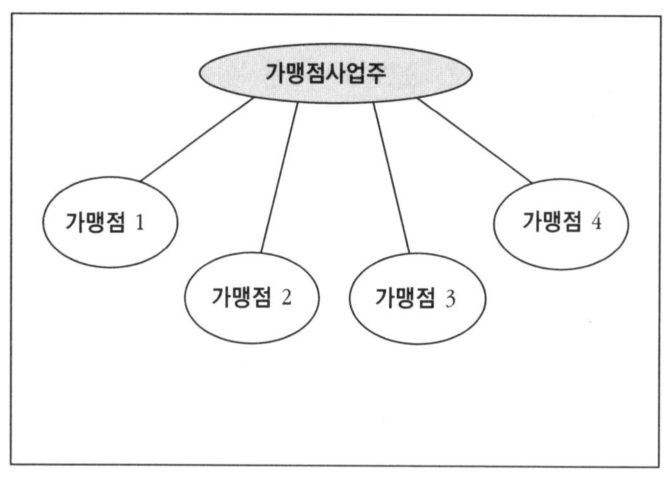

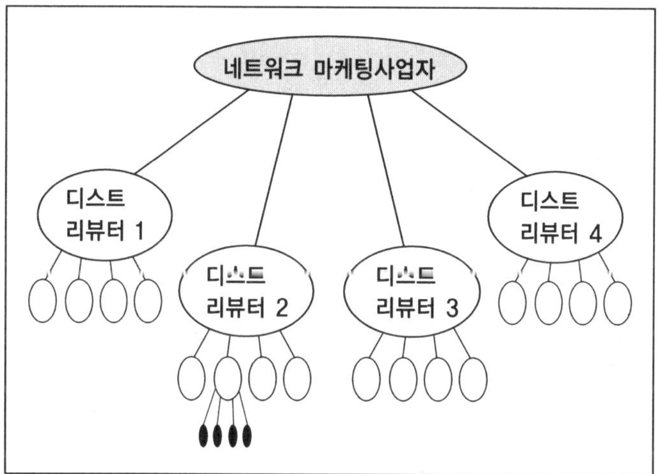

〔표 3-9〕 가맹점사업주와 네트워크 마케팅사업자의 성장 비교

〔표 3－9〕를 보면 가맹점사업주는 계속해서 가맹점을 확보해 가지만 확보된 가맹점이 다시 가맹점을 낼 수는 없는 것이다. 그러나 네트워크 마케팅사업자는 계속해서 디스트리뷰터들을 가입시키고 그 디스트

리뷰터들이 다시 새로운 디스트리뷰터들을 가입시키기 때문에 가맹점 사업은 산술급수적이고 네트워크 마케팅사업은 기하급수적이라고 하는 것이다. 사업의 초기에는 별다른 차이가 없는 것처럼 보이지만 시간이 흐를수록 기하급수적인 네트워크 마케팅사업은 엄청난 부를 이룰 수 있는 것이다. 그런데 창업비용 면에서 가맹점사업과 네트워크 마케팅사업은 대단한 차이가 있다. 뿐만 아니라 리스크 부분도 현저히 차이가 난다. 〔표 3-10〕은 가맹점사업자와 네트워크 마케팅사업자와의 차이를 비교한 것이다.

가맹점사업자	네트워크 마케팅사업자
- 평균 가맹점 수수료 1억 원	- 창업비용 50만 원 안팎
- 시간과 돈의 1차적 단순성장	- 수입의 기하급수적 성장
- 매달 가맹점 수수료 3~10% 지불	- 회사로부터 3~28%를 지불 받음
- 종업원 고용과 관리의 어려움	- 종업원이 필요 없음
- 성장과 더불어 총경비도 증가	- 재택 사업으로 경비가 들지 않음
- 가맹점 운영시간에 얽매임	- 자유자재로 시간을 정할 수 있음
- 제한된 영역	- 전국적이고 전 세계적인 영역
- 다른 사람의 꿈을 실현	- 자신의 꿈을 실현
- 높은 리스크	- 리스크가 전혀 없음

〔표 3-10〕 가맹점사업자와 네트워크 마케팅사업자의 차이

네트워크 마케팅 조직

네트워크 마케팅의 수익은 네트워크 조직의 크기와 매출로 결정된다. 모든 기업이 조직을 결성하고 그것을 키워나가는 것은 별 다를 것이 없다. 따라서 네트워크 마케팅도 네트워크의 조직을 키워나가는 것이 매우 중요한 것이다. 앞에서 기하급수적이라고 표현했지만 그것 역시 누군가가 조직을 키워야 가능한 것이다. 조직을 키우는 방법이나 전략에 대해서는 뒤에서 말하겠지만 여기서는 주로 조직의 구성에 대하여 검토해 보기로 한다.

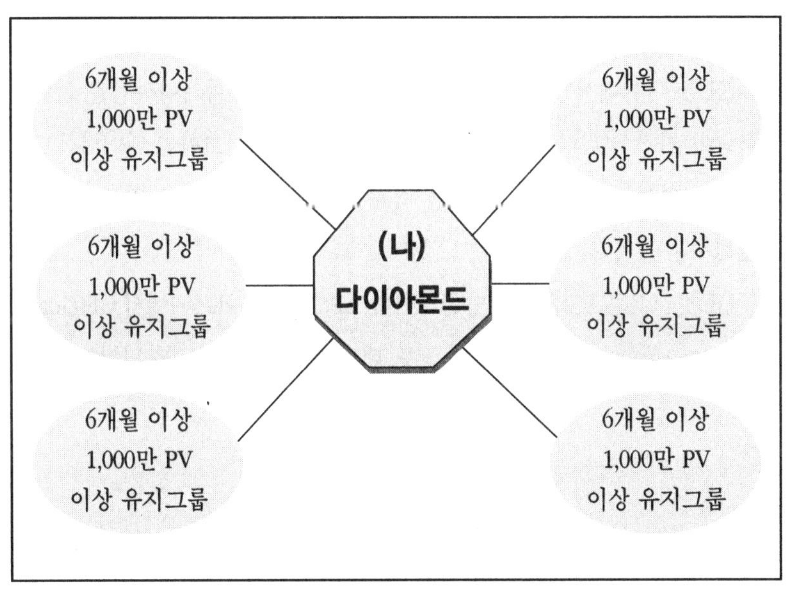

〔표 3-11〕 A사의 성취등급 다이아몬드

일반적으로 회사는 사원, 대리, 과장, 차장, 부장, 이사, 상무, 전무, 사장 등으로 조직의 계층이 주어져 있다. 따라서 위로 올라갈수록 권한과 책임이 커지는 것이다. 그렇다면 네트워크 마케팅의 디스트리뷰터들에게는 어떤 계층이 있는가? 그리고 그들은 어떤 권한과 책임이 있는가? 엄밀히 말해 디스트리뷰터들에게는 일반회사에서 말하는 계층은 없다. 왜냐하면 모든 디스트리뷰터들은 모두가 독립된 네트워크 마케팅사업의 주인이며 대표가 되기 때문이다. 따라서 일반회사의 책임과 권한과는 다른 성취등급은 있다. 여기서 성취등급이란 네트워크의 그룹매출이 많으면 많을수록 유리한 판매장려금과 수입이 정비례하는 것을 말한다. 결국 성취등급이란 노력의 대가이지 다른 것이 아니라는 것이다. 〔표 3-11〕은 A사의 조직에서 다이아몬드라는 성취등급을 얻기 위한 자격요건을 그림으로 그려본 것이다.

〔표 3-11〕에서 말하는 다이아몬드는 네트워크 마케팅사업을 하는 사람이 가장 성취하고 싶은 등급이라는 말이 있다. 그만큼 다이아몬드를 성취하는 것은 어느 정도의 노력과 시간이 필요로 함을 역설적으로 말해주는 것이다.

〔표 3-12〕는 A사의 성취등급표이다. SP(Silver Producer)에서 GP(Gold Producer)를 거쳐 다이아몬드가 되는 데는 7단계를 거치도록 되어 있다.

성취단계	자격요건	평균수입	보너스
SP	그룹 PV가 1천만 원 이상 (21% 달성)	100만 원/월	
GP	SP자격 3회		
플래티넘	SP자격 3회(그 중 3번은 연속)		해외여행
루비	그룹 PV가 2천만 원 이상 달성시	150만 원/월	
사파이어	회계연도 21%를 6회 이상 달성한 그룹 2개 후원		
에메랄드	회계연도 21%를 6회 이상 달성한 그룹 3개 후원	5,000만 원/연	
다이아몬드	회계연도 21%를 6회 이상 달성한 그룹 6개 후원	1억 원/연	수차례 해외여행 비즈니스클래스 이용
수석 다이아몬드	회계연도 21%를 6회 이상 달성한 그룹 9개 후원	2억 원/연	퍼스트클래스 이용
더블 다이아몬드	회계연도 21%를 6회 이상 달성한 그룹 12개 후원		
트리플 다이아몬드	회계연도 21%를 6회 이상 달성한 그룹 15개 후원	증가	
크라운	회계연도 21%를 6회 이상 달성한 그룹 18개 후원		
크라운 엠버서더	회계연도 21%를 6회 이상 달성한 그룹 20개 후원	∞	

〔표 3-12〕 A사의 성취등급표

결국 성취등급을 높이기 위해서는 계속적으로 네트워크의 크기를 키우고 하위 그룹을 후원해야 하는 것이다. 그래서 혹자는 네트워크 마케팅사업을 후원사업이라고 하는 것이다.

미국인이 쓴 『카피캣 마케팅』이라는 책을 보면 이런 말이 나온다. '하루종일 뼈빠지게 일하고 입에 풀칠하는 고된 삶, 근근히 살다가 죽으면 모든 것이 그림의 떡' 이 그것이다. 그래서 미국에서는 이런 자조섞인 근로자들의 푸념이 있다고 한다. '40/40/40 플랜' 이라는 것이 있는데 이것은 일주일에 40시간씩 40년 동안 일해도 은퇴를 기념하는 저녁식사와 40달러 짜리 싸구려 시계뿐이라는 것이다. 또 '50/50/50/50 플랜' 도 있다. 이것은 일주일에 50시간씩 50주에 걸쳐 50년 동안 일하고 은퇴해도 현재 생활비의 50%에도 미치지 못하는 연금뿐이라는 것이다.

누구나 도전할 의지만 있다면 네트워크 마케팅조직 속에서 기하급수적인 부를 창출할 수 있는 것이다. 어떤가? 도전해 보고싶지 않은가?

네트워크 마케팅 회사의 올바른 선택

네트워크 마케팅 회사의 올바른 선택

네트워크 마케팅 회사의 올바른 선택

네트워크 마케팅 회사의 올바른 선택

신뢰와 불신 사이 *

공자는 "신뢰가 없으면 설 땅이 없다(無信不立)."고 하였다. 공자가 살던 시대에도 그러했는데 현대는 더 말할 게 무엇이 있겠는가? 그 시절보다 사람들은 수천 배 영악해졌고 사기의 수법도 너무 다양해졌기 때문이다.

며칠 전 채권관리 세미나에서 어느 강사가 "남을 믿지 말라.", "자식도 믿지 말라.", "마누라도 믿지 말라."고 외치는 것을 들었다. 오죽하면 '믿지 말라'고 외치고 다니겠는가? 그런데 사실은 올바른 네트워크 마케팅 회사를 선정하기 위해서는 이 말을 충분히 검토할 필요가 있는 것이다. 왜냐하면 어느 네트워크 마케팅 회사는 신뢰할 수 있지만 또 어떤 네트워크 마케팅 회사는 믿을 수 없기 때문이다.

레오나드 클레멘츠가 출판하는 「마켓웨이브(*Market Wave*)」의 1996년 조사에 의하면 네트워크 마케팅 50년의 역사를 통하여 7년 이상 생존한 네트워크 마케팅 회사는 극히 적다는 것이다. 그러니까 숱한 네트워크 마케팅 회사들이 사업을 포기하거나 도산했다는 이야기가 된다. 따라서 잘못 선택한 네트워크 마케팅 회사가 부득이 사업을 포기하거나 도산하게 되면 애써 조직한 네트워크도 물거품이 되거나 별 볼일 없게 되는 것이다.

잭슨 브라운은 『인생의 작은 교훈』이라는 저서에서 "평생반려자를 신중하게 선택하라, 행복과 불행의 90%는 이 결정에 달렸다."고 하였다. 네트워크 마케팅 회사의 선택도 이와 같다. 마땅한 회사를 선택하는 것이야말로 성공을 앞당기고 평생의 결실을 맺을 수 있기 때문이다. 따라서 좋은 회사, 믿을 수 있는 회사를 선정해야 한다. 그것이 참으로 중요한 것이다.

4가지 함정을 피하는 법 *

흔히 네트워크 마케팅을 시작하는 사람들에게 들리는 충고들 중에 이런 것이 있다. "네트워크 마케팅을 하다가 집을 날렸다.", "팔지도 못할 물건을 집안 가득히 쌓아놓고 있다.", "극성맞은 회원 모집으로 동네에서 왕따 당했다." 그래서 필자는 다음의 함정을 피하라고 권고하고 싶다.

첫째, 허술한 상품의 함정을 경계하는 것이다. 네트워크 마케팅 사업의 중심은 상품이다. 질 좋은 상품과 경쟁력 있는 가격을 빼면 아무것도 없는 것이나 마찬가지이다.

둘째, 왜곡된 수당제도의 함정을 경계하는 것이다. 수당이 주로 상품 판매에 의한 것이 아니고 회원유치에 관한 것이라면 피라미드가 아닌지 살펴보는 것이다.

셋째, 비현실적인 과대광고의 함정을 경계하는 것이다. '금방 부자가 된다', '오늘이라도 당장 회사를 집어쳐라', '손을 안 대도 저절로 돌아가는 사업이다', '하위 회원조직을 만들어 주겠다', '사람들 이름만 알려주면 나머지는 내가 다 알아서 하겠다', '물건은 전혀 살 필요가 없다' 등이 그것이다.

넷째, 과도한 초기 투자비용의 함정을 경계하는 것이다. 좋은 회사를 찾는 비결 3가지는 상품가격, 신규회원을 위한 교육 키트 가격, 초기 투자액 등이다. 이 중에서 특히 과도한 투자를 요구한다면 피라미드 회사일 가능성이 높다.

좋은 회사의 25개 점검사항 

안젤라 무어와 리자 스트링펠로우의 공저 『여성을 위한 최고의 비즈니스 네트워크 마케팅』에서 좋은 네트워크 마케팅 회사를 선택하는 25개의 점검사항이 있어 흥미를 끈다. 25개 외에도 안내원의 전화응대 태도, 회사의 안내책자, 웹사이트, 기타 회사의 수준, 진실성, 고객만족지향자세 등도 살펴보아야 한다. 다음의 〔표 3-13〕은 좋은 회사의 25개 점검사항이다.

구분	25개 점검사항
제품	1. 취급하는 제품은 어떤가, 소비재 제품인가, 그 회사에만 있는 제품인가, 가격은 적당하고 팔 만한 제품인가? 2. 그 회사의 가장 잘 팔리는 품목 3가지는 무엇인가? 3. 평균 주문금액은 얼마인가? 4. 제품 보증과 반품제도는 어떤가?
회사정보	5. 회사의 경영주는 누구인가? 6. 유능한 경영진이 포진하고 있는가? 7. 몇 년이나 된 회사인가? 매출액은? 8. 해외에서 상품을 구입할 수 있는가? 9. 공신력이 있는 협회에 가입해 있는가?
기술관련	10. 회사의 웹사이트는 어떤가? 상품정보를 충분히 전달하고 있는가? 11. 인터넷 상거래로 상품을 주문할 수 있는가? 온라인으로 신규회원의 가입이 가능한가?
사업운영법	12. 고객지원부서의 업무시간은 언제인가? 13. 상품을 어떤 식으로 배달하고 있는가? 14. 배달료는 일률적으로 정해져 있는가, 아니면 차등화되어 있는가? 15. 배송 센터는 어디에 있는가? 가까울수록 시간과 비용을 줄일 수 있다.
회원등록	16. 회원등록비용은 얼마인가? 초기 교육 키트에 무엇이 들어 있는가?

구분	25개 점검사항
	17. 신규회원으로 하여금 필요 이상의 상품을 사도록 강요하지 않는가?
고객기반	18. 회원수는 얼마나 되는가? 19. 매월 보너스를 받는 회원은 얼마나 되는가? 20. 단골고객 확보를 장려하는 프로그램이 있는가?
회원격려 프로그램	21. 회원들에 대한 대회는 어디서 열고 있으며 참가 비용은 얼마인가? 22. 실적을 인정해 주는 프로그램이 있는가? 보너스 프로그램이나 교육프로그램이 있는가?
판매장려금 제도	23. 판매장려금은 어느 정도인가? 24. 약 60만 원을 벌려면 어느 정도의 노력을 기울여야 하는가? 25. 판매장려금은 어느 때 많이 받는가? 시작 초기? 나중에? 계속 고르게?

378개의 네트워크 마케팅 회사? 

한국의 네트워크 마케팅 회사는 몇 개인가? 2003년 1월 21일 현재 한국직접판매협회에 게시된 한국의 전체 네트워크 마케팅 회사의 등록 회원 수는 760개나 된다. 760개의 등록회사 중 휴업이나 폐업 등이 너무 많아 현재는 378개 회사라 하더라도, 회사를 선택하는 데는 너무 혼란스럽지 않을까 생각된다. 월간『네트워크 매거진』3월호에서 검색한 시도별 등록된 네트워크 마케팅 회사 수는 〔표 3-14〕와 같다.

(2003년 1월 21일 현재)

서울	부산	대구	인천	광주	울산	대전	경기	강원	충북	충남	전북	전남	경북	경남	계
249	35	28	9	13	1	11	13	4	4	1	4	2	2	2	378

〔표 3-14〕 시도별 네트워크 마케팅 회사 등록현황

만일 누군가가 네트워크 마케팅을 권유하였다면 그 회사가 믿을 만한 회사인지를 어떻게 알 수 있단 말인가? 그렇다고 해당 회사에 가서 재무제표를 보여달라고 조를 수도 없는 일이 아닌가? 또 회원 수를 말해달라면 제대로 이야기해 주겠는가? 그래서 좋은 회사의 25개 점검사항이 필요한 것이다. 아마도 378개 중 "바로 이 회사야."라고 느낄 수 있는 회사가 얼마나 되겠는가? 그렇다고 무턱대고 친구나 친지가 권한다고 그 회사를 믿어야 하겠는가? 그들은 또 얼마나 자신이 관련한 회사를 알고 있을까? 참으로 궁금하기 이를 데 없다.

신뢰의 척도 - 역사 · 매출액 · 실질자본금 

그렇다면 가능한 방법을 동원하여 네트워크 마케팅 회사의 신뢰의 척도를 만들어 보자. 부침하는 네트워크 마케팅 업계에서 오래 생존하고 있다는 것은 그래도 높은 점수를 주고 싶다. 그래서 설립일인 것이다. 다음으로 매출액의 크기는 반드시 이익의 크기로 이어지는 것은 아니지만 비교적 의미가 있다. 끝으로 실질자본금은 그 회사의 재무상황을 알아보는데 참고가 될 것이다. 〔표 3-15〕는 네트워크 마케팅 상위 18사의 설립일 · 매출액 · 실질자본금 현황이다. 이 중에서 주코네트워크는 불법다단계로 경찰에 적발되어 현재는 존재하지 않는다.

한때 14위에 오르던 회사도 불법 네트워크였다면 이 사업을 하기 전에 충분히 신뢰성을 따져보는 것이 중요하다. 18위 이하의 업체에서도 우량업체가 있을 수 있다. 단지 정보의 부족으로 모두를 보여 주지 못해 안타깝다.

2001년도에 3조 8천억 원, 2002년도에 4조 9천 3백억 원의 종매출을 올린 네트워크 마케팅업계의 비약적인 발전에도 불구하고, 아직도 선두그룹의 네트워크 마케팅 회사를 제외하고 순위다툼이 치열한 것 같다. 그런데 어디에도 회사의 신용정보를 속시원하게 제시하는 회사는 많지 않은 것 같다. 특히 자본금에 대한 영세성을 벗어나지 못하는 업체가 많은 것 같다. 따라서 신뢰할 수 있는 네트워크 마케팅 업체의 선정을 위해 세심한 배려가 필요한 것이다.

순위	회사명	설립일	매출액(01)
1	한국암웨이	1995. 07. 20.	10,000억 원
2	앨트웰	1995. 07. 25.	5,400억 원
3	다이너스티	1998. 08. 13.	3,800억 원
4	SMK	1995. 07. 24.	1,900억 원
5	하이리빙	1996. 04. 26.	1,700억 원
6	월드라이센스	2000. 07. 03.	1,700억 원
7	글로벌자이언트 시스템	2002. 04. 04.	1,500억 원
8	한국사미트	1996. 08. 12.	1,275억 원
9	허벌라이프	1996. 07. 18.	1,270억 원
10	썬라이더	1995. 07. 22.	910억 원
11	롱제비티	1991. 01. 01.	840억 원
12	엔에스이	1995. 12. 14.	670억 원
13	에스티씨	1995. 10. 11.	630억 원
14	주코네트워크	불법다단계	620억 원
15	나라콤	1999. 12. 08.	440억 원
16	유니시티	1995. 12. 14.	430억 원
17	네이처스선샤인 코리아	1997. 08. 21.	410억 원
18	세모에스엘	1996. 03. 25.	230억 원

〔표 3-15〕 네트워크 마케팅 상위 18사의 설립일 · 매출액 · 실질자본금 현황 순위는 2001년 실적기준 / 자료제공 : 네트워크매거진

순위	회사명	매출액(02)	실질자본금
1	한국암웨이	12,980억 원	210억 원
2	앨트웰	5,070억 원	124억 원
3	다이너스티	5,810억 원	3억 원
4	SMK	540억 원	-
5	하이리빙	2,600억 원	725억 원
6	월드라이센스	1,530억 원	-
7	글로벌자이언트 시스템	1,750억 원	-
8	한국사미트	555억 원	10.5억 원
9	허벌라이프	1,200억 원	3.4억 원
10	썬라이더	960억 원	3.1억 원
11	롱제비티	364억 원	-
12	엔에스이	939억 원	-
13	에스티씨	?	-
14	주코네트워크	?	폐업
15	나라콤	860억 원	-
16	유니시티	437억 원	-
17	네이처스선샤인 코리아	?	-
18	세모에스엘	?	-

업체별 공제한도 순위 *

개정된 방문판매법 제35조에 따라 소비자 피해보상제도 중, 공제조합의 추진은 네트워크 마케팅 업체의 신뢰성을 제고하는데 크게 기여할 것으로 보인다. 그리고 공제조합은 업계 영업환경을 질적인 면에서 향상시키는 계기가 될 것으로 보인다. 대체로 매출액의 0.5~2% 미만으로 소비자들의 신뢰를 얻는 제도인데 이것은 금액의 많고 적음에 따라 네트워크 마케팅 회사의 '신뢰브랜드'를 만들 것이 분명하다. 그러나 영세 네트워크 마케팅 업체의 어려움이 가중될 것으로 보인다. [표 3-16]은 네트워크 마케팅 업체의 공제한도 순위로, 네트워크 마케팅 회사의 올바른 선택이란 측면에서 참고가 될 것이다. 참고로 공제조합 설립에 대한 방문판매법 제35조 내용은 다음과 같다.

제35조 【공제조합의 설립】

① 제5조의 규정에 의하여 신고 또는 제13조의 규정에 의하여 등록한 사업자는 소비자피해보상으로 인한 보상금지급책임의 보험사업 등 제34조 제1항 제3호의 규정에 의한 공제사업을 영위하기 위하여 공정거래위원회의 인가를 받아 공제조합(이하 "공제조합"이라 한다)을 설립할 수 있으며 인가의 기준은 대통령령으로 정한다.

② 공제조합은 법인으로 하며, 주된 사무소의 소재지에 설립등기를 함으로써 성립한다.

③ 공제조합에 가입한 자는 공제사업의 수행에 필요한 출자금 등을 조합에 납부하여야 한다.

④ 공제조합의 기본재산은 조합원의 출자금 등으로 조성한다. 다만, 정부는 예산의 범위 안에서 출연 또는 보조할 수 있다.

⑤ 공제조합의 조합원의 자격, 임원에 관한 사항 및 출자금의 부담기준에 관한 사항은 정관으로 정한다.

⑥ 공제조합의 설립인가 절차, 정관기재사항, 운영 및 감독 등에 관하여 필요한 사항은 대통령령으로 정한다.

⑦ 공제조합이 제1항의 규정에 의한 공제사업을 하고자 하는 때에는 공제규정을 정하여 공정거래위원회의 인가를 받아야 한다. 공제규정을 변경하고자 하는 때에도 또한 같다.

⑧ 제7항의 공제규정에는 공제사업의 범위, 공제료, 공제사업에 충당하기 위한 책임준비금 등 공제사업의 운영에 관하여 필요한 사항을 정하여야 한다.

⑨ 공제조합에 관하여 이 법에 규정된 것을 제외하고는 민법 중 사단법인에 관한 규정을 준용한다.

⑩ 이 법에 의한 공제조합의 사업에 대하여는 보험업법을 적용하지 아니한다.

순위	업체명	공제한도(억)	가입조합
1	한국암웨이	2,732	직판조합
2	앨트웰	1,200	직판조합
3	다이너스티인터내셔날	762	직판비조합
4	하이리빙코리아	724	직판비조합
5	제이유네트워크	500	특판
6	한국허벌라이프	330	직판조합
7	NSE코리아	240	직판조합
8	고려한백인터내셔날	240	특판
9	썬라이더코리아	224	직판조합
10	글로벌자이언트시스템	216	직판비조합
11	아이쓰리샵	201	직판비조합
12	한국사미트인터내셔날	120	직판조합
13	월드종합라이센스	120	특판
14	STC인터내셔날	100	특판
15	유니시티네트워크코리아	99	직판조합
16	한국롱제비티	60	직판조합
17	멜라루카인터내셔날	51	특판
18	NSP코리아	50	직판조합

〔표 3-16〕 네트워크 마케팅업체의 공제한도 순위

주 1) - 공제한도는 각 조합의 규정에 따른 소비자피해보상한도로 매출 참고자료임
- 매출과 반품률을 기준으로 산정하므로 매출순위와 일치하지 않음

주 2) - 가입조합 : 직판조합 = 한국직접판매공제조합 조합사, 직판비조합=한국직접판매공제조합 비조합사, 특판 = 한국특수판매공제조합 조합사

좋은 회사 선택의 12가지 포인트 

월간 「다이렉트셀링」 1999년 7월호를 보면, 좋은 회사를 선택하는 12가지 포인트가 게재되어 있다. 이것은 이미 앞에서 강조한 내용도 일부 포함되어 있을 것이라고 생각한다. 그러나 이 12가지 포인트는 아마도 가장 핵심적인 이야기가 될 듯 싶다.

- 장기간 네트워크 마케팅을 해온 회사인가?
- 성장가능성이 있는 회사인가?
- 재무기반이 튼튼한가?
- 경영진에 전문성은 있는가?
- 디스트리뷰터를 중요시하고 있는가?
- 전문적인 시연도구가 있는가?
- 사람들이 사고 싶어하는 제품인가?
- 보상플랜이 합리적인가?
- 위험도는 어느 정도인가?
- 어느 정도로 지원을 받을 수 있는가?
- 내가 즐겨 쓸 수 있는 제품인가?
- 재미있게 일할 수 있는 회사인가?

네트워크 마케팅 회사가 경영에 실패하는 9가지 방법

네트워크 마케팅이나 굴뚝기업을 막론하고 영원히 존재하는 회사는 없다. 근본적으로 기업은 사람과 같아서 수명이 다하면 죽게 되는 것이다. 병으로 일찍 죽는 사람이 있는가 하면, 무병으로 장수하는 사람도 있는 것이 작은 차이일 뿐이다.

그러니까 영원히 존재하는 네트워크 마케팅 회사가 있을 것이라는 것은 환상에 불과하다.

여기서 네트워크 마케팅 회사가 경영에 실패했다는 것은 도산이나 부도, 기타 불미스러운 일로 폐업하는 것을 말한다. "하루에도 몇 개씩 네트워크 마케팅 회사가 태어나고 죽는 것을 봐왔습니다."

월간 「다이렉트셀링」 발행인의 말이다. 다음은 1998년 6월호에 실린 네트워크 마케팅이 경영에 실패하는 9가지 방법이다. 아마도 많은 참고가 될 것이다.

첫째, 자금 부족이다.

네트워크 마케팅 회사가 아니더라도 창업을 한다는 것은 자금이 가장 큰 문제이다. 희망에 부풀어 회사를 세우지만 자금문제로 제동이 걸린다.

꼭 필요한 예산액을 책정해 거기에 맞게 자금을 준비해도 언제, 어떻게 돌발할지 모르는 사태 때문에 계획대로만은 되지 않음을 감안

해야 한다. 특히 네트워크 마케팅 회사를 세우기 위해서는 3억 원 이상의 실질자본금이 필요하다.

5억 원을 힘겹게 마련해 회사를 차렸다고 하더라도 운영자금이 없다면 그 회사는 '피라미드' 로 전락할 위험요소를 안고 있다. 자금이 얼마나 필요한지 확실한 계획을 세운 후에 회사를 설립하는 것이 중요하다.

둘째, 사업 계획의 불완전에서 오는 오류이다.

사업 계획이야말로 성공의 청사진이다. 사업 계획 없이 성공한 회사가 있다면 그건 운과 요행으로 성공한 회사이다.

아름다운 집을 짓기 위해서 건축가는 우선 설계도를 만들어야 한다. 네트워크 마케팅도 치밀한 계획하에 용의주도하게 착수해야 한다. 아니, 다른 어떤 사업보다도 더욱 그래야만 한다.

많은 시행착오를 겪고 있는 사업이기 때문에 치밀한 사전 계획이 필요한 것이다.

셋째, 경영의 부실이다.

효율적인 경영과 지도력 없이 성공의 정상에 도달할 수는 없다. '지도력이란 올바른 일을 하는 것이고, 경영이란 올바르게 일을 하는 것' 이란 말이 있다. 일부 네트워크 마케팅 업체의 경영자 중에는 네트워크 마케팅에 관한 기본적인 상식도 없이 회사를 운영해나가는 사람이 간혹 있다. 이는 지극히 위험한 발상이 아닐 수 없다. 잘 모르는 부분이 있다면 오히려 이를 솔직히 인정하고 그 분야의 전문가를 고용하는 것이 현명한 방법이다.

유능한 직원이 있다면 그에게 권한을 부여하는 것도 한 방법이다.

넷째, 부실한 직원 교육이다.

경영자 혼자 아무리 사업자들에게 잘하고 밤낮으로 뛰어다녀도 직원들이 업무 수행 능력을 제대로 갖추고 있지 않다면 '말짱 헛것'이다. 어느 부서, 어느 직원이나 교육은 필요하지만 주로 디스트리뷰터들을 많이 상대해야 하는 부서의 직원들에게는 더욱 철저한 교육이 요구된다.

다섯째, 마케팅플랜의 미비를 들 수 있다.

사업자들이 매력을 느끼지 않는 마케팅플랜은 다른 어떤 것보다도 네트워크 마케팅 회사를 침체에 빠뜨리는 원인이다.

사실 완벽한 마케팅플랜은 존재하지 않는다. 우리나라 현실에 맞는 적절한 보상이 주어져야 한다.

또한 회원들이 어려워하는 마케팅플랜도 피해야 한다. 가능하면 단순하게, 그리고 유행이나 사업자들의 요구에 끌려 다니지 말고 수정이 필요 없는 마케팅플랜을 만드는 것이 중요하다.

여섯째, 회원 및 소비자에 대한 서비스 부실이다.

네트워크 마케팅 사업은 일종의 서비스업이다. 그렇기 때문에 상품이나 사업의 기회만 알리는데 급급해서는 안 된다.

네트워크 마케팅 회사의 제품력은 뛰어나다. 사업의 비전도 밝다. 여러 회사를 놓고 비교해 볼 때 이 두 가지 조건이 모두 좋다면 사업자들은 당연히 고객에 대한 서비스가 좋은 곳으로 몰려들기 마련이다. 경영자들은 '철새' 탓만 해서는 안 될 것이다.

철새들을 붙잡아두기 위한 고객 서비스가 부실했던 것은 아닌지를 다시 한 번 되짚어봐야 한다.

일곱째, 전산 시스템의 부실이다.

네트워크 마케팅에 있어서 전산 시스템은 각 부서의 업무를 하나로 묶고 사업 전체를 이끌어 가는 핵심 역할을 한다.

때문에 방문판매법에도 회사설립조건에 전산 시스템의 완비가 명시되어 있지 않은가! 훌륭한 전산 시스템을 마련해놓지 않고 사업에 성공한 네트워크 마케팅 회사는 없다.

전산 시스템의 미비로 사업에 실패한 회사를 많이 봐왔다. 무조건 싼 것만 찾지 말고 장래를 감안한다면 컴퓨터 소프트웨어를 선택하는데 더욱 신중을 기해야 한다.

여덟째, 현장을 외면하는 본사 직원 때문이기도 하다.

성공하는 네트워크 마케팅 회사에는 발로 뛰는 직원들이 많다. 월간 「다이렉트셀링」을 봐도 최고 직원으로 선정된 사람은 모두 현장을 쫓아다니는 직원들이다.

앉아서 고객이 오기만을 기다린다면 이미 네트워크 마케팅 회사의 직원으로는 '빵점' 이다.

사명감을 갖고 현장의 사업자들과 직접 부딪치는 직원이 많다면 그 회사는 이미 절반은 성공한 것이다.

아홉째, 급속한 성장도 실패의 한 요인이다.

수많은 네트워크 마케팅 회사들이 무너지는 가장 큰 이유는 너무 조바심을 내고 무리하게 사업 확장을 하기 때문이다.

빠른 속도로 성장을 했다고 하더라도 거기에 맞게 조직이나 제도를 맞춰나가면 무리가 있을 수가 없다.

그러나 우리 네트워크 마케팅 업체는 그 조절을 잘 못 한다. 몸집이 커지면 거기에 맞게 경영계획을 수립해야 한다. 그렇지만 절대 무절제하거나 계획 없이 회사를 운영하는 것은 실패로 가는 지름길이다. 이들 과오 중 각 회사의 경영자들이 생각하기에 '우리 회사가, 바로 내가 그런 오류를 범하고 있다' 고 판단된다면 하루 빨리 바로잡아야 한다.

"네트워크 마케팅은 놀랄 만한 사업의 기회를 가져다준다. 그렇지만 한편으로는 엄청난 함정과 덫이 있다는 것을 항상 명심해야 한다."는 월간 「다이렉트셀링」 발행인의 말을 다시 새겨보아야 될 것이다.

절대로 강제로 모집하는 회사나 강제로 판매하는 회사, 보상플랜을 자주 바꾸는 회사, 돈 주고 모집하는 회사, 은밀하고 비공개적인 회사, 자주 옮겨 다니는 후원자, 과대 선전하는 회사나 후원자는 절대로 신뢰하지 말아야 한다.

분명 네트워크 마케팅에는 위험보다 기회가 더 많은데, 문제는 좋은 네트워크 마케팅 회사의 올바른 선택인 것이다.

확신 속에 행동하기

확신 속에 행동하기

확신 속에 행동하기

확신 속에 행동하기

확신 그리고 또 확신

아마도 앞 장을 읽은 독자들은 조금 혼란스러울 것이다. 그러나 분명 네트워크 마케팅으로 성공한 사람도 있고 크게 부를 이룬 사람이 많다. 그러나 친구가, 친지가 무조건 좋다고 한다고 따라갈 필요는 없는 것이다. 데카르트는 『방법서설』에서 이렇게 말하였다. "참이 아닌 것은 참이라고 믿지 말라." 그러니까 〈네트워크 마케팅회사의 올바른 선택〉 편에 있는 내용은 참 회사를 선택하는 요령이 되기도 한다. 남의 '카더라 통신'을 무조건 따르지 말고 검증의 단계를 거치라는 것이다. 직접 회사를 방문해 보기도 하고, 물류센터를 가 보기도 하며, 실패한 사람의 이야기도 들어보고, 최소한 10개 이상의 회사를 방문하여 사업 설명회를 들어보며 비교 · 검토하는 것이 좋다.

어쨌든 확신, 그리고 또 확신을 의심할 수 없을 때 네트워크 마케팅 회사를 선택하는 것이다.

포기, 좌절, 중단하지 마라

필자의 좌우명은 '포기하지 않는다', '좌절하지 않는다', '중단하지 않는다'이다. 필자가 이것들을 좌우명으로 삼고 살아가는 이유는 포기하는 자는 성취할 수 없고, 좌절하는 자는 희망이 없으며, 중단하는 자는 미래가 없기 때문이다.

필자가 크고 작은 수술을 8번이나 하면서 여러 차례 외쳤던 것이 지금은 좌우명이 되고 말았다. 왜냐하면 삶과 죽음, 생과 사의 갈림길에서 절대로 포기할 수 없고, 좌절할 수 없으며, 중단할 수 없다고 생각했던 것이다.

그러니까, 확신 또 확신할 수 있다면 무조건 행동에 옮기되 절대로 포기하거나, 좌절하거나, 중단하지 말아야 한다. 적어도 3~4년은 그런 자세가 중요한 것이다.

7가지 성공비결

리처드 포의 『제4물결』을 보면 네크워크 마케팅의 7가지 성공비결이 있다. 아마도 이것은 네트워크 마케팅을 실행하고자 하는 모든 사람들이 늘 가슴에 새겨야 할 내용이 될 것이다. 또 그것은 매우 간단해 누구나 쉽게 이해할 수 있다. 〔표 3－17〕은 네트워크 마케팅의 성공비결이다.

비결 1 절대 포기하지마라!

네트워크 마케팅에 성공한 사람들의 이야기를 들어보면 한결같이 고난과 절망을 이겨낸 이야기다. 그러니까 네트워크 마케팅도 노력 없이는 이룰 수 없는 것이다.

비결 3에서 설명하는 턴키 시스템이 뛰어난 도구이기는 하지만 도구는 도구일 뿐이다. 도구를 쓰는 기술자가 열정을 갖고 노력해야만 성공할 수 있는 것이다. 어쩌면 몇 년이 걸릴 수도 있다. 때로는 후퇴하거나 실망도 할 것이다. 그러나 포기하지 않고 계속 가다 보면 결국 목표에 도달한다.

비결 2 지도자를 찾아라!

네트워크 마케팅은 후원시스템을 기초로 한다. 나를 가입시킨 사람, 즉 후원자가 내 교육과 관리를 책임진다. 그러나 나의 후원자가 반드시 나의 스승이 될 자격이 충분한 것은 아닐 수도 있다. 때로는 후원자의 후원자, 그 후원자의 후원자 중에서 경험과 기술을 갖춘 업 라인은 찾을 때까지 계속 노력해 보는 것이다. 절대로 부끄러워하지 마라. 능력 있는 스승을 찾는 것이 이 사업의 첫 번째 임무이다.

비결 3 턴키 시스템을 따르라!

네트워크 마케팅 사업은 오래 전부터 구축되어 있는 턴키 시스템에 기초한다. 자신이 선택한 회사가 번창하고 있다는 것은 그 시스템이 시장에서 이미 입증되었음을 의미하는 것이다.

이 시스템을 충실히 이행하라. 자기 마음대로 바꾸려 하지 마라. 물론 업 라인 중에는 다양한 전략을 구사하려는 사람도 있을 것이다. 그러나 스승의 전략에 따르라. 스승과 다투지 말고 의심하지 말라. 그리고 스승의 방식을 따르는 전문가가 되어라.

비결 4 자기 이야기를 하라!

무엇을 판다는 것은 늘 남에게 무엇인가 이야기를 해야 한다. 세일즈맨은 제품이나 서비스의 사용법과 장점을 이야기한다. 그러나 네트워크 마케터들은 좀 다르다. 그들은 자신에 대해 이야기해야 한다. 자신의 삶, 꿈, 목표, 포부 같은 것을 이야기해야 한다.

자신의 이야기를 하는 동안 네트워크 마케터는 나와 같은 일을 하게끔 예상고객을 설득할 수 있는 것이다. 개인의 이야기는 예상고객의 공감을 끌어내는데 대단히 중요하다. 필요하다면 후원자의 도움을 받도록 하라.

비결 5 단순화하라!

네트워크 마케팅 사업의 성공은 복제성(複製性)에 있다. 나와 나의 후원자가 하는 것을 그대로 모방할 수 있다는 확신을 줌으로써 사람들을 자신의 다운 라인으로 가입시키는 것이다.

사업이 복잡하고 어려울수록 예상고객의 눈에 복제성이 없어 보이고 따라서 도전할 확률이 떨어진다. 예를 들면, 10분 짜리 모집용 테이프를 건네주며 "생각해 보시고 이틀 후에 전화주세요."라면 예상고객은 매우 단순하게 생각할 것이다. 단순화하라! 그것이 중요하다.

비결 6 옥석을 가려내라!

사람들을 네트워크 마케팅 회사에 가입시키려고 매달리며 시간을 낭비하지 마라. 내켜 하지 않는 예상고객을 가입시키는데 성공했다 해도 좋은 디스트리뷰터가 되는 경우는 별로 없다. 정말 필요한 사람은 열의 찬 사람, 일할 준비가 된 사람, 기꺼이 일할 용의가 있는 사람, 지금 바로 시작할 수 있는 사람이다. 그러니까 옥석을 가리는 것이 중요하다.

비결 7 다운 라인을 후원하라!

내가 처음 사업을 시작할 때 리더에게 의지했듯이 나의 다운 라인도 나에게 의지할 것이다. 더 많은 교육과 더 많은 후원을 제공하라.

네트워크 마케팅에서 말하는 리더십은 자신이 가입시킨 사람들이 회사에서 좋은 경험을 하고 돈을 벌도록 도와주는 것이다.

다운 라인에 대한 후원활동은 내가 리더에게 배운 대로 그것을 가르치면 되는 것이다.

〔표 3-17〕 네트워크 마케팅의 7가지 성공비결

31가지 네트워크 마케팅의 성공원칙 

오랜 경험과 경륜으로 네트워크 마케팅 업계에서 뛰어난 업적을 쌓은 P씨의 말은 우리를 감동시킨다. 그가 사업에 성공할 수 있었던 것은 처음 시작할 때, 기술이나 재능보다는 성공하고자 하는 욕심 때문에 가능했었다고 한다.

P씨는 자기가 갖고 싶거나 성취하고 싶은 것들을 사진으로 스크랩북을 만들었다. 벤츠, 세계일주여행, 한강이 보이는 50평 짜리 아파트, 제주도 바다가 보이는 별장 등이 그것이다.

P씨는 힘들고 고통스럽고 포기하고 싶어질 때 이 사진들을 보며 다시 힘을 얻었다고 한다.

또 한 사람, 네트워크 마케팅으로 거부가 된 사람이 있다.

그는 자기 집으로 들어가는 입구에 있는 8층 짜리 빌딩을 보며 "저 빌딩은 미래의 내 것이다!"라고 외치면서 집에서 나오고 들어가곤 했다. 한때 다운 라인이 붕괴위기에 있었을 때는 정말 포기하고 싶었다고 한다. 그런데 8층 빌딩을 쳐다보는 순간 다시 한 번 두 주먹을 불끈 쥐었다는 것이다.

결국 10년 후에 그는 그 빌딩의 주인이 된 것이다. 성공하고자 하는 욕심이 있다면 무엇을 이루지 못하겠는가? 다음의 표는 31가지 네트워크 마케팅의 성공원칙이다.

1 확신, 또 확신에 대한 내면의 소리를 들어라.

2 자신의 불신을 다스리는 기술을 익혀라.

3 메모하는 기술자가 되어라.

4 변화에 적응하라.

5 열정을 가져라.

6 긴장은 오히려 잘되는 징조이다.

7 초보자의 열성이 남을 감동시킨다.

8 준비, 준비, 또 준비하라.

9 넘어질 것을 두려워 마라.

10 실패는 성공의 어머니이다.

11 다른 사람들의 시선이나 생각에 개의치 말라.

12 좋은 후원자를 찾아라.

13 경청하는 것이 매우 중요하다.

14 인내는 성공의 길잡이이다.

15 훌륭한 네트워크 마케티가 되어라.

16 한 걸음씩 부를 향해 가라.

17 대우받기를 원하면 남을 먼저 대우하라.

18 다른 네트워크 마케터들로부터 배워라.

19 커뮤니케이션의 대가가 되어라.

20 스스로에게 엄격하라.

21 옥석을 가려 힘을 쏟아라.

22 신규회원을 끊임없이 찾아라.

23 네트워크 마케팅의 스타들로부터 배워라.

24 숨은 보석을 찾아라.

25 먼저 베푸는 사람이 되어라.

26 칭찬하면 고래도 춤춘다.

27 조직 내에 성과를 인정하면서 활력을 만든다.

28 자기 계발을 위해 철저히 노력한다.

29 장애물을 넘고 넘어라.

30 리더십을 갖고 리더가 되어라.

31 이상을 계속 반복하며 낭독하라.

〔표 3-18〕 31가지 네트워크 마케팅의 성공원칙

행동으로 옮기는 순서

"망설이지 말고 행동하라.", "즉시 행동하라.", "멀리 가고자 하면 가까운 곳부터 시작하고, 높이 오르고자 하면 낮은 곳부터 시작하라."는 말이 있다. 이제 행동에 옮기자.

첫째, 선택한 회사의 카탈로그를 보고 기존에 생필품 및 기타 상품의 브랜드를 바꿔 사용한다.

둘째, 후원자를 통하여 주민등록증 사본과 통장 사본을 제출하고 사업자가 된다.

셋째, 가입한 회사의 턴키(완성된) 교육시스템을 공부한다.

넷째, 후원사업을 시작한다.

다섯째, 의문점이나 문제점은 후원자와 협조하여 해결한다.

4 사업목표를 넘어 지렛대효과로

사업목표 세우기와 실천

사업목표 세우기와 실천

사업목표 세우기와 실천

사업목표 세우기와 실천

간절한 소망, 절실한 목표

P 생명보험의 차○진 씨는 입사를 하면서 1년 안에 5가지 목표를 달성하기로 계획을 세웠다. 150명의 보유고객을 갖는 것, 이들을 해약하지 않도록 100% 유지시키는 것, 100만 달러 원탁회의에 1회 이상 참석하는 것, 세일즈 챔피언으로 1등이 되는 것, 연봉 1억 원의 고소득자가 되는 것 등이 그것이다. 1년이 지난 뒤 차○진 씨는 이 모두를 달성해 주위 사람들을 놀라게 했다고 제2장에서 역설한 바 있다.

이루고 싶은 꿈

그랜저 3.0 1대를 사는 것

35평 아파트 1채를 갖는 것

부부가 세계일주를 2회 하는 것

노후 자금 3억 원을 마련하는 것

제주도에 별장 1채를 마련하는 것

사업목표

8억 원

2012년 12월 31일까지

〔표 4-1〕 이루고 싶은 꿈 · 사업목표

사업목표를 세우는데 있어서 목표관리 SMART 기법은 매우 중요하다. 앞으로 5년, 10년 후의 사업목표를 세우는데 간절한 소망, 진실한 목표가 있어야 한다. 〔표 4－1〕은 이루고 싶은 꿈 · 사업목표의 사례이다. 이루고 싶은 꿈을 언제까지 이루겠다고 적었다면, 폴 마이어의 성공철학을 상기할 필요가 있다. "우리들이 마음속에 그린 것을 생생하게 상상하고 간절히 바라며 깊이 믿고 열의를 다해 행동하면 그것이 무슨 일이든 반드시 현실로 이루어진다."

이 모든 꿈을 이루고자 하면 현재 나의 현금보유액에서 얼마를 더 저축해야 가능한 지를 계산해 보는 것이다. 그 차액을 사업목표로 하는 것이다.

사업목표 8억 원이 결정되었다면 이제 이것을 달성하고자 구체적인 행동을 실천에 옮겨야 한다.

첫째, 이루고 싶은 꿈 밑에 사업목표를 크게 추가해 써넣는다. 그리고 자신의 사진을 붙인 다음 이름을 쓰고 사인을 한 뒤 액자에 넣어서 잘 보이는 곳에 걸어 놓는다.

둘째, 매일 아침 다짐을 한다.

"오늘은 나의 평생의 꿈을 이루는 마지막 기회로 여기고 열의를 다해 일하겠습니다."

"올해는 나의 평생의 꿈을 이루는 마지막 기회로 여기고 최선을 다해 일하겠습니다."

"10년 후 내 생애에 부끄러운 기록을 남기지 않도록 하루 (　)시간 뛰겠습니다."

"나는 오늘도 아침에 맹세한 나의 목표를 기필코 달성하겠습니다."

셋째, 이미 이루어진 것으로 시각화한다. "이미 받은 줄로 믿어라!"

다섯 번씩이나 미스터 유니버스 타이틀을 따낸 영화배우 아놀드 슈워제네거는 이렇게 말했다.

"저는 어렸을 때, 실제로 되고 싶은 사람이 되고, 갖고 싶은 것을 실제로 갖고 있는 것처럼 마음속으로 시각화했습니다. 저는 그렇게 될 것에 대해 조금도 의심을 품지 않았습니다. 미스터 유니버스가 되기 전에도 마치 이미 미스터 유니버스가 된 양 대회장 근처를 어슬렁거렸습니다. 타이틀은 이미 내 것이었습니다. 저는 이미 마음속에서 여러 차례 미스터 유니버스가 되었기 때문에 그 타이틀을 따리라는 것에 조금도 의심을 품지 않았습니다. 영화에 처음 발을 들여놓을 때도 마찬가지였습니다. 저는 저 자신이 이미 성공한 배우가 되어 큰돈을 벌고 있는 모습을 마음속으로 명확하게 시각화했지요. 마음속에서 성공을 느끼고 그 맛을 볼 수 있었습니다."

시각화란 상상력을 이용하여, 아직 발생하지 않은 상황 속에 자신이 놓여져 있다고 가정하고, 원하는 것을 갖고 있고 또 원하는 일을 하고 있고, 바라는 결과를 성공적으로 달성했다고 마음속으로 그려보는 훈련을 말한다. 자신감 넘치는 사람이 되고 싶은가? 그렇다면 마음속으로 자신감 넘치는 자신의 모습을 그려보는 것이다.

넷째, 좌절과 어려움이 있을 때 사업목표를 더 크게 외친다.

연도별 사업목표 *

10년간의 총사업목표를 설정하였다면 이제 이것을 다시 연도별로 세분화하여 사업목표를 세우는 것이다. 연도별 사업목표는 수입과 지출을 생각하면서 그리고 저축금액을 계획해 나가는 것이다. 〔표 4-2〕는 연도별 사업목표이다.

구분	2003년	2004년	2005년	2006년	2007년
수입 지출 저축액 저축누계					
구분	**2008년**	**2009년**	**2010년**	**2011년**	**2012년**
수입 지출 저축액 저축누계					8억 원

〔표 4-2〕 연도별 사업목표

연간 타임 스케줄 만들기 *

위와 같이 연도별 사업목표가 세워졌다면 제2장에서 소개되었던 연간 타임 스케줄(Time Schedule)을 만든다. 예컨대 '다운 라인의 확장' 이라는 세부 목표가 세워졌다면, ① 유인물의 이용, ② 인맥도의 작성, ③ 일일 활동표의 작성, ④ 고객관리카드 작성 등 실천사항을 좀더 구체적으로 만들어 월별로 계획을 세워 나가는 것이다. 이 때 중요한 것은 언제까지 어떤 일을 할 것인지 기간 내에 일을 한다는 것이 중요하다. 만일 기간 내에 일을 완수하지 못했다면 그 원인을 철저히 규명해 반복되지 않도록 해야 한다.

월간의 타임 스케줄도 연간 타임 스케줄과 크게 다를 것이 없다. 다만 일자가 30일이니까 30일간의 계획을 세우면 되는 것이다.

일일업무계획 세우기 

일일업무계획표는 어떤 정형화된 양식은 없다. 각자가 자기에게 맞는 일일업무계획표 양식을 만들어 사용하면 된다. [표 4-3]은 일일업무계획표 양식이다. 가능하면 일일업무계획표는 전날 만드는 것이 중요하다. 그리고 그것으로 문제가 끝나는 것은 아니다. 이것을 효과적으로 운영하는 훈련이 필요하다.

첫째, 하루의 출발을 잘해야 한다. 먼저 일찍 기분 좋게 일어나야 한다. 눈뜨고 잠자리에서 오래 꾸물거리지 말아야 한다. 우리 몸이 잠에서 깨어나 정상적인 활동을 하는데는 30분이라는 시간이 소요된다고 한다. 하루를 어떻게 시작하느냐가 성공을 가름한다고 한다.

둘째, 일과 시간이 되면 즉시 일을 하는 것이다. 아무리 사소한 일이라도 마무리를 짓는 습관을 가져야 한다. 아침에 일을 꾸물거리면 하루종일 꾸물거리게 된다.

셋째, 자신에게 알맞은 페이스로 일하라. 단시일 안에 많은 일을 처리하는 것은 과욕이다. 너무 서둘러 일하는 것은 장기적인 안목으로 볼 때 낭비가 심한 것이다. 사업목표를 생각하면서 적당한 긴장을 유지해야 한다.

넷째, 예정된 오늘의 일을 끝내도록 하자. 절대로 다음날까지 연장되지 않도록 해야 한다.

최후의 1분까지 아껴서 생산적으로 사용해야 한다.

다섯째, 반성할 시간을 갖는다. 하루에 5분 만이라도 반성할 시간을 갖는다.

- 오늘의 중점업무를 달성했는가?
- 나에게 성취감을 주었는가?
- 시간을 잘 관리하였는가?
- 오늘의 새로운 경험은?
- 미루는 일이 있었는가?
- 오늘의 실수와 실패는? 그것을 통해 얻은 경험은?

여섯째, 다음날의 일일업무계획을 세우도록 한다. 미리 계획하면 내일의 일이 순조로워진다. 필요한 서류와 준비물은 미리 챙겨두는 습관을 갖는다.

절대로 로마는 하루아침에 이루어지지 않았다는 것을 명심하라. 하루 하루의 성과가 쌓이는 것이 네트워크 마케팅을 성공으로 이끈다.

일일업무계획표

업무의 구분	2003년 월 일	
· 해야 할 일	시 간 표	
	06 : 00	
	07 : 00	
	08 : 00	
· 계획한 일	09 : 00	
	10 : 00	
	11 : 00	
	12 : 00	
· 방문할 사람	01 : 00	
	02 : 00	
	03 : 00	
· D/M	04 : 00	
	05 : 00	
	06 : 00	
· 사야 할 물건	07 : 00	
	08 : 00	
	09 : 00	
· 전화할 사람	10 : 00	
	11 : 00	

〔표 4 -3〕 일일업무계획표 양식

휴먼 네트워크를 강화하기

휴먼 네트워크를 강화하기

휴먼 네트워크를 강화하기

휴먼 네트워크를 강화하기

휴먼 네트워크의 중요성

혼자서 할 수 있는 일이 얼마나 되겠는가? 더욱이 네트워크 마케팅은 글자 그대로 네트워크를 통해 사업을 펼치는 것이 아닌가? 휴먼 네트워크(Human Network)는 사람의 네트워크를 말한다. 네트워크 마케팅에서 가장 중요한 것은 '사람'인 것이다. 흔히 우리는 이런 이야기를 듣는다. "인맥의 밭에서 정보를 캔다.", "정보도 결국 사람한테서 나온다.", "때로는 위기에서 도움을 받는 것도 인맥이다.", "가장 어려울 때 인맥이 나를 지켜준다." 등이 그것이다.

선○초 씨가 새벽에 눈을 떠보니 억수같이 비가 내리고 있었다. 청계천 변에 있는 가게가 걱정이 되어 나가 보았다가 전씨는 망연자실했다. 슈퍼는 물에 잠겨 있었고 오물로 악취가 풍기고 있었다.

어디서부터 손을 써야 할지 엄두를 내지 못하고 있었다. "전○초 씨 힘내세요!", "다시 복구하여 시작하시면 됩니다." 네트워크 마케팅 회사의 사업자들이 하나같이 달려와 도와주는 것이 아닌가? 전○초 씨는 상품을 메이커와 교환하고 슈퍼를 새로 단장해 성업중이다. "제가 평소에 좋은 인적 네트워크를 갖다보니 이런 도움을 받게 되었나 봅니다."

인연도 만들기 *

우리는 살아가면서 숱한 인연을 만난다. 그러나 명심할 것은 인연이 휴먼 네트워크가 되는 것은 아니다. "구슬이 서 말이라도 꿰어야 보배" 이듯이 인연도 휴먼 네트워크로 만들지 못하면 별 볼일 없는 것이다. 옥돌도 갈아야 옥이 되듯이 갈지 않으면 그냥 이름 없는 돌에 불과한 것이다.

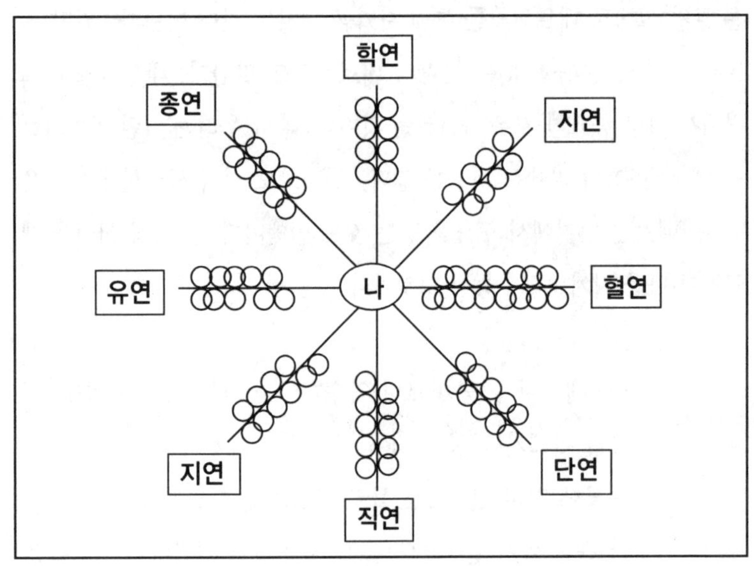

〔표 4-4〕 인연도

그렇지만 〔표 4－4〕의 인연도(因緣圖)는 휴먼 네트워크를 만드는 원천이 되는 것이다.

구체적으로 인연의 유형을 설명하면 〔표 4－5〕와 같다.

학연(學緣)	: 초 · 중 · 고 · 대학 · 대학원의 인연(경기고인맥, 경북여고인맥)
지연(地緣)	: 향우회, 충청동우회 등의 인연, 아파트부녀회(제2고향)
혈연(血緣)	: 종친회, 혈연계모임 등
단연(團緣)	: 서적상연합회, 그린피스, 정당, 단체 등
직연(職緣)	: 직장동료, 입사동기, 상사와 부하, 협력회사 등
지연(知緣)	: 독서회, 학원인맥, 포럼, 스터디그룹 등
유연(遊緣)	: 골프, 바둑, 수영, 스키, 고스톱, 등산, 여행 등
종연(宗緣)	: 기독교, 불교, 유교 등
군연(軍緣)	: 군대동기(사병), ROTC예비역장교 등

〔표 4-5〕 인연의 유형

휴먼 네트워크 만들기

인연을 휴먼 네트워크로 만들지 않는다면 그것은 아무 소용이 없다는 것을 이미 말했다. 휴먼 네트워크를 만드는 것은 무엇보다도 내가 먼저 그들에게 베푸는 것이 필요하다. 따라서 휴먼 네트워크에 성공하는 사람은 이런 사람들이다.

- 작은 약속을 철저히 지키는 사람
- 작은 정성을 아는 사람
- 누구에게나 시간을 쪼갤 줄 아는 사람
- 모임을 주재하는 사람
- 남몰래 능력을 키우는 사람

- 윗사람과 즐겁게 어울리는 사람
- 베풀기를 즐기는 사람
- 이름을 기억하기를 좋아하는 사람
- 슬픔과 기쁨을 함께 나누는 사람

반대로 휴먼 네트워크에 실패하는 사람은 이런 사람들이다.

- 작은 일을 무시해야 큰 인물이라고 믿는 사람
- 용서할 줄 모르는 사람
- 상대가 마음을 열기를 기다리는 사람
- 아첨하는데 익숙한 사람
- 귀가 작고 입이 큰 사람(말이 많음)
- 털어서 먼지 내기를 즐기는 사람
- 아는 척 하는 사람
- 이름을 잘 기억하지 못하는 사람
- 남의 슬픔과 기쁨을 나 몰라라 하는 사람

휴먼 네트워크의 황금률 10

휴먼 네트워크에 성공하는 사람과 실패하는 사람을 설명하였다. 그래서 휴먼 네트워크에 성공하는 사람을 지남철 같은 사람이라고 하고, 실패하는 사람을 깨진 독 같은 사람이라고 하는 것이다. 앞의 사람은 지남철 같아서 사람이 모이고 사람과의 관계가 원만하지만, 뒤의 사람은 있는 사람도 달아나고 관계를 망치는 사람인 것이다.

휴먼 네트워크의 황금률	실천사항
'말'로 받으려면 '되'로 주어라.	- Give and Take - 남을 위해 봉사하면서 정보를 나누어 주어라.
이익부터 따지면 손해가 온다.	- 상호이익을 지향하라. - 당장의 이익보다 먼 미래를 보라.
평생 인맥은 양보다 질이 중요하다.	- 술과 친구는 오래 묵은 것이 좋다. - 우수한 질적인 인맥이 더 소중하다.
나를 좋아하는 사람은 내가 만든다.	- 사람을 끌어들이는 친화력을 가지라. - 자기 자신을 매력 있는 사람으로 만들라.
나와 다른 사람에게 투자하라.	- 사람에 대한 투자만큼 큰 것은 없다. - 정보를 얻어 필요한 사람에게 제공하라.
비뚤어진 눈은 비뚤어진 인맥을 만든다.	- 부정적인 시각을 갖고 인맥을 만들지 않는다. - 부정적인 사고는 부정적인 인맥을 만든다.
즉효를 기대하지 마라.	- 인간적 심리와 믿음은 신속하게 성장하지 않는다. - 끈기와 지속성을 갖고 인맥을 관

휴먼 네트워크의 황금률	실 천 사 항
	리하라.
먼 친척보다 자주 보는 이웃이 되라.	- 자주 안 보면 멀어진다. - 이웃 사촌이 더 좋다(자주 접촉하는 것이 중요하다).
뿌린 대로 거둔다.	- 자신의 능력을 과신하거나 과시하지 말라. - 포용력 있는 태도를 견지하라.
노력은 인맥의 어머니이다.	- 자기 직업에 최선을 다하고 열심히 일한다. - 부지런히 노력하는 사람이 좋은 인맥을 갖는다.

〔표 4-6〕 휴먼 네트워크의 황금률 10

휴먼 네트워크 관리카드의 유지

"가까이 있는 사람을 기쁘게 하고 멀리 있는 사람이 찾아오게 하라."고 공자가 말하였다. 휴먼 네트워크를 활성화시키기 위해서는 휴먼 네트워크 관리카드를 기록하고 유지하면서 항상 관심을 가지고 정성을 다해야 하는 것이다. 평소에 이것을 관리하지 않으면 결국은 구슬을 꿰매지 않은 것과 같다. 〔표 4-7〕은 휴먼네트워크 관리카드이다.

휴먼 네트워크 관리카드														
NO	성명	연락처	휴먼 네트워크에 대한 접촉 및 관리 (년 월) 월/일 기록표시 : 전화 ㉆ / 방문 ㉇ / D/M Ⓓ											비고
1		전화												
		휴대폰												
2														
3														
4														
5														
6														
7														
8														
9														
10														

〔표 4-7〕 휴먼 네트워크 관리카드

I am OK, You are OK

휴먼 네트워크를 만들기 위해서는 근본적으로 토마스 해리스의 『*I'M OK, YOU'RE OK*』라는 책이 시사하는 바가 크다. 인간은 누구나 선과 악을 같이 가지고 있다. 그러나 인간을 좀더 이해하면 모두 좋은 존재라는 것을 알 수 있다. 토마스 해리스는 인간에 대해 4가지 기본적 태도를 말하고 있다. 그 기본적 태도는 〔표 4-8〕과 같다.

타 입	기본적 태도	경 향
I am OK, You are OK.	"나는 대학을 나오지 못했으나 기술이 뛰어나고, 자네는 대학에서 경영학을 전공했으니 우리가 협력하면 성공할거야."	생산적
I am not OK, You are OK.	"우리같이 못 배운 사람이 힘쓴다고 될 일입니까? 사장님이 알아서 결정해 주십시오."	비생산적
I am OK, You are not OK.	"자네는 경험이 없으니까 내가 따라오라는 대로 따라오면 되는 거야 알았지?"	비생산적
I am not OK, You are not OK.	"나는 지체장애인이고 자네는 배운 것이 없으니 할게 아무것도 없는 거야."	비생산적

〔표 4-8〕 인간에 대한 4가지 기본적 태도

인간에 대한 4가지 기본적 태도는 나도 인정하고 상대도 인정하는 것을 OK & OK가 되어 생산적이지만 그렇지 못하면 비생산적이 된다는 것이다.

영국의 극작가 버나드 쇼에게 하루는 미모의 여성으로부터 구애편지가 왔다. 그 여성은 편지에 "당신과 결혼해 아이를 낳게 되면 그 아이는 당신의 우수한 머리와 나의 미모를 갖춘 이상적인 아이가 될 것입니다."라고 썼다. 이에 버나드 쇼는 "당신과 결혼하면 나의 추한 얼굴과 당신의 멍청한 머리가 합쳐 아주 못난 아이가 될 것입니다."라고 써 보냈다고 한다. 위에서 미모의 여성은 'OK & OK' 이고 버나드 쇼는 'NOT OK & NOT OK' 가 된다. 누구의 편지가 생산적인가? 미모의 여성은 생산적이지만 버나드 쇼는 비생산적임을 알 수 있다. 따라서 휴먼 네트워크에서 'OK & OK' 가 되는 생산적인 관계를 만들기 위해서 상대를 이해하는데 도움이 되는 항목들을 검토해 보는 것이 좋다.

- 가치관이 무엇인가?
- 사람과 더불어 일하기를 좋아하는가? 기계를 상대로 일하기를 좋아하는가?
- 이기적인가?
- 봉사를 잘하는가?
- 일을 탁월하게 완수하는가? 그렇지 못한가?
- 정서적으로 안정되어 있는가? 불안한가?
- 현실감이 있는가? 공상적이고 추상적인가?
- 종교는 무엇인가?
- 자율적인가? 타율적인가?
- 인간관계는 좋은가?
- 통합된 인격을 갖고 있는가?

이 같은 항목들을 검토하여 'OK & OK' 의 요소를 찾아 휴먼 네트워크를 만들고 네트워크 마케팅을 발전시켜 나가는 것이다.

제품전도사, 이제부터 사업자

제품전도사, 이제부터 사업자

제품전도사, 이제부터 사업자

제품전도사, 이제부터 사업자

브랜드 체인지 

우리는 아침에 일어나서 취침할 때까지 끊임없이 소비를 한다. 일어나자마자 500mL 생수 한 병, 치약과 칫솔로 양치하기, 비누로 세수하기, 타월로 물기를 훔치기, 스킨과 로션을 바르고, 향수를 뿌리고, 내의를 입고, 와이셔츠를 입으며 넥타이를 매고, 양복을 입고 구두를 신고 외출을 한다. 여성의 경우는 더욱 복잡하다. 주방세제로부터 참기름, 식용유, 세탁을 위한 세제, 정전기 방지제, 언더웨어 등 수 없는 메이커의 브랜드를 사용하고 있는 것이다.

네트워크 마케팅 사업을 하는 1단계는 먼저 자신과 자신의 가족이 사용하는 생필품이나 기타 제품의 리스트를 기록해 보는 것이다. 그런 다음 내가 선택한 회사의 카탈로그를 보거나 인터넷 상거래를 통하여 구매하여 사용해 보는 것이다. 우리는 이것을 브랜드 체인지라고 한다. 기존에 사용하는 브랜드를 내가 선택한 네트워크 마케팅 회사의 제품으로 전환해 사용하는 것을 말한다. 우수한 네트워크 마케팅 회사의 제품은 대부분 만족과 기쁨을 준다. 만족과 기쁨을 주는 제품이라면 일시적인 소비자의 위치에 머무는 것은 경제인이 되지 못한다. 당연히 계속 브랜드를 체인지 해야 되는 것이다.

제품의 전도사

사전적 의미로 전도사(傳道師)는 '전도의 임무를 맡은 사람'으로 정의된다. 주로 자기가 믿고 있는 종교를 전도하는 성직자를 가리켜 '전도사'라 부르는 것은 우리가 잘 알고 있다.

위에서 종교적 의미에서의 전도사는 종교를 전달하지만, 네트워크 마케팅 사업에서 전도사는 자기가 신뢰하며 만족과 기쁨을 느꼈던 제품을 주위사람들에게 전달하는 것을 말한다. 종교의 전도사는 복음(福音 ; 기쁜 소식=예수의 말씀)을 전달하지만 네트워크 마케팅의 전도사(사업자)는 제품사용 경험에 대한 만족과 기쁨을 전달하는 것이다.

왜 그런가? 혼자서 사용하기에는 너무 좋은 제품이기 때문에 예비사업자에게 제품사용의 경험을 주기 위해서이다. 네트워크 마케팅은 근본적으로 제품의 전도를 통해 네트워크를 형성해 가는 것임을 명심해야 한다.

네트워크 마케팅 ≠ 세일즈

우리는 흔히 "네트워크 마케팅도 세일즈의 하나일거야."라고 말하는 사람이 있지만 이것은 잘못된 생각이다. 네트워크 마케팅의 사업자는 일반 방문판매 세일즈맨과는 근본적으로 다르다. 그들은 비교적 자기가 하는 일에 자부심과 도전의지를 갖고 있다. 그 같은 이유는 〔표 4-9〕와 같다.

- 네트워크 마케팅 사업자는 단순한 방문 세일즈맨(영업사원)이 아니라 개인사업을 영위하는 자영사업자라는 점이 다르다.
- 계속 개척 판매하는 방문 세일즈맨과 다르게 휴먼 네트워크를 대상으로 제품을 전달하고 그들을 후원하는 사업이다.
- 제품을 전달하고 사용경험의 공유를 통하여 그들을 새로운 사업자로(다운 라인) 후원한다.
- 출퇴근하는 사무실이 정해져 있지 않고 어떤 조직에도 속하지 않는 '프리랜서' 적인 성격을 지닌다.
- 제품과 함께 회사가 전하는 '이념' 이나 '삶의 방식' 을 전달한다.
- 높은 소득으로 자유인을 지향하며 빚, 시간, 보스(상사), 스트레스로부터 자유를 추구하는 사람들이다.

〔표 4-9〕 네트워크 마케팅 사업자가 방문 세일즈맨과 다른 점

그러니까 고객의 신규개척을 위하여 끊임없이 집집마다 방문하는 세일즈맨과는 근본적으로 다른 것이다. 일단 휴먼 네트워크를 대상으로 제품을 전달하고 사용의 경험을 공유하고 난 뒤 그들을 새로운 사업자로 등록시키면, 그들은 다시 자신을 대신해서 새로운 네트워크 마케팅의 사업자를 확장해 주는 것이다. 그 때부터 나는 다운 라인을 후원하는 일에 최선을 다하면 되는 것이다. 그래서 네트워크 마케팅을 후원사업이라고도 하는 것이다. 이 같은 후원이 쌓이면서 보상도 늘어나고 점차 자유인을 향해 달려가게 되는 것이다.

제품의 설명기법

제품의 전도사로 활동하려면 제품을 설명하는 기법을 잘 알고 있으면 훨씬 유리하다. "이걸 쓰고 이렇게 피부가 좋아졌어."라고 설명하기도 하지만 좀더 훌륭한 방법으로 제품을 설명할 수 있는 것이다. 제품의 설명을 제대로 하려면 제품에 관한 지식이 풍부해야 한다. 제품 지식이 풍부하면 일반적으로 다음과 같은 긍정적인 효과를 얻을 수 있다.

- 완전한 제품설명이 가능하다.
- 효과적으로 제품을 제시하고 실연할 수 있다.
- 자신을 갖게 되고 제품 전달의욕이 높아진다.
- 예비사업자의 제품에 대한 의심을 풀어 줄 수 있다.
- 완전한 제품지식은 새로운 사업자의 수를 늘려준다.
- 풍부한 제품지식은 분위기를 부드럽게 할 수 있다.

- 훨씬 많은 예비사업자를 발견할 수 있다.
- 비싼 가격이나 나쁜 조건을 커버할 수 있다.
- 예비사업자의 반론을 훨씬 줄일 수 있다.
- 경쟁사 제품의 지식도 많이 알수록 좋다.

이런 식으로 접근하다보면 제품에 대한 표준화법을 만들어 사용할 수도 있을 것이다. 제품에 의한 표준화법에는 세일즈 포인트 방식, FABE 방식, 3F 방식, JIM 3단 논법 방식 등이 있다.

첫째, 세일즈 포인트(Sales Point) 방식은 제품에 대한 장점이나 강점을 예비업자에게 설명하는 것이다.

예를 들어 ○○마요네즈의 세일즈 포인트는 ① 튜브용기로 사용하기 편리합니다, ② 산뜻하고 고소합니다, ③ 조직이 부드럽고 섬세합니다. 또한 ××컴퓨터의 세일즈 포인트는 ① 자원절약, 환경보호, 인간 건강을 위해 그린기능을 강화시켰습니다, ② 초고속 고해상도를 자랑합니다, ③ 풍부한 확장성과 호환성을 자랑합니다.

이 같은 방법은 모든 제품에 사용할 수 있으며 그렇게 함으로써 제품의 품질을 정확하게 전달할 수 있는 것이다.

둘째, FABE 방식은 제품의 특징과 장점, 이점, 증거를 말하는 방법이다. 〔표 4-10〕은 △△다이어트 제품을 FABE 방식으로 설명한 사례이다.

F	A	B	E
Feature	Advantage	Benetit	Evidence
특징	**장점**	**이익**	**증거**
"하루 한 알로 100g이 빠집니다."	"평소와 같이 식사를 해도 좋습니다."	"감량의 고통이 없습니다."	"임상결과 복용자 전원에게 효과가 있었습니다."

〔표 4-10〕 FABE 방식의 제품설명 기법

셋째, 3F 방식은 제품의 사실, 기능, 고객에 대한 이익을 설명하는 방법이다. 〔표 4 – 11〕은 1회용 가스 라이터를 3F로 설명해 본 것이다.

Fact	Function	For you
사실	**기능, 역할**	**고객 이익**
"플라스틱 제품이다."	"투명해서 가스량이 보인다."	"오래 쓸 수 있다." "판촉물로 쓸 수 있다."

〔표 4-11〕 3F 방식의 제품설명 기법

넷째, JIM 3단 논법 방식은 제품을 사실, 해석, 이점의 순으로 설명하는 방식이다. 〔표 4 – 12〕는 6각형 연필을 JIM 3단 논법으로 설명해 본 것이다.

Just Facts	Interpretation	Merit
사실	**의미 해석**	**장점**
"이 연필은 6각형 입니다."	"그래서 손에서 미끄러지지 않습니다."	"그래서 손가락이 피로하지 않습니다."

〔표 4-12〕 JIM 3단 논법 방식의 제품설명 기법

이상에서 제품설명의 기법을 상세히 이야기했으므로 네트워크 마케팅 사업자는 제품의 전도사로서, 사업자로서 충분히 활용해야 될 필요가 있는 것이다.

훌륭한 리더, 성공모델

훌륭한 리더, 성공모델

훌륭한 리더, 성공모델

훌륭한 리더, 성공모델

훌륭한 리더

덴슨 테일러의 인생은 너무 멋있고 성공적이었다. 그는 네트워크 마케팅을 시작하고 불과 3년 만에 백만장자가 되었다. 그는 사업차 출장을 갈 때는 전용 운전기사가 운전하는 리무진을 타고 공항에 간다. 외출할 때는 컨버터블 벤츠 500, 렉서스 LS 400, 링컨 네비게이터 스포츠카 중에서 맘에 드는 차를 골라 아이들과 함께 드라이브를 즐긴다. 그는 어떻게 그런 위치에 오를 수 있었을까?

대학 중퇴자인 그는 테네시주 멤피스의 노동계급 흑인 가정에서 태어났다. 아버지는 창고에서 지게차를 운전하는 사람이었다. 그러한 환경 속에서 자란 그가 어떻게 야심을 달성할 수 있었을까?

"좋은 리더를 만나는 것은 성공을 예약하는 것이나 다름없다."는 말이 있다. 덴슨 테일러의 성공도 올바른 리더를 만났기 때문에 가능했던 것이다. 그의 첫 번째 성공 모델은 아버지였다. 그는 아버지로부터 노력, 일관성, 자존심을 배웠다. 그의 두 번째 성공 모델은 친구였다. 40만 달러의 부동산사업을 버리고 네트워크 마케팅을 하는 친구의 권유에 따라 네트워크 마케팅 사업을 하게 된 것이다.

얼마 후 그는 친구로부터 더 이상 배울 것이 없다고 생각하자 이번에는 세 번째 성공 모델로 폴 오버슨이라는 리더를 만나게 된다. 그를 통해 덴슨은 '단순화'의 원칙을 배운다. 네트워크 마케팅의 사업자들은 예비사업자들에게 온갖 정보를 제공하고 싶어한다. 그러나 폴 오버슨은 지루한 강의는 오히려 낭비라고 주장하는 것을 들었다. '사람들이 네트워크 마케팅을 하는 이유는 오직 한 가지, 돈을 버는 것이다' 그들이 알고 싶어하는 것은 돈을 버는 방법인 것이다.

"경제적 독립과 시간의 자유, 이 두 가지에 초점을 두어야 합니다. 사람들이 알아야 할 것은 사업을 운영하는 방법, 수당체계, 다른 사람들이 돈을 벌도록 도와주는 방법이죠." 설명이 단순할수록 복제성도 높아진다는 것이 폴 오버슨의 말이다.

결국, 덴슨 테일러는 올바른 성공 모델의 지도를 성실히 따랐기 때문에 성공할 수 있었다.

성공 모델이 되는 리더

"위대한 리더는 태어나는 것이 아니라 스스로의 노력에 의해 만들어지는 것이다."라는 말이 있다. 초기 네트워크 마케팅의 사업자가 성공 모델로 삼은 리더들은 어떤 사람들인가? 어찌 보면 훌륭한 리더를 성공 모델로 따르는 것이 노력에 의해 만들어지는 리더가 아닌가 싶다. 그렇다면 어떤 리더가 나에게 성공 모델이 될 수 있는가? [표 4-13]은 아마도 이에 대한 해답을 제공해 주기에 충분할 것이다. 아울러 비성공 모델도 함께 제시해 보겠다. 성공 모델이 되는 사람은 나의 리더로, 비성공 모델은 나의 리더가 될 수 없다고 생각하면 되는 것이다.

덴슨 테일러가 만난 리더들은 모두가 성공 모델들이었다. 그래서 덴슨은 백만장자로 성공할 수 있었던 것이다. "벌이 이슬을 먹으면 꿀이 되지만 뱀이 먹으면 독이 된다."고 한다. 같은 사람도 어떤 리더를 만나는가에 따라 그 결과는 천차만별인 것이다. 좋은 리더, 좋은 스승은 사람을 성장시키지만 그렇지 않을 경우는 정체와 퇴보를 안기는 것이다.

찰리 브라우어의 말은 참으로 우리에게 시사하는 바가 크다. "나를 가르치기를 원치 않는 선생님을 싫어하고, 설교를 원치 않는 설교자를 싫어하고, 팔기를 싫어하는 판매원을 싫어하고, 일하기 싫어하는 사원을 싫어한다. 그 중에서 가장 싫어하는 것은 이끌어가지 않는 리더이다."라고 그는 말했다.

성공 모델	비성공 모델
힘을 합치는 능력	힘을 분산시킴
자신에 대한 안정감	긴장하고 상처 받음
부증함	교활함
믿을 수 있음	믿을 수 없음
카리스마적	방어적
결의	의지 약함
애정	관심 부족
자신감	불안정
힘을 줌	힘을 주지 못함
열정적	부정적
집중됨	산만함
내면의 겸손	교만함

성공 모델	비성공 모델
경청하는 사람	말이 많은 사람
좋은 자기 이미지	자기 학대
행복함	슬픔
신체적인 힘	나약함
대화로 고무시킴	침울함
타인에게 관심을 둠	자기 중심
직관력이 있음	직관력이 없음
조직적임	방만함
지속적임	쉽게 포기함
긍정적 기대감	자기 파멸
힘있음	무력함
예민함	무감각함
지지함	도움이 안 됨
비전을 가짐	비전이 없음
변화할 수 있음	냉담함
파트너로 일함	독자적임

〔표 4-13〕 성공 모델과 비성공 모델

리더의 등급

제갈공명은 리더에도 등급이 있다고 말했다. 그는 리더를 6등급으로 나누어 설명했다. 물론 이것은 현대와 어울리지 않을 수도 있다. 그런데 '네트워크 마케팅에서 몇 명의 그룹을 만들어야 하는가?' 라는 과제를 놓고 보면 조금은 참고가 될 것이다. 우리는 좋은 리더를 만나 자신의 성공 모델을 만들어야 하지만, 나아가 스스로가 예비사업자에게 성공 모델이 되어야 하는 것임을 잊어서는 안 된다. [표 4-14]는 제갈공명이 말하는 리더의 6등급이다.

- 배반할 사람을 가려내고, 위기를 예견할 줄 알고 부하를 통솔하면 10명의 리더가 될 수 있다.
- 아침부터 밤까지 일하고, 언변이 신중하고 능하면 100명의 리더가 될 수 있다
- 부정을 싫어하고 사려가 깊으며 용감하고 업무의욕이 왕성하면 1천 명의 리더가 될 수 있다.
- 겉에는 위엄이 넘치고 속에는 불타는 투지가 있으며 부하의 노고를 동정하는 마음이 있다면 1만 명의 리더가 될 수 있다
- 유능한 인재를 등용함은 물론 자신이 매일 매일 수양에 힘쓰며 신의가 두텁고 관용할 줄 알며 항상 동요함이 없으면 10만 명의 리더가 될 수 있다.
- 부하를 사랑하고 경쟁자에게도 존경받고 지식이 풍부하여 모든 부하가 따른다면 천하의 리더가 될 수 있다.

[표 4-14] 제갈공명이 말하는 리더의 6등급

높은 등급의 리더가 되기

앞에서 네트워크 마케팅의 사업자가 성공 모델로 삼아야 할 리더에 대해 함께 공감했다. "조직 구성원들로 하여금 공동의 목표를 달성하는데 따라오게끔 영향력을 행사하는 것"을 리더십이라고 꾼쯔는 말했다. 결국 리더는 바로 그런 리더십을 발휘하는 사람을 의미하는 것이다. 모든 분야가 그러하겠지만 네트워크 마케팅에서 예비사업자를 성공시키는 리더가 되기 위해서는 매우 차별화된 리더십을 발휘하는 리더가 요구되는 것이다. 많은 경우에 훌륭한 리더는 훌륭한 네트워크 마케팅의 성공인이 될 가능성이 높다. 왜냐하면 네트워크 마케팅도 사람과 사람이 중심이 되는 사업이기 때문이다.

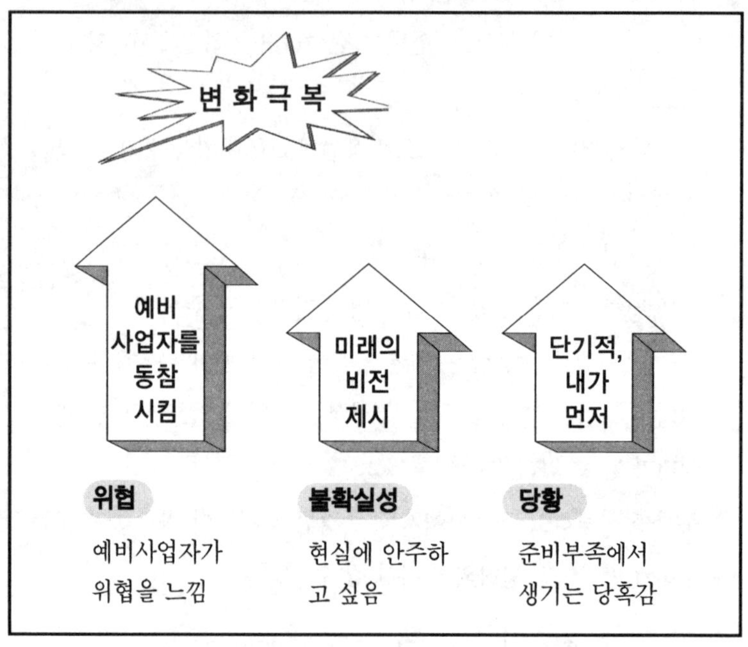

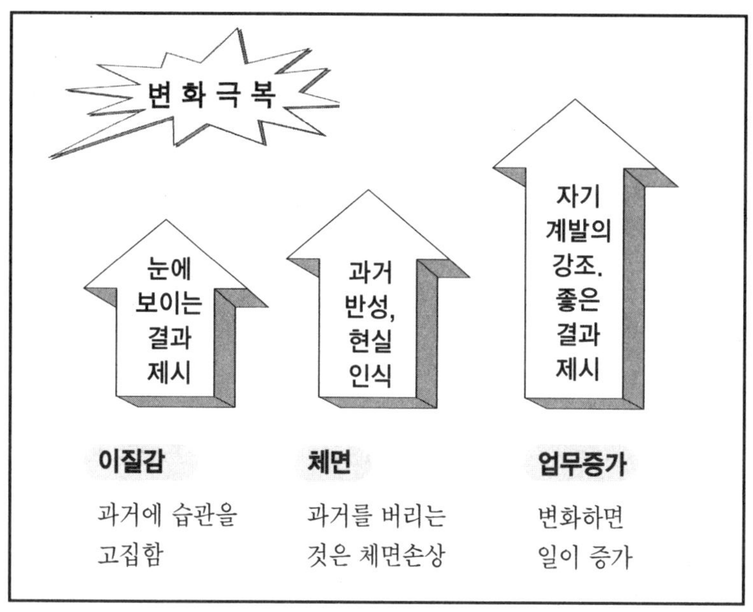

〔표 4-15〕 변화에 대응하는 리더십

〔표 4-15〕는 변화에 대응하는 리더십을 보여주고 있다. 리더의 변화 극복의 메커니즘을 제대로 보여주는 그림이다. 네트워크 마케팅에서 사업자는 예비사업자를 네트워크로 만드는 과정에서 변화의 저항을 극복시키는 사람이기도 하다.

그들은 어떤 막연한 위협을 느낄 수도 있다. 또는 불확실성에 도전하기보다는 현실에 안주하고 싶어할 지도 모른다. 당황하거나 이질감으로 과거의 습관을 고집할 수도 있다. 체면중시의 현상도 보일 것이다. 업무가 증가하는 것에 변화를 두려워할 수도 있다. 그들을 변화시키기 위해 리더십이 필요한 것이다. 훌륭한 리더십으로 많은 예비사업자들이 변화를 극복할 수 있도록 도와주어야 하는 것이다.

다음은 젠루가 쓴 『네트워크 마케팅의 너트 앤 볼트』에 소개된 것으로, 네트워크 마케팅에서 리더가 되는 방법을 요약하고 있다.

- 모든 성공적인 네트워크 마케팅 그룹은 소수의 뛰어난 리더에 의해서 만들어진다.
- 마음속에 성공에 대한 이미지를 확실히 해야 성공이 따른다.
- 사람들이 당신을 리더로 바라보길 원한다면 먼저 모범을 보이도록 한다.
- 네트워크 마케팅 분야의 전문지식을 얻도록 노력하고 자신의 그룹에 적용한다.
- 오늘 큰 꿈을 키운다.
- 당신이 5년 전에 입은 옷은 성공적인 이미지와 외모에 어울리지 않는다. 새로운 감각에 맞는 옷을 구입하라.
- 다른 나라의 네트워크 마케팅 행사에도 참가해 보라.
- 자신의 리더십 스타일을 발전시켜라.
- 열정을 불태워라. 매일 매일.
- TOP 10이라 불리는 자신의 그룹을 만들어라.
- 자신의 위치에 만족하지 않는다.
- 기존의 틀에서 벗어나라. 상투적인 것은 더 이상 발전이 없다.
- 인생 전체를 위한 자기 계발 프로그램을 만들어라.
- 매일 배우자와 아이들에게 감사의 마음을 가져라.
- 리더로서의 역할을 하지 않는 사람에게 관심을 갖지 말라.

- 위험을 감수하고 좋아하는 일을 하라.
- 당신이 성공적인 그룹을 이끌지 않는다면 누가 하겠는가?
- 낮은 상태의 생활을 유지하는데 필요한 노력과 에너지는 성공적인 삶을 유지하는데 필요한 것과 비슷하다.
- 당신의 나이가 40살을 넘었다면 당신의 얼굴에 책임을 져야 한다.
- 리더가 되기를 주저한다면 아마도 당신은 비관적인 사람일 것이다.
- 당신을 멈추게 하는 모든 것을 멀리 하라.
- 노력에 의한 방법을 배울 수 있는 것을 모두 배워라.
- 훌륭한 아이디어를 나누어라.
- 훈련을 하고 동기를 부여하고 격려하고 성공적인 방법으로 사람들을 이끌 수 있는 능력을 가진 사람들의 말을 경청하라.

다시 한 번 강조하지만, 네트워크 마케팅 사업자는 초기 훌륭한 리더를 성공 모델로 삼고, 스스로 성장해서는 예비사업자에 대한 성공 모델이 되어야 한다. 그리고 그들이 경제적인 독립과 시간의 자유라는 두 가지 목표를 달성할 수 있도록 도와주는 것이다

네트워크 마케팅의 지렛대효과

네트워크 마케팅의 지렛대효과

네트워크 마케팅의 지렛대효과

네트워크 마케팅의 지렛대효과

힘의 집중과 발산 

앞에서 휴먼 네트워크의 종류에 대하여 알아보았다. 우리가 네트워크사업을 성공시키기 위해서는 그들과의 접촉을 강화해야 한다. 어떤 경우에도 그들과 접촉을 강화하지 않고 사업을 성공시킬 수 없기 때문이다. 접촉이 강화되어야 하는 이유는 바로 그것이다.

보통의 인연을 네트워크 마케팅 인맥으로 만들기 위해 갖가지 노력을 해야 한다. 왜냐하면 네트워크 마케팅도 유통의 한 축이기 때문에 유통은 어디까지나 제품이 자연스럽게 소비자를 향해 흘러가야 되기 때문이다. 그 흐름은 네트워크의 조직화에 있다. 조직화가 잘될수록 힘의 집중과 발산이 이루어지고, 힘의 집중과 발산이 제대로 이루어질 때 네트워크 마케팅도 성공을 거둘 수 있기 때문이다. 〔표 4－16〕은 힘의 집중과 발산을 나타낸 것이다. 나를 중심으로 힘이 집중되고, 나를 중심으로 힘이 발산되도록 하는 것, 이것이 바로 네트워크 마케팅의 핵심인 것이다.

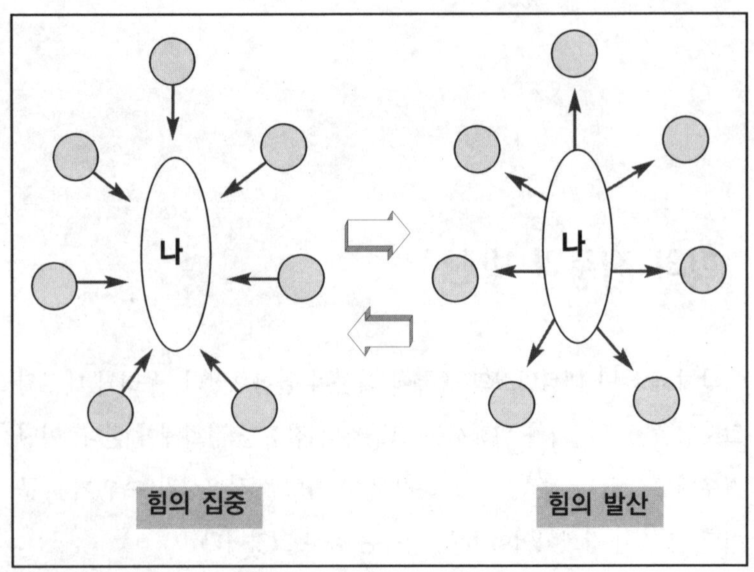

〔표 4-16〕 변화에 대응하는 리더십

7R의 원칙

여기서 네트워크 마케팅 사업자가 접촉을 강화해 네트워크를 조직화하기 위해서는 몇 가지 원칙을 이해할 필요가 있다. 하나는 유통단계 최소화의 원칙이고, 다른 하나는 교류확대의 원칙이고, 또 다른 하나는 회원중심의 원칙이다. 이상의 3가지를 효과적으로 실천하기 위해서는 〔표 4-17〕 네트워크 마케팅 7R의 역할을 실천할 필요가 있는 것이다.

Right Quality	**필요로 하는 '적합한 수준'의 제품을**
Right Quantity	**필요로 하는 적합한 양만큼**
Right Time	**필요로 하는 시간에 맞추어**
Right Place	**필요로 하는 예비사업자에게**
Right Cost	**저렴한 비용으로**
Right Efficiency	**필요로 하는 전달체계를 통하여**
Right Feedback	**필요한 성과분석 및 사후관리**

〔표 4-17〕 네트워크 마케팅 7R의 역할

여기서 7가지 역할 중 1, 2가지만 부족해도 네트워크 마케팅은 성공할 수 없는 것이다. 예를 들어 필요로 하는 적합한 상품이 아닐 때, 적합한 양이 아닐 때, 필요로 하는 시간을 맞추지 못할 때, 저렴한 비용이 아닐 때, 효과적인 전달체계 등에 문제가 있을 때 네트워크 마케팅의 조직화는 이루어지기 힘든 것이다. 설사 조직화가 일시적으로 이루어졌다 해도 그 조직이 오래 버티기 어려우 것이다. 7R의 역할을 수행하지 못하는 네트워크 마케팅 사업자, 그리고 네트워크 마케팅 회사는 결국 소비자들로부터 외면을 당하는 것이다.

네트워크 조직화의 연계이익

이재하의 『네트워크디지털경제』를 보면 네트워크 조직화의 연계이익을 숫자로 표시해서 관심을 끌고 있다. 이미 〈보상플랜〉 편에서 네트워크 조직화의 위력을 실감했지만 여기서는 보상 체계가 아닌 네트워크 조직화를 연계이익으로 표시하고 있는 것이 다르다.

물론 이재하는 중소기업의 이업종 교류를 통한 네트워크의 연계활동을 설명한 것이지만 이것이 너무도 네트워크 마케팅의 기본철학과 맞아떨어지기 때문에 여기에 소개하는 것이다. 네트워크가 이루어지면 융합을 통해 '범위의 경제'와 '속도의 경제'가 이루어져 새로운 가치창조와 시너지가 크게 증가한다는 것이다.

네트워크 조직화의 연계이익은 여기에 참여하는 구성원 숫자가 증가할수록 비약적으로 늘어난다는 것이다. 네트워크 조직화의 구성원 숫자가 증가할수록 상호간의 네트워크 경로가 많아져 시너지가 커지고 연계이익이 커진다는 것인데 네트워크 마케팅도 결국은 구성원의 숫자가 많아질수록 보상이 커지는 것과 같다.

이재하는 네트워크의 연계를 통한 연계이익을 다음의 수식으로 표현하고 있다. 여기서,

$$M=1/2 \cdot N(N-1)$$

연계이익은 M, 네트워크 구성원은 N, 네트워크 경로를 R이라 표시한다. 〔표 4－18〕은 네트워크 경로와 연계이익이다. 여기서 보면 네트워크 구성원의 숫자가 증가할수록 네트워크 경로와 연계이익이 기하급수적으로 늘어나는 것을 볼 수 있다. 따라서 네트워크의 조직화가 얼마나 중요한가를 느낄 수 있다. 아마도 네트워크 마케팅이 〔표 4－18〕과 똑같지는 않겠지만 비슷한 연계이익을 줄 것으로 보인다. 그것은 10명 〈 20명 〈 30명의 부등식이 이루어지는 것과 같다. 따라서 네트워크 마케팅의 성장을 위해 네트워크의 조직화를 첫 번째 사명으로 생

각해야 하는 이유는 그것이다. 그것은 다음에 이야기할 지렛대효과를 만드는 근간이기도 하기 때문이다.

네트워크 구성원(N)	네트워크 경로(R)	=	연계이익(M)
1		=	0
2		=	1
3		=	3
4		=	6
5		=	10
10	1/2 X 10(10 - 1)	=	45
20	1/2 X 20(20 - 1)	=	190
30	1/2 X 30(30 - 1)	=	435

〔표 4-18〕 네트워크 경로와 연계이익

지렛대효과

원래 지렛대는 '무거운 것을 가볍게 만드는' 역할을 한다. 우리는 어떤 지렛대나 도구를 사용함으로써 더 작은 노력으로 더 빠른 시간에 더 가볍게 일할 수 있었던 것이다. 이집트의 피라미드, 중국의 만리장성도 아마 이런 원리에서 가능했을 것이다. 쉬운 예로 자동차공업사에서 엔진을 수리하기 위하여 엔진을 들어올릴 때 사람의 힘으로 한다면 몇 사람이 필요하겠는가? 5명? 7명? 그런데 자동차공업사에서는 놀랍게도 한 사람의 엔지니어가 혼자서 지렛대방식의 기중기를 이용하여 엔진을 쉽게 들어올리는 것을 볼 수 있을 것이다. 이것이 바로 시간, 돈, 노력을 최소화시키면서 생산성을 최대화시키는 것이다.

사업에서 최고 경영자가 시간, 돈, 노력을 최적으로 사용하는 방법은 직원을 채용하는 것이다. 할 일은 많은데 혼자서 청소도 하고, 전화도 받고, 은행에도 가고, 우체국에도 간다면 정말 중요한 일을 할 수 있을까? 최고 경영자들은 지렛대효과를 이용하여 직원을 채용했고 그들은 부를 이룰 수 있었던 것이다. 앞의 네트워크의 연계이익에서 말한 바와 같이 네트워크가 커짐으로써 점차 연계이익이 기하급수적으로 커지는 것을 보았다. 이른바 지렛대효과인 것이다. 체인사업에서 가맹점을 모집하는 것은 가장 쉽게 설명할 수 있는 지렛대효과이다.

제3장에서 산술급수적 증가와 기하급수적 증가에 대해 말했다. 따라서 다운 라인의 기하급수적인 증가로 인해 시간, 돈, 노력을 적게 들이고 큰 부를 이루는 것도 지렛대효과인 것이다. 결국 네트워크 마케팅의 매력과 비전이 바로 지렛대효과라는 것을 알 수 있다.

네트워크를 위한 교류

필자가 알고 있는 P씨는 남다른 노력을 하고 있음에도 별다른 성취를 하지 못하고 있다.

지난 10년 동안 그를 지켜보았는데 별로 달라지는 것이 없다. 이곳저곳 많은 세미나나 강좌를 듣고 열심히 공부하는 모습도 인상적이다. 그런데 전문가로서 대우를 받지 못하고 있는 것이다. 문제는 자신의 관리를 제대로 못 하는 데 있었다. 그는 항상 복장이 털털하고 바지는 늘 구겨진 상태로 입고 다니며 와이셔츠는 며칠 동안 세탁도 하지 않고 입는 듯 했다. 구두는 지저분하고 머리는 헝클어진 상태이다. 그런 이유로 그가 열심히 네트워크를 위한 교류를 증진시키고자 해도 남들이 그를 인정해주지 않는 것이다. 지렛대효과를 만들지 못하는 사람의 전형적인 사례를 보는 듯하다.

교류를 증진시키는 일은 사업의 지렛대효과와 맞물려 있다. 남에게 호감을 사는 일, 신뢰를 얻는 일, 공감대를 형성하는 일 등이 중요하다. 또한 〔표 4－19〕와 같은 여러 유형의 사람들을 이해하고 수용할 수 있어야 하는 것이다.

순서	유형	전형적 특징	장점	약점
CW	Company Worker	보수적이고 충실한 사람	관리능력, 현장감, 자기훈련 양호	유연성이 떨어짐 실증되지 않은 일에 관심 없음
CH	Chairman	침착하고 자신감이 있음	팀워크 능력이 양호, 업무통찰력이 뛰어남	지적인 능력, 창조적 능력은 보통
SH	Shaper	항상 긴장함 개방적이고 도전적	타성과 비능률적인 것을 보면 못 참고 스스로 개선함	화를 내거나 흥분을 잘하며 인내심이 부족함
PL	Plant	개인적이고 진지함 기발한 아이디어 소유자	진지하고 상상력이 풍부하고 지적임	뜬구름 잡는 이야기, 현실감이 결여됨
RI	Resource Investigator	정열적이고 호기심이 많고 활달함	사람들을 잘 만나고 새로운 것을 것을 찾는 도전적임	한 가지 일을 해놓고 조금 있으면 싫증을 느낌
ME	Monitor-Evaluator	침착하고 냉정하며 사려가 깊음	판단력, 분별력, 매사에 빈틈이 없음	아이디어가 없음 타인에 대해 동기부여를 못 함
TW	Team Worker	사교적이고 친절하고 예민함	사물과 사물에 민감하고 팀에 활력을 줌	위기의 순간에 우유부단함
CF	Completer (Finisher)	끈기 있고 질서 정연하고 사려가 깊음	완벽주의자 일의 매듭을 잘 짓는 특징이 있음	사소한 일까지 신경쓰며 추진력이 약함

〔표 4-19〕 사람들의 유형

그런데 조직에는 언제나 여러 유형의 사람들이 모였을 때 빠른 속도로 발전하고 성장하는 것이다. 다음은 곽종운의 『인생경영 키워드』에 나와 있는 교류를 잘하는 10가지 방법이다.

- 교류는 미리 하라. 교류를 해야 할 필요성을 느꼈을 때는 이미 늦다. 일에 닥쳐서 교류를 하는 것은 비효율적이다.
- 당신의 말이 누차 옳다고 말하지 말라. 당신이 한 번 옳다고 말했으면 재차 그것을 듣는 상대에게 강조할 필요는 없다.
- 말하는 사람에게 당신이 열심히 듣고 있다는 것을 알게 하라. 교류는 오가는 쌍방향 길이다. 고개를 끄떡이고 적당히 응수하라.
- 알맹이를 빼고 이야기하지 말라. 당신에게 일어나고 있는 모든 것을 이야기하라.
- 외압에 영향을 받지 말라. 훌륭한 교류를 하기 위해서는 당신의 삶을 단순화시키고 말쑥하게 유지하라.
- 모든 교류에는 진실이 있을 것이다. 가치 있는 진실을 찾아라. 그리고 진실만을 말할 것을 다짐하라.
- 당신이 말하는 것을 상대가 얼마만큼 들었는지 알아 보라. 의외로 전달이 잘 안 되어 있음을 알 것이다. 이를 당신이 배우는 기회로 삼아라.
- 교류는 방송이 아니다. 언제나 쌍방향임을 알라. 교류의 매력은 무언가를 창조하는 것이다. 상대방으로부터 관심을 얼마만큼 끄는가보다 창조적인 파트너를 만드는 것이 중요하다.

- 말을 너무 빨리 하지 마라. 말이 상대방의 귀에 흡수되어 마음에 심어지게 하려면 천천히 말을 해야 한다. 말을 빨리 하는 경우에는 그 이유를 찾아내라.
- 상대방이 이야기를 할 때 비평하지 말라. 비평은 교류를 끊어지게 하는 첩경이다.

앞에서 교류를 잘하는 10가지 방법에 대하여 알아보았지만 네트워크 마케팅도 자신의 입장을 바꿀 수 있는 능력이 요구된다. 그것은 우리의 사자성어(四字成語)에 '역지사지' 라는 말이 있다. 그것은 아주 단순하고 실천하기 쉬운 것이다.

- 당신의 고객을 이해하는 것이다.
- 당신의 고객과 감정이입하는 것이다.
- 당신의 고객과 부합하는 것이다.
- 당신의 고객을 사랑하는 것이다.
- 당신의 고객을 모든 방법으로 돕는 것이다.
- 당신의 고객의 삶에 공헌하는 것이다.
- 모든 거래에 가치를 부가하는 것이다.

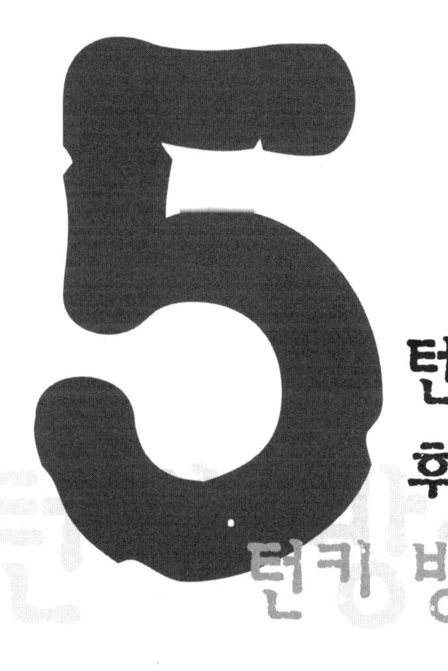

5 턴키 방식을 넘어 후원 전문가로

턴키 방식과 복제

턴키 방식과 복제

턴키 방식과 복제

턴키 방식과 복제

턴키(시스템) 사업설명회

L 네트워크 마케팅회사에 강연을 간 적이 있었다. 강연 장소에 모인 사람들은 300명 가량 이었다. 일종의 사업설명회행사였다. 그런데 그 행사는 준비가 잘되어 있었고 매뉴얼에 따라 이루어지는 것 같아 보였다. 그리고 매월 1회 이 같은 행사를 갖는다는 주최측의 설명도 있었다.

필자는 주최측에 부탁하여 그 매뉴얼을 볼 수 있었다. 매우 정교하고 상세한 매뉴얼이었다. 그들이 매월 1회씩 행사를 열면서 이 같은 매뉴얼을 사용하고 있었던 것이다. 따라서 누가 행사의 책임자가 되더라도 그 매뉴얼대로 한다면 훌륭한 행사를 열 수 있는 것이다. 일종의 행사 지침서로 그 분량은 40쪽이나 되었다. 이른바 턴키(Turnkey) 방식은 '완성해서 인도해 주는 것' 이라는 뜻을 갖고 있다. '따로 따로 떼어놓는 것이 아니라 뭉쳐진 세트개념' 이라고 말할 수 있는 것이다.

6W 2H로 턴키 방식을 만드는 법 *

누구나 턴키 방식의 사업설명회 매뉴얼을 만들 수 있다.
그것은 〔표 5 - 1〕의 6W 2H의 접근방식에 따르는 것이다.

첫째, 무엇(What)을 하겠다는 것인가?
둘째, 그 행사의 목적(Why)은 무엇인가?
셋째, 그 행사는 누가(Who) 진행할 것인가?
넷째, 그 행사는 누구를(Whom) 대상으로 할 것인가?
다섯째, 그 행사는 언제(When) 하는가?
여섯째, 그 행사의 장소(Where)는 어디인가?
일곱째, 그 행사의 방법(How)은 무엇인가?
여덟째, 그 행사의 목표(How-Many)는 무엇인가?

〔표 5-1〕 6W 2H의 접근방법

첫째, 무엇을 할 것인가? 설명회의 명칭을 적어보는 것이다. '○○○ 사업설명회', 또는 '△△ 네트워크 마케팅 사업설명회' 등으로 적어보는 것이다.

둘째, 그 행사의 목적은 무엇인가? 어떤 행사든지 목적이 있다. 목적이 분명하지 않은 행사는 하지 말라는 이야기도 있다.

- 네트워크마케팅 사업의 비전 설명
- 새로운 네트워크 마케팅 사업자의 확보

- 예상 사업자에 대한 질의응답

- 신규 사업자의 등록

- 다운 라인, 업 라인 등과의 인간적 교류

셋째, 누가 할 것인가? 행사의 주최자는 누구인가? 그들은 매월 고정되어 있는가? 아니면 매달 바뀌는가? 월별로 돌아가면서 행사를 주관하는가?

- 1월 : 가 그룹

- 2월 : 나 그룹

- 3월 : 다 그룹

⋮

- 12월 : 타 그룹

넷째, 누구를 대상으로 할 것인가, 그들은 누구인가, 그들은 왜 모였는가, 그들은 무엇을 알고자 하는가, 그들은 몇 명인가, 그들은 인구통계학적으로 어떻게 분포되어 있는가, 그들의 지식, 수준, 태도 등을 분석해야 한다.

다섯째, 그 행사는 언제, 언제 하는가? 그리고 매월, 매주, 며칠에 하는가? 매월 몇 째 주 무슨 요일에 하는가? 그리고 몇 시에 시작하는가? 몇 시에 끝나는가? 전체 얼마의 시간이 소모되는가?

여섯째, 그 행사의 장소는 어디인가? 적절한 실내환경이나 설비의 배치는? 교통의 편리성은? 누구와 그 장소를 섭외하는가? 약도는 준비되어 있는가?

- 적절한 넓이

- 적절한 조명

- 필요한 설비나 비품

  ① OHP, 슬라이드, 시청각 기기, 빔 프로젝터, 노트 북

  ② 화이트 보드

  ③ 의자, 테이블

  ④ 재떨이 위치, 청소 상태, 종이컵 준비 상태, 식수 위치

- 행사장의 전화번호
- 행사장 사용에 대한 비용

일곱째, 그 행사의 방법은 어떻게 하는가? 〔표 5-2〕와 같이 체크리스트는 준비되어 있는가? 있다면 현실적인가? 체크리스트는 상세할수록 좋지만 경우에 따라서는 꼭 필요한 것만을 체크리스트에 넣는 것이 좋다. 만일 당신이 연사라면 사전에 충분히 리허설을 해보는 것이 좋다. '연습에서 흘린 땀방울은 실전에서 피를 덜 흘린다'는 이야기가 있다. 그러니까 충분히 연습하는 것이 좋다. 절대로 자만심을 갖거나 청중을 얕보아서는 안 된다. 왜냐하면 그들은 소중한 시간을 내어 그 행사에 참석했고 지식이나 경험이나 사회적 지위 등에서 결코 흠 잡을 수 없는 사람들인지도 모르기 때문이다. 사전에 서론, 본론, 결론 등을 충분히 생각해보는 것이다. 〔표 5-3〕은 좋은 이미지를 만드는 연사의 자세이다.

① 전체 내용이 주어진 시간 안에 끝날 수 있겠는가?
② 내용이 지나치게 많은 것은 아닌가?
③ 듣는 사람과 장면을 생각하였는가?
④ 사용할 도구를 결정하였는가?
⑤ 어느 장면에서 어떤 화제에 대하여 강조할 것인지 생각하였는가?
⑥ 듣는 상대에 대한 이해를 돕기 위한 배려로서 어떤 것을 생각하고 있는가?(문장을 끊는 부분, 이야기의 순서 등)
⑦ 목적은 명확한가?
⑧ 중요한 논점일 경우 여러 각도에서 생각하였는가?
⑨ 요컨대, 한마디로 말하자면 결론이 무엇이라고 이야기할 수 있는가?
⑩ 이러한 논점이 듣는 사람에게 받아들여질 수 있겠는가?
⑪ 이것으로 목적을 달성할 수 있겠는가?
⑫ 상대가 웃을 수 있는 부분, 밝은 분위기를 연출하도록 고려하였는가?
⑬ 처음과 끝부분에 어떠한 키워드를 사용할 것인지 생각하였는가?
⑭ 이러한 기회를 즐기고 있는가?

〔표 5-2〕 행사의 체크리스트

1. **호명을 받으면**	신속하게 일어선다. 의자는 원래대로 놓는다.
2. **연단까지 걸어간다.**	앞을 보면서 천천히 걸어간다.
3. **메모를 연단 위에 놓는다.**	메모나 원고를 연단 전방에 놓는다.
4. OHP**시트를 놓는다.**	처음에 사용할 OHP시트를 똑바로 놓는다(사용할 경우).
(도입부)	
5. **사회자에게 예의를 표한다.**	사회자에게 눈을 맞추고 예의를 표한다.
6. **청중에게 인사한다.**	두 손을 연단에 가볍게 대는 정도로 놓고 천천히 청중을 둘러보면서 인사한다.
7. **자기 소개를 한다.**	자기 이름을 천천히 명료하게 발음한다.
8. **환영의 말을 한다.**	환영의 말을 한다.
9. **음조를 바꾸어 설명한다.**	음조(音調)를 바꾸어 배경 설명을 한다.
10. **결론을 말한다.**	강조할 점은 미리 간격을 두고서 천천히 강하게 말한다.
(본론부)	
11. **본론을 말한다.**	눈 맞춤은 확실하게 하고, 보디 랭귀지를 사용한다. 화법이 단조롭게 되지 않도록 강약, 고저, 자세를 상황에 맞게 구사한다.
(결론부)	
12. **요약을 말한다.**	음조를 바꾸어 지금까지 말한 내용을 요약한다. 눈 맞춤을 잊지 않는다.
13. **결론을 말한다.**	도입부와 마찬가지로 강조할 점은 미리 간

14. **인사한다.**	격을 두어 천천히 강하게 말한다. 전체 얘기가 끝나면 한 번 천천히 청중을 둘러보면서 마지막 인사를 한다. 청중이 박수를 친다. 사회자에게 눈 맞춤을 하고 자리로 들어간다.

〔표 5-3〕 좋은 이미지를 만드는 연사의 자세

이 때 눈 맞춤(눈길 주기)은 매우 중요하다. 연사가 한 방향만 바라보고 말하는 것은 매우 위험하다. 두루두루 앞과 뒤, 그리고 양 옆의 청중들에게도 고르게 눈길을 주는 것이 필요하다. 만일 이것에 실패하면 행사를 망칠 수도 있는 것이다.

행사에 있어서 경시할 수 없는 무기들이 있다. 예컨대, 어떤 음악을 사용할 것인가, 좌석의 배치방법은 어떻게 할 것인가, 리더들은 몇 시까지 모일 것인가, 명찰은 준비할 것인가, 준비해야 할 서류는, 사회는 누가 볼 것인가, 성공사례는 할 것인가, 말 것인가, 어떤 유인물을 준비할 것인가, 어떤 플래카드를 부착할 것인가, 방명록은 필요한가, 내빈의 좌석은 어떻게 준비할 것인가?

"로마는 하루아침에 이루어지지 않는다."고 한다. 평소에 늘 관심을 갖고 준비하는 자세가 필요하다. '유비무환'이라 했다. 충분히 리허설하고 준비하는 사람은 어떤 사업설명회에서도 그 임무를 다할 수 있을 것이다. 특히 많은 사람들 앞에 서면 군중공포증이 생길 수 있다. 이를 효과적으로 극복하는데 별 다른 방법이 있는 것은 아니다. 가능하면 많은 사람들과 어울리고 그들 앞에 서는 기회를 많이 갖는 것이다.

필자도 10년 전 프로 강사로 처음 강단에 섰을 때 가슴이 떨리고 앞이 보이지 않던 시절이 있었다. 2시간을 강의하고 단상을 내려왔을 때 온몸이 땀에 젖어 있었던 것을 기억한다. 다음 〔표 5-4〕는 리허설 체크리스트이다.

구분	체크 사항	1회	2회
1	도입부로부터 결론까지 전체를 일관되게 말해본다. 문제점을 메모한다. · 체크 항목 □ 청중이 이해할 수 있는가? □ 이야기의 흐름이나 구성에 문제는 없는가?		
2	전달에 주의하면서 리허설을 실시한다. · 체크 항목 □ 의자에서 일어나는 방법은 좋은가? □ 걸음걸이는 올바른가? □ 효과적인 보디 랭귀지를 사용하고 있는가? □ 발음은 정확한가? □ 속도, 억양, 음의 강약은 적당한가?		
3	비주얼 기기를 사용하며 말해본다. 단점이나 설명이 부족한 부분은 보강한다. · 체크 항목 □ 말은 조리가 있는가? □ 논리의 비약은 없는가? □ 데이터 등 자료는 충분한가?		

구분	체크 사항	1회	2회
	□ 사실과 의견의 균형은 잡혀 있는가? □ 'So What(그래서 어쨌다는 것인가?)' 이라고 생각되지는 않을까? □ 비주얼(Visual)은 효과적인가?		

〔표 5-4〕 리허설 체크리스트

연사로서 말을 잘하는 방법은 어디까지나 충분히 리허설하는 것밖에 상책이 없음을 알아야 한다. 그런데 '식은땀이 흐른다', '무릎이 떨린다', '눈이 흐려진다', '심장이 뛴다', '위가 아프다', '숨이 가빠진다', '입안이 마른다', '머릿속이 텅 빈다' 등의 증상이 나타나는 것은 긴장해서 나타나는 증상이다. 이 때 긴장하지 않는 방법이 있다.

대부분 긴장하게 되는 것은 준비가 충분치 못하기 때문에 생기는 경우가 대부분이다. 잘 이야기할 수 있을까, 도중에 잊어 먹지 않을까, 잘못되면 어떻게 하나, 청중에게 압도되지 않을까, 시간이 되기 전에 끝나버리지 않을까? 등이 긴장의 원인이다.

긴장하지 않게 하는 방법에는 3가지가 있다. 하나는 강연 전에 청중과 이야기를 하는 것이다. 청중이 행사장에 도착했을 때 신변에 관한 일에 대해 서로가 이야기를 나누는 것이다. 시시껄렁한 잡담이라도 괜찮다. 당신이 화제를 제공하면 리더십이 생긴다. 리더십이 생기면 긴장을 푸는데 크게 도움이 된다. 다음으로 긴장을 풀 수 있는 보디 랭귀지를 사용하는 것이다. 발을 움직여 본다든지, 청중 쪽으로 다가서서 말한다든지 손과 발을 적당히 사용해 보는 것이다. 끝으로 동작을 완만하게 해보는 것이다. 안정되지 않으니 침착하지 못하고 침착하지 못하니 불안해지는 것이다. 동작이든 말이든 의식적으로 천천히 해보는 것이다. 그러면 긴장을 해소하고 성공적인 강연을 할 수 있는 것이다. 다시 한 번 강조하지만 리허설은 실전처럼, 실전은 여유 있게 긴장하지 않으며 하는 것이다. 특히 비주얼 기기의 장 · 단점을 충분히 이해하고 행사의 성격에 맞도록 사용해야 한다. 문제는 행사장에서 비주얼 기기를 제대로 사용하지 못해서 웃음거리가 되어서는 안 된다.

〔표 5-5〕는 비주얼 기기의 장 · 단점을 나타낸 것이다.

구분	장 점	단 점
화이트 보 드	간편하다. 청중이 간단히 참여할 수 있다. 가감이 간편하다.	지나치게 사용하는 경향이 있다. 기록하는데 시간이 걸린다. 삭제한 후 재현이 곤란하다. 레이아웃이 어렵다.
패 널 포스터	작성하기 쉽다. 설명 순서를 쉽게 조정할 수 있다. 운반하기에 간편하다. 용량에 제한이 없다.	크기에 제한이 없다. 내구성에 문제가 있다.
배포자료 문서	작성이 쉽다. 설명 순서를 쉽게 조정할 수 있다. 운반이 간편하다. 용량에 제한이 없다.	청중을 통제하기가 어렵다. 표현이 제한된다.

구분	장 점	단 점
OHP	직접 만들기가 쉽다. 표현 제작이 다양하다. 조작이 간단하다. 대면조작이 가능하다. 선별제시가 가능하다. 반복투영이 가능하다. 기기의 이동이 가능하다. 밝은 실내에서 투명할 수 있다.	사각(死角)이 나오기 쉽다. 소음이 있다. 발열(發熱)이 심하다. 램프가 나가기 쉽다.
슬라이드	실물에 가까운 것을 투영할 수 있다. 원격조작이 가능하다. 영구적이다.	작성에 시간이 걸린다. 어두운 곳에서만 볼 수 있다. 수정이 어렵다.
영화	움직이는 대상을 설명하는데 적합하다. 극적인 효과가 가능하다. 다채로운 표현이 가능하다. 가지고 들어올 수 없는 대상을 표현할 수 있다. 실물에 가깝다.	만들기가 어렵다. 제작에 시간이 걸린다. 어두운 곳에서만 볼 수 있다. 투사하는데 시간이 걸린다. 수정이 어렵다.
비디오	영화의 이점을 얻을 수 있다. 스스로 만들기가 비교적 간단하다. 그 자리에서 재생할 수 있다. 밝은 실내에서 사용할 수 있다.	영화 크기에 제한이 있다. 영화에 비해 해상도가 낮다.

구분	장 점	단 점
	슬로 모션 등이 간단하다.	
빔 프로젝터	파워포인트를 사용 편집한다. 편집이 쉽다. 언제나 변경할 수 있다. CD를 활용하여 영화를 보여 줄 수 있다. OHP가 할 수 없는 기능이 있어 다양하다. 대상이 많을 때 효과적이다.	미리 편집하고 준비하는 것이 많다. 전문적인 기능을 갖추어야 한다. 노트북, 빔 프로젝터 등을 준비한다. 사전에 설치하고 점검해야 한다.

〔표 5-5〕 비주얼 기기의 장 · 단점

만일 당신이 연사로 결정되었다면 위에서 예로 든 비주얼 기기의 여러 가지에 대해 충분한 사전지식이 있어야 한다. 또 자신 있게 사용할 수 있을 때까지 충분히 조작해 보고 활용해 보아야 한다.

여덟째, 그 행사의 목표는 무엇인가? 목표가 이루어졌을 때 행사는 성공한 것이지만 목표가 이루어지지 못했을 때 행사는 실패한 것이다. 행사의 목표는 대체로 이런 것들이다.

- 청중의 동원 목표
- 새로운 네트워크 마케팅 사업자의 등록 수
- 기타 목표

만일 목표가 달성되지 못했다면 어째서 그런 차이가 발생되었는지를 엄밀히 분석하고 평가해야 된다. 그리고 다음 행사에 반영한다.

이상의 8가지 방식에 따라 사업설명회의 매뉴얼을 만들어 놓은 것을 턴키 방식이라 하며 다른 사람들도 이를 준용하여 사용할 수 있기 때문에 편리하다. 처음 시작하는 사업자는 턴키 방식에 대해 몰라도 우려할 필요는 없다. 업 라인이 주최하는 설명회를 이용하면 된다. 그러나 먼 훗날을 위해서 턴키 방식을 만드는 방법에 대해 알아둘 필요는 있다.

복제

필자가 영업현장에서 근무할 때는 신입사원이 들어오면 '분신(分身) 만들기'에 돌입했다. 그것이 영업관리자가 해야 할 사명 중에서 매우 중요한 일이었다. '상품설명하기', '신규개척하기', '데몬스트레이션 하기', '고객의 사후관리하기', '애프터 서비스하기', '상담기법' 등을 가르치는 것이다. "당신을 능가하는 분신을 만들란 말야." 영업본부장은 이렇게 다그친다. 사실 분신을 제대로 만드는 것이야말로 미래에 부하를 통해 실적을 올리는 관리자로서는 얼마나 중요한 일인가?

네트워크 마케팅에서는 '복제(複製)'라는 단어를 사용한다. 이 말은 '분신'을 만드는 것과 개념이 비슷하다. '분신'이 유능한 관리자를 닮은 신입사원을 만드는 것이라면, '복제'는 나의 다운 라인을 나를 닮은 적극적인 사업구축자로 양성하는 과정을 말한다.

네트워크 마케팅에서 '복제능력'은 참으로 중요하다. 나 혼자서 사업을 하는 것이 아니라 다운 라인과 함께 펼치는 사업이기 때문에 그렇다. 그러니까 유능한 '복제능력'은 미래의 수입을 보장해 주는 것이다.

앞에서 턴키 방식도 알고 보면 '복제'의 방법으로 사용하는 것과 다름없다. 예비사업자가 어떻게 네트워크 마케팅 사업에 강력한 관심을 갖도록 할 것인가? 그리고 그들을 어떻게 신규사업자로 등록시킬 것인가? 또한 그들을 어떻게 유능한 네트워크 마케터로 육성시킬 것인가? 이 모두가 '복제'를 위한 과제인 것이다.

세일즈에서는 오직 나 한 사람의 노력에 의해서 실적이 나오지만 네트워크 마케팅에서는 복제성, 복제된 다운 라인에 의해서 다른 사람들의 노력도 실적에 포함된다는 것이 일반 세일즈와 다른 점이다. 네트워크 마케팅은 리더십, 복제성, 복제된 다른 사람들의 노력을 활용하는 것이다. 그래서 혼자서 하는 세일즈보다는 훨씬 좋은 결과를 만들 수 있는 것이다.

그렇다면 처음 사업을 하는 사람이 어떻게 '복제'를 할 수 있단 말인가? 그 때는 항상 업 라인과 연결시켜 준다. 사업에 어떤 장애나 재난이 닥친다 해도 두려워할 필요는 없다. 그 때마다 업 라인과 협조하면 된다. 그들은 선배가 후배를 가르치 듯 성실하고 친절하게 인도해 줄 것이다.

떠들어라. 그리고 기억시켜라

떠들어라. 그리고 기억시켜라

떠들어라. 그리고 기억시키라

떠들어라. 그리고 기억시켜라

떠들어라, 그리고 기억시켜라 

몇 년 전의 일이다. 경주에 관광을 갔다가 마침 한 무리의 일본인 관광객을 만나게 되었다. "당신은 일본에서 무슨 일을 하고 계십니까?"라고 물었더니 "나는 일본 도쿄에서 환경미화원으로 일하고 있습니다."라고 말하면서 "환경미화에 관한 일이라면 20년 동안 해서 전문가지요."라고 덧붙였다. 필자는 이 말을 듣고 감동을 받았다. 오늘날 일본이 경제대국이 된 것은 이름 없는 근로자들이 자신의 일에 자긍심을 갖고 있기 때문에 가능했던 것이 아닌가 생각한다.

우리의 경우 "무슨 일을 하십니까?"라고 물으면 "회사에 다닙니다.", "사업을 합니다.", "무역업에 종사합니다."라고 말하거나 "그냥 조그맣게 하는 일이 있습니다."라고 애매 모호하게 말하는 경우를 많이 본다. 어느 업종에서 근무하는지, 어떤 사업을 하는지 좀더 구체적으로 말할 수 없는가? "자신의 일에 자긍심이 없을수록 실패할 확률이 높다."는 말은 결코 빈말이 아닌 것이다. 자기가 하는 일을 사랑하고 떠들고 다녀야 하는 것이다. 그리고 남에게 기억시켜야 하는 것이다. 그러기 위해서는 여러 가지 도구를 활용하되, 결코 부끄러워 할 일이 아닌 것이다.

차별화된 명함 *

1. 자신의 사진이나 캐리커처를 넣어라.

사진이나 풍경은 우뇌에서 이미지로 오래 기억된다. 오래 기억되기를 원한다면 될 수 있는 한 사진을 넣어라.

2. 명함의 뒷면을 최대한 활용하라.

명함의 뒷면을 자신이나 회사의 정보를 제공하는 난으로 사용하라. 약도, 이력사항, 취미, 관심사, 담당업무 등을 기록하고, 지하철을 지형지물로 이용할 때는 반드시 몇 번 출구를 명시하라.

3. E-mail 주소, 집 전화번호, 우편번호를 써넣어라.

E-mail은 시간과 공간을 초월하여 자유롭게 정보를 주고받을 수 있으며, 사무실 전화번호는 물론 집 전화번호도 써넣고, 우편물을 보내기 쉽게 우편번호도 써넣어라.

4. 흥미 있게 만들어라

향기, 소리, 그림, 색 등을 활용하며 재미있고 흥미 있게 만들어라.

5. 전달할 정보가 많을 때는 접는 명함을 만들어라.

접는 명함은 보통 2배 이상의 정보를 담을 수 있다. 1면은 가족사진, 2면은 담당업무, 3면은 개인의 취미와 프로필, 4면은 약도나 전화번호, 우편번호, 인터넷주소 등을 써넣는다.

6. 메모난을 만들어라.

만난 일자, 장소, 첫인상을 기록하도록 만들어라.

7. 자신의 이름을 삼행시로 만들어 기억하기 쉽게 만들어라.

임 : 님을 대하듯이 일을 대한다.

동 : 동서남북으로 뛰고 달리니,

학 : 학문화된 영업전법 무궁히 발전하리라. 〈임동학의 삼행시〉

8. 최소한 2가지 이상의 명함을 준비하라.

한 명함에 여러 가지 직함을 적지 않도록 하라. 대상에 따라 차별화된 명함을 사용하도록 하라(네트워크 마케팅 명함, 모 회사 명함).

9. 매일 세수하듯 명함 관리에 최선을 다하자.

매일 세수를 하듯, 명함도 잘 관리하고 명함을 받을 때도 상대를 보고 잔잔한 미소를 보내라.

10. 상대가 나를 기억할 때까지 반복해서 명함을 주어라.

상대가 나의 이름을 기억하고 있다는 착각을 버려라. 상대가 내 이름을 친절히 부를 수 있을 때까지 반복해서 명함을 주어라.

〔표 5-6〕 명함 차별화의 10계명

"한 장의 명함은 한 인간의 인격을 축소하고 있습니다."

"개성 있는 명함, 창의성이 살아 있는 명함이어야 합니다."

중소기업진흥공단 이경열 씨의 말이다.

〔표 5-6〕은 명함 차별화의 10계명이다. 창의력을 연구하는 강충인 원장의 경우 접는 명함을 만들어 자신의 교육 분야와 저서 등을 상세히 넣어 명함 한 장만으로도 그가 무슨 일을 하는 사람인지 충분히 알 수 있으며, 그랙픽 디자이너 임은지 씨는 자신이 디자인한 글자체에다 글씨 크기도 보통 명함보다 10배 이상 크게 하고 배열도 변화를 주었으며 글씨마다 색깔을 달리하여 그가 한눈에 디자이너임을 알 수 있다. 이들 모두는 명함을 차별화하여 나를 기억시키는 도구로 사용하는

사람들이다. 네트워크 마케팅 사업을 하는 사람들은 자신의 명함을 차별화시킬 것을 권유하고 싶다.

전화 비즈니스 *

"이제 전화가 없는 세상은 더 이상 생각할 수 없다.", "비즈니스 사회에서 전화는 없어서는 안 될 무기가 되고 있다."고 말하고 있다.

Telephone 박(朴)이라는 별명을 갖고 있는 사람이 있다. 그는 하루 한 사람한테 3분씩 모두 10명에게 전화를 걸어 높은 사업실적을 올리고 있다. 그는 3분 통화에서, 수준 높은 인간관계를 형성하고, 살아 있는 정보를 수집하며, 브레인 스토밍을 한다는 것이다. 하루 30분으로 다른 사람들의 3시간 이상의 효과를 올리고 있는 것이다.

보통 전화를 이용한 비즈니스를 하면, 전문 텔레마케터의 영역이라고 말할지 모른다. 그러나 그것은 결코 그렇지 않다. D전자의 판매사원 김명자 씨는 전화를 잘 활용했던 사람 중의 한 사람이었다. 그녀는 3 · 1 · 3 · 1 전법이라는 해피콜 전법을 썼는데, 냉장고나 세탁기를 판매 · 설치한 뒤 3일 후에 해피콜, 1개월 후에 해피콜, 3개월 후에 해피콜, 1년 후에 해피콜을 해주어 한 제품을 팔게 되면 1년 동안 4번의 해피콜로 고객과 뿌리깊은 인간관계를 형성해 나갔던 것이다. 그녀가 말하는 효과적인 통화요령 4가지는 다음과 같다.

- 말씨는 진실하고 자연스러우며 분명하게,
- 대화 속도는 상대의 입장에 맞춰서,
- 음성의 톤은 적절하게, 변화를 주면서,

- 어휘의 선택은 상대가 쉽게 이해할 수 있는 것이어야 한다.

이렇게 강조하면서 자기 소개와 용건, 맺음말의 순서로 통화를 하는데, 통화시 유의사항은 다음과 같다.

- 사전계획을 세워서 잘 활용할 것.
- 네트워크 마케팅의 좋은 이미지를 심도록 할 것.
- 통화를 방해하는 사람을 협력자로 만들 것.
- 중요한 내용은 사전에 정리를 할 것.
- 상호 의사소통이 빠짐 없는지 확인할 것.
- 정기적으로 전화를 해줄 것.
- 감사의 표시를 잊지 말 것.
- 친하다고 교만하지 말 것.
- 얼굴이 보이지 않는다고 기본 예의를 망각치 말 것.
- 상대의 성격에 따라 대응방법을 잘 연구할 것.
- 그림이나 도표 같은 것은 설명 후에 팩스로 보낼 것.
- 상대방이 끊은 것을 확인 후에 끊을 것.
- 칭찬하는 말을 잊지 말 것.
- 상대가 말할 때 맞장구를 칠 것.
- 우편물을 보낼 때도 사전에 양해를 구하는 전화를 할 것.
- 걸려온 전화는 절대로 놓치지 않는다.
- 사업설명회에 나오기로 하고 나오지 않은 사람한테 반드시 전화를 한다.
- 참석 약속을 꼭 지키도록 유도하라.
- 전화 통화의 주도권을 잡아라.

한 번 사업자로 등록되었다 해도 끊임없이 관리를 해주어야 한다. 그리고 예비사업자에게도 계속 관심을 보여 주어야 한다. 개인별로 찾아보려면 시간적으로, 공간적으로 무리가 따르지만 전화는 가장 효과적인 도구이다. 네트워크 마케팅 사업을 하려는 사람은 전화요금을 아끼지 않는 것이다.

편지 / e-mail

얼마 전에 필자는 L전자 대리점으로부터 한 통의 편지를 받았다. 편지의 내용은 다음과 같다.

몹시 더운 날씨입니다. 가족 모두가 별고 없으신 지요?

지난번 세탁기를 구입해 주셔서 감사드립니다.

이번에 구입하신 세탁기는 틀림없이 만족하시리라 생각합니다.

만에 하나 어떤 불만스러운 점이 있으시다면 개의치 마시고

언제든지 연락하여 주시기 바랍니다.

제품의 애프터서비스에 대해서는 본사에서도 만전의 준비를 갖추고 있지만, 담당인 저도 최선을 다하겠습니다.

앞으로도 많은 지도와 편달을 부탁드립니다.

지난번 세탁기 구매에 대하여 다시 한 번 감사드립니다.

안녕히 계십시오.

2003년 1월 10일

L전자 대리점 ○○○ 올림

편지의 내용을 읽고서야 얼마 전에 구입한 세탁기에 대한 '감사의 편지'라는 것을 알 수 있었다.

감사의 편지와 함께 L전자에서 생산되는 전 제품 카탈로그도 함께 보내왔는데, 잔잔한 감동을 주었다. 요즘처럼 글쓰기 싫어하는 세태에서 진솔함이 담긴 편지를 받고 보니 더욱 그랬다.

"감동이 살아 있는 편지를 보내라.", "정서가 숨쉬는 편지를 보내라.", "인간적인 냄새가 나는 편지를 보내라." 등은 『D/M』이라는 책을 쓴 한국판매연구소 조춘택 씨의 말이다.

일반적으로 편지를 쓸 때는 상대의 입장이 되어야 한다.

먼저 상대의 주의를 확보하고, 다음에는 상대와 함께 사업을 함으로써 얻는 이익이 무엇인가를 이야기하며, 마지막으로 상대가 어떤 행동을 해야 하는지, 즉 전화를 걸어도 된다든지, 회원가입을 해도 된다든지, 주문서를 보내도 된다든지 등의 구체적인 행동을 정확하게 말해주도록 하는 것이 좋다.

네트워크 마케팅에서는 편지를 쓰는 데도 일정한 원칙이 있다.

- 접촉할 개인 또는 대상의 목록을 만든다.
- 보내기 전에 연습편지를 써본다.
- 정확한 이름과 주소를 사전에 파악한다.
- 편지는 1페이지 분량을 넘지 않도록 한다.
- 각 단락은 짧게 다섯 내지 여섯 줄 정도로 한다.
- 각 단락의 서두는 한 칸 정도 띄우고 시작한다.
- 밑줄을 치거나 여백에 글을 써서도 안 된다.
- 편지가 인쇄된 것처럼 보이지 않도록 가능한 한 노력한다.

- 타자된 편지에는 색깔이 다른 잉크로 사인을 하라.
- '추신' 을 통해 당신의 가장 중요한 요점을 이야기하라.
- 편지와 함께 네트워크 마케팅에 대한 홍보자료도 보낸다.
- 행동해 달라고 부탁한다. 강하게 어필한다.
- 편지를 보낸 뒤 며칠 후 반드시 확인전화를 한다.
- 공문처럼 보이지 않도록 한다.
- 네트워크 마케팅의 이점과 비전을 설명하라.
- 보기 좋게 작성하라.
- 비주얼을 가미해서 작성한다.

다음 〔표 5-7〕은 편지의 효능과 역할을 나타낸 것이다.

1. 편지는 방문거절을 방지한다.
2. 편지는 마음의 거리를 좁혀 준다.
3. 편지는 방문시 상대에게 부담을 덜어 준다.
4. 편지는 방문의 대행자 역할을 한다.
5. 편지는 문의자에게 회원가입을 성사시킬 수도 있다.
6. 편지는 예상고객을 선점할 수 있다.
7. 편지는 일시에 수백 혹은 수천 명에게도 보낼 수 있다.
8. 편지는 상대에게 엘리트 의식과 우월감을 심어 준다.
9. 편지는 지속적인 발송으로 성실성을 인정받을 수 있다.
10. 편지는 예상사업자에 대해 인간관계를 강화한다.
11. 편지는 고객의 시간을 빼앗지 않는다.
12. 편지는 시간과 공간의 제한을 받지 않는다.

13. 편지는 1 대 1 마케팅시대에 필수적인 무기이다.

14. 편지는 상대에게 깊은 인상을 심어 줄 수 있다.

15. 편지는 상대한테 자세한 정보 제공을 해줄 수 있다.

〔표 5-7〕 편지의 효능과 역할

비디오테이프

어떤 경우에는 홍보용 비디오를 전문가에게 의뢰해 제작하거나 회사가 제작한 것을 활용하기도 한다. 이것은 홍보용 시각자료로 가장 효과적이며 재정적으로 견실한 회사로 보여질 수 있는 장점이 있다. 당신이 스스로 출연한 비디오테이프를 제작하는 것도 중요하다. 그다지 비용이 많이 들지 않으면서 효과적인 홍보매체를 만들 수 있다.

당신이 제품을 사용하는 모습을 보여주어도 좋고 회사의 홍보용 비디오에 당신이 사용하고 있는 장면을 끼워 넣어도 좋다.

차트/포스터

이것들은 다른 매체나 편지를 좀더 다양하고 품위 있게 해주는 역할을 한다. 특히 차트는 회사나 판매의 성장속도를 보여주는 데 매우 효과적이다.

전단 *

전단은 부담 없이 전달할 수 있다는 장점이 있다. 그리고 전단은 사업설명을 보충해주는 역할을 한다. 전단은 예비사업자에게 부담을 주지 않으면서 자연스럽게 전달할 수 있다. 전단을 활용하는 방법은 다음과 같다.

- 독자적인 방법으로 우편배달 하기
- 배달하는 소포에 끼워 보내기
- 아파트 우편함에 넣기
- 가정이나 사무실의 문 밑으로 밀어 넣기
- 길모퉁이에서 나누어주기
- 영화관에서 건네주기
- 예비사업자나 예상 사업자한테 나누어주기
- "가져가세요."(선반에 놔두고)
- 카운터에 놔두고 자연스럽게 나누어주기
- 개인설명회를 끝내고 추가적인 정보를 제공할 때 나누어주기

사은품

몇 가지 제품을 포장해서 아직 결정을 내리지 못하는 예비사업자에게 사은품 형식으로 나누어주자. 설명회가 끝난 뒤에 나누어주는 것은 사용경험의 확대라는 측면에서 매우 바람직하다.

예비사업자는 사은품을 사용하면서 이미 말했던 제품의 효용과 필요성 등을 기억하게 된다.

따라서 이러한 사은품은 예비사업자가 확실한 결정을 내리는데 도움이 된다.

사은품 속에는 몇 가지 다른 제품의 홍보물도 함께 넣어 주는 것이 바람직하다.

〔표 5-8〕은 네트워크 관리 전략을 요약해 놓은 것이다. 많은 참고가 될 것이다.

구 분	세부내용
1. 축하서비스 프로그램	- 생일, 결혼기념일, 진급, 입학, 졸업, 결혼 - 영전, 승진, 주택의 구입, 개업 등에 축하카드 발송
2. 철저한 서비스	- 새로운 사용방법에 대한 어드바이스 - 올바른 사업방법에 대한 서비스 - 다운 라인에게 사업방법 지도 - 다운 라인 및 예비사업자가 의뢰한 것을 신속하게 처리하기
3. 각종 이벤트에 초대	- 신제품 전시회 초대 및 각종 교양강좌 초대 - 사업설명회에 초대 - 기타에 초대
4. 전화	- 상품 사용 파악 : "상품을 사용해 보니 어떻습니까?" - 경조사시 축하나 애도(바빠서 참석하지 못했을 때) - 제품 사용방법 : "그 제품은 이렇게 사용…." - 사업설명회 참석을 권유할 때 - 이벤트 초대 권유를 할 때 - 소개에 대한 감사를 할 때 - 안부 인사를 할 때 - 불만 사항을 알고 싶을 때
5. 편지	- 회원가입 후 감사편지 - 회원 소개에 대한 감사편지 - 계절의 변화에 대한 편지 - 비전에 대한 도전의 편지

구 분	세부내용
	- 회원, 입학에 대한 축하편지 - 입원에 대한 쾌유기원 편지 - 자료를 보낼 때의 편지

〔표 5-8〕 네트워크 관리 전략

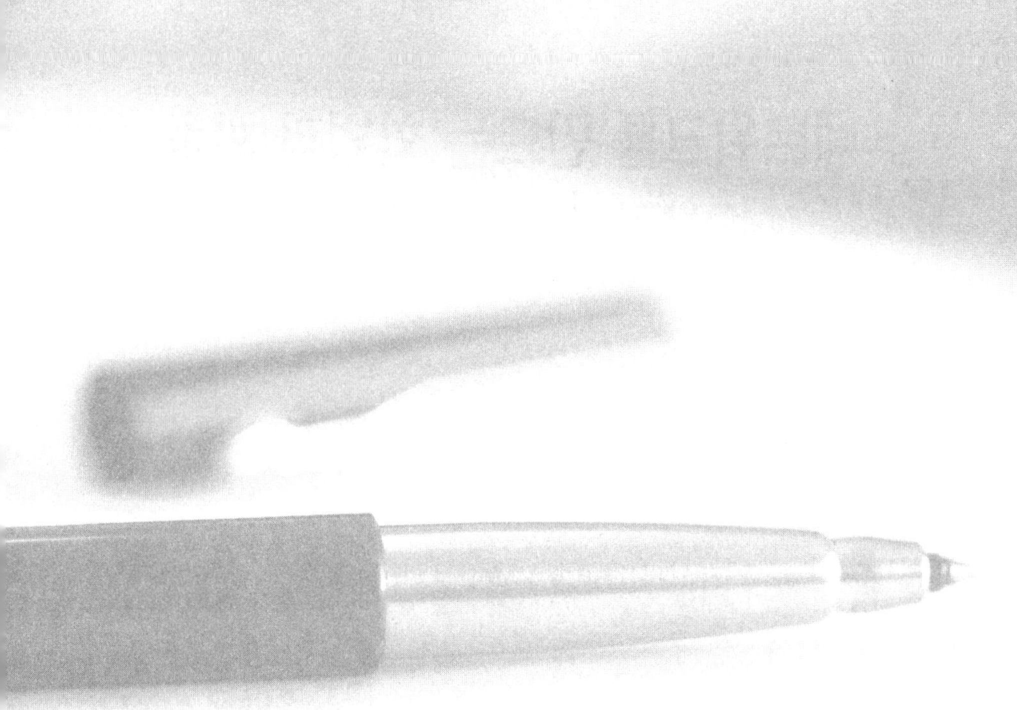

네트워크를 만드는 화법과 화술

네트워크를 만드는 화법과 화술

네트워크를 만드는 화법과 화술

네트워를 만드는 화법과 화술

네트워크 마케팅과 방문세일즈 

전통적인 방문세일즈는 거듭되는 방문이 이루어지지만 고객군이 만들어지지 않으며 네트워크화되지 않는 문제가 있다.

그리고 그들은 직업에 대한 투철한 자신감을 갖고 있지 못하는 경우도 있다.

특히 방문판매하면 숫한 문전박대를 이겨내야 한다.

그러나 네트워크 마케팅도 비즈니스인 이상 사람들과의 네트워크를 형성하는 것이 중요하다.

"퇴근 후에 보자.", "사실은 좋은 사업 하나가 있는데….", "부탁할 것이 있는데 도와주면 좋겠어.", "내가 시간을 쪼개서 여기 온 것은 나름대로 이유가 있단 말야.", "내가 설마 너한테 거짓말하겠니?" 등의 방법으로 내가 알고 있는 사람들을 중심으로 판매활동 및 예비사업자를 만들어 가면 되는 것이다.

그러니까 문전박대를 당하면서 불특정 다수의 사람들을 찾아다니는 것은 아니라는 것이다.

긍정화법 *

네트워크를 만드는 것은 여러 모로 중요하다. 그러기 위해서 긍정적인 사고를 갖는 것은 필수적이다. 긍정적인 사고는 네트워크 형성에 긍정적인 결과를 가져오지만 부정적인 사고는 부정적인 결과를 가져온다. 〔표 5-9〕은 긍정적 사고와 부정적 사고를 대비해 나타난 것이다.

긍정적 사고	부정적 사고
1. 정신적 측면이 +이다.	1. 정신적 측면이 -이다.
2. 도전의식이 높다.	2. 회의감을 갖는다.
3. 긍정적이다.	3. 부정적이다.
4. 자신감이 있다.	4. 실패 쪽에 기울어 있다.
5. 목표달성에 기여한다.	5. 변명과 불평, 불만이 많다.
6. 인생을 밝게 본다.	6. 비생산적이다.

〔표 5-9〕 긍정적 사고와 부정적 사고

1. **부정형보다 긍정형으로 말하라.**	"A는 취급하지 않습니다."	×
	"B는 권하고 싶습니다."	○
2. **명령형보다 부탁형으로 말하라.**	"견본을 보시죠."	×
	"견본을 보아주시겠습니까?"	○
3. **단언형이 아니라 부탁형으로 말한다.**	"이 일은 할 수 없습니다."	×
	"죄송합니다. 할 수 있는지…."	○
4. **일반어보다 존칭어를 쓰라.**	"잘 맞습니다."	×
	"잘 맞는 것 같습니다."	○
5. **단언적인 때와 비단언적일 때를 구분한다.**	"죽는 한이 있어도 약속은 반드시…."	×
	"인격모독은 곤란합니다."	○
6. **남의 탓과 자기 탓을 수용하라.**	"이건 제 탓이 아닙니다."	×
	"제가 확인을 잘못한 탓입니다."	○
7. **칭찬하는 말과 감사하는 말을 써라.**	"넥타이가 너무 잘 어울립니다."	○
	"도와 주셔서 감사드립니다"	○
8. **이름과 직함을 자주 불러라.**	"임동학 선생님 안녕하십니까?"	○
	"임 소장님 감사드립니다."	○

〔표5 -10〕 긍정화법의 8원칙

〔표 5 - 10〕은 긍정화법의 8원칙이다. 훌륭한 네트워크를 만들기 위해서 긍정화법을 사용해야 한다. 부정형보다 긍정형으로, 명령형보다 부탁형으로, 일반어보다 공손형으로, 남의 탓보다는 자기 탓으로, 칭찬과 감사의 말을 많이 사용하며, 이름과 직함을 자주 부르는 것이다.

완곡화법 *

표현의 방법에는 여러 가지가 있다. 〔표 5-11〕의 직선적인 표현과 완곡화법의 차이를 이해하고 가능하면 완곡화법을 사용하는 것이다. 그러면 오해가 생기는 것을 방지할 수 있다. "잠시 기다리세요."라고 말하는 것보다는 "미안합니다. 잠시만 기다려 주시겠습니까?"라고 말하면 얼마나 부드럽고 정중해 보이는가?

사람의 감정은 별 것 아닌 것으로 격해지기도 하며 부드러워지기도 한다.

직접화법	완곡화법
없습니다.	그런 것은 없다고 생각됩니다.
잠시 기다리세요.	미안합니다. 잠시만 기다려 주시겠습니까?
언제 돌아올 지 모릅니다.	죄송합니다. 언제 돌아올 지 알 수 없습니다.
취급 못 합니다.	면목 없지만, 취급하기가 어려운 상황입니다.
이것을 써 주세요.	수고스럽지만, 이것을 써 주실 수 있겠습니까?
무슨 일입니까?	상관 없으시다면, 용건을 말씀해 주시겠습니까?

〔표 5-11〕 직접화법과 완곡화법

칭찬화법

"칭찬하면 고래도 춤춘다."는 말이 있다. 그렇다. 네트워크를 만드는 일이라면 칭찬쯤 어려울 것이 있겠는가? 칭찬하는데도 몇 가지 기법이 있다. 〔표 5-12〕는 칭찬화법의 종류이며, 〔표 5-13〕은 칭찬의 소재를 보여주고 있다.

- 도저히 할 수 없는 일(사업, 일, 자녀교육)을 칭찬한다.
- 다른 집보다 뛰어나다는 것(정원, 실내장식)을 칭찬한다.
- 약간 과장되게 칭찬한다.
- 아무나 이룰 수 없는 일(감사장, 표창장)을 칭찬한다.
- 고급품(시계, 안경)임을 칭찬한다.
- 잘 어울림(옷, 넥타이)을 칭찬한다.
- 부러움(사업, 재산, 특기, 성공)을 칭찬한다.
- 감탄을 자아내는(고생, 노력, 실적) 점을 칭찬한다.
- 외모에 대한 것(눈, 귀, 치아, 머리 등)을 칭찬한다.

칭찬을 잘하기 위해서는 그 자세 또한 중요하다. 잘못하는 칭찬은 오히려 역효과를 초래한다. 효과 있는 칭찬을 위해서 '칭찬의 말을 잘하기 위한 자세'를 실천해야 한다.

- 고객의 입장에서 성의를 담아 칭찬한다.
- 간단히 말하며 칭찬한다.
- 자연스런 목소리로 활기차게 말한다.

- 고객에게 시선을 떼지 말아야 한다.
- 멋진 제스처를 활용해야 한다.
- 속어나 비어를 사용하지 않는다.
- 칭찬과 어울리는 적당한 유머를 사용한다.
- 칭찬할 때, 고객과의 거리는 약 40~60cm가 적당하다.
- 추상적인 칭찬은 하지 않는다.
- 비교, 대조하면서 칭찬한다.

대담칭찬법	사실과 약간 다르더라도 대담하게 칭찬한다. "선생님! 정말 굉장하십니다." "사모님! 정말 멋있습니다."
단순칭찬법	부분적으로 칭찬하되 사실 그대로, 본 대로, 느낀 그대로 칭찬한다. "목소리가 참 고우십니다." "눈빛이 강렬합니다."
감탄칭찬법	"어쩜…." / "역시…." / "정말, 놀라셨겠습니다."
반문칭찬법	대화 도중 감정을 가미하며 칭찬한다. "아! 그렇습니까?" / "정말 사실입니까?"
비유칭찬법	유명인이나 좋은 것에 비유하여 칭찬한다. "눈이 마치 ○○○ 같으십니다." "사모님 얼굴이 탤런트 ○○○을 닮았어요!"
간접칭찬법	소문이나 남의 이야기를 인용하여 칭찬한다. "소문이 자자하시더군요." "누구한테 들었는데 훌륭한…."
소유물칭찬법	고객의 소유물, 자녀, 가족 관계를 칭찬한다. "이 차가 볼보 차죠?" "넥타이 색상이 양복과 잘 어울립니다." "어머! 롤렉스시계를 차셨군요."

〔표 5-12〕 칭찬화법의 종류

소　　재	칭찬 항목
일(사업)	사업의 역사, 규모, 성장, 자질, 입지, 관상, 경영자세, 상점 구조
집	꽃, 나무, 정원, 분재, 잔디, 집안 장식, 인테리어, 분위기
외모	귀, 눈, 코, 치아, 체격, 신장, 입, 체중, 음성, 피부, 이미지, 연령
살림(생활)	실내장식, 생활의 알뜰함, 정리 · 정돈, 주택, 화초, 주거환경
자녀	얼굴, 신체, 학교, 예의
애완견	혈통, 모습, 동작, 사육방법
스포츠 · 취미	조깅, 골프, 테니스, 스키, 아마추어 무선, 등산, 조기축구
소지품	센스, 옷, 넥타이, 벨트, 시계, 구두, 가방, 안경, 지갑, 명함
재산	토지, 빌딩, 아파트 등의 위치와 가격
지위, 명예	유명도, 승진기간
학교	전통, 역사, 위치, 교통, 규모
고향	특산물, 경관, 교통
친구 관계	인격, 사회적 지위, 유명도

〔표 5-13〕 칭찬의 소재

인간 본질의 이해

인간은 우리가 흔히 말하는 것처럼 선한 존재도 악한 존재도 아닌 그야말로 어중간한 존재이다. 네트워크 마케팅에서 인간의 본질을 알면 인간 관계는 10배가 쉬워진다는 말도 따지고 보면 이해가 된다. 그래서 인간 본질을 이해할 필요가 있는 것이다. 다음은 인간 본질을 서술해 놓은 것이다.

- 인간은 경쟁심이 강하다.
- 인간은 감정의 동물이다.
- 자존심을 손상당하면 노여워하고, 부추기면 기뻐한다.
- 겉으로는 훌륭한 척 하지만 속으로는 물욕, 명예, 색욕의 본능을 갖고 있다.
- 조롱을 얻으면 새를 갖고 싶어한다.
- 인간이 어떤 행동을 하는 데는 동기가 있다.
- 인간은 욕심이 많은 존재이다.
- 인간은 자신의 좋은 운은 기뻐하지만 남의 좋은 일은 시기한다.
- 인간은 어려운 일에 책임이나 위험으로부터 도피하려 한다.
- 인간은 누구나 퇴각을 수치로 생각한다.
- 인간은 100% 선인도, 100% 악인도 아닌 어중간한 존재이다.
- 인간은 희망을 성취하고자 염원한 나머지, 현실이 그렇게 된 것으로 믿어 버리고 오류를 범한다.
- 인간은 자신의 입장에서 상대방을 생각하고 행동한다.
- 인간의 시각은 의외로 좁다.

경청화법

일본의 마쓰시다 고노스게는 "배운 것이 없기 때문에 늘 경청했다."고 했다. 경청할 때는 "고객의 입장이 되어서 듣고, 고객의 가치관이나 인생관이 차이가 있음을 인정해야 하며, 이해하기 쉬운 말로 묻고, 문제의 요점을 정확히 파악하는 것도 중요하다."고도 말했다.

흔히 성인(聖人)화법을 경청화법의 으뜸으로 치는데 聖 자는 입이 작고 귀가 큰 왕이라는 뜻이다. 그러니까 두 귀로는 많이 듣고 하나의 입으로는 말을 적게 하라는 뜻이다.

구체적인 실천방안은 다음과 같다.

- 3 : 7 법칙(30%는 당신이, 70%는 고객이 말하도록 한다.)
- 1 > 30 법칙(최초 1분의 말은 다음의 30분의 말보다 중요하다. 최초의 1분에서는 접근 화법으로서 칭찬화법으로 1가지 이상 칭찬하도록 한다.)
- 10초 말 > 1만 어(최초 10초간의 말은 다음의 1만 어보다 중요하다.)
- 눈, 입, 귀, 마음, 모공 등 5가지로 듣는다.
- 1, 2, 3 법칙(1분간 말하고 2분간 듣고 3분 동안 세 번 맞장구를 친다.)
- 말의 고저를 충분히 검토하라.
- 따발총(쉼 없이 말하는 것)은 곤란하다.
- 말하는 속도는 1분에 300자 정도가 적당하다.
- 30분의 법칙(인터뷰 시간은 30분이 효과적이다.)
- 터부의 법칙(가십, 설교나 교훈적인 말, 종교 및 정치에 관한 이야기, 신체의 치부에 관한 것)을 실천하는 것이다.

〔표 5 - 14〕는 맞장구화법의 사례이다.

경 악	"아니 정말 그렇습니까?"
재 촉	"그 다음에 어떻게 되었습니까?"
요 점	"이것이 가장 중요한 점이군요!"
납 득	"그렇군요, 잘 알겠습니다."
되묻기	"조금 전에 말씀하신 점에 대하여 다시 한 번 자세히 말씀해 주시겠습니까?"
계 기	"그런데 이 문제에 대하여 선생님께서는 어떻게 생각하십니까?"
수 긍	"옳으신 말씀입니다. 그렇고 말고요."

〔표 5-14〕 맞장구화법의 사례

따뜻한 행위와 차가운 행위 *

예비사업자와 마주할 때는 따뜻한 행위를 연출할 필요가 있다. 만일 차가운 행위를 했을 때 관계가 어려워지거나 도중에 관계가 위기에 빠질 수도 있기 때문이다.

왜냐하면 모든 사람은 피와 살을 갖고 있는 감정을 소유한 사람이라는 사실에 주목할 필요가 있다. 감정은 따뜻한 행동에 감동하지만 차가운 행동에는 감정을 갖는 것에 유의할 필요가 있다.

우리가 예비사업자를 방문했을 때 목적은 네트워크 마케팅 사업이다. 어떤 경우에도 차가운 행위로 관계를 그르칠 필요는 없다.

따뜻한 행위에는 대부분 좋은 결과를 기대할 수 있다. 네트워크 마케팅은 사람과의 관계를 다루는 직업임을 잊지 말아야 한다. 언제나 따뜻한 행위로 예비사업자와 상담하는데 차질이 없도록 해야 한다.

다음 〔표 5-15〕는 차가운 행위와 따뜻한 행위를 한눈에 볼 수 있게 정리해 놓은 것이다.

따뜻한 행위	차가운 행위
또렷이 눈을 본다.	차갑게 노려본다.
손을 쓰다듬는다.	조소한다.
상대방을 향해 움직인다.	가짜로 하품을 한다.
자주 미소를 짓는다.	찡그린다.
머리에서 발끝까지 눈길을 준다.	다른 곳으로 눈길을 돌린다.
행복한 얼굴을 한다.	천장을 본다.
이를 드러내고 활짝 웃는다	입을 실룩인다.
입을 벌리고 웃는다.	부정적으로 고개를 젓는다.
상대방을 대하고 똑바로 앉는다.	손톱을 소제한다.
긍정적으로 고개를 끄덕인다.	다른 곳을 본다.
입을 오므린다.	입을 삐죽인다.
입술을 핥는다.	줄담배를 핀다.
눈썹을 치켜올린다.	손가락을 꺾는다.
눈을 크게 뜬다.	방을 둘러본다.
말하는 동안 손짓을 사용하여	손을 올린다.
표현한다.	머리를 만지작거린다.
짧은 눈맞춤을 한다.	머리 냄새를 맡는다.
몸을 편다.	

〔표 5-15〕 차가운 행위와 따뜻한 행위

시스템을 단순하게 하라

시스템을 단순하게 하라

시스템을 단순하게 하라

시스템을 단순하게 하라

도대체 시스템이란 무엇인가? 

'시스템(System)'이란 말처럼 사용자의 생각에 따라 달리 사용되는 용어도 없다. 그만큼 시스템이란 말이 광범위하면서도 많은 뜻을 갖고 있다는 뜻일 것이다. 경영시스템, 마케팅시스템, 행정시스템, 전자회로시스템, 교육시스템, 인사조직시스템, 평가시스템, 시스템엔지니어링, 인체시스템 등….

기업에서 사용하는 '시스템'이란 용어는, 부분의 최적화가 아닌 전체의 최적화라는 점, 사람 · 물건 · 돈 · 시간 등의 다차원 자원을 최적으로 이용할 것을 모색하는 것이라고 들어왔다.

사전적 의미로는「서로 관련하면서, 동일 목적을 가지면서, 각자의 기능을 갖고 있는 서로 다른 부분의 집합을 한 개의 것으로 포착할 수 있게 보는 방법을 시스템적으로 본다고 말하고, 그 통일체를 시스템이라 한다」고 풀이되어 있다. 이것은 상대적 개념으로 시스템을 구성하는 각 부분도 하나의 시스템인 것이다. 이것을 원래의 시스템에 대하여 서브시스템이라고 한다.

좀더 부연하여 설명하면 경영시스템은 마케팅, 인사, 재무, 생산, 정보화 등의 업무로 이루어져 있으며 이들 마케팅, 인사, 재무, 생산, 정보화 등은 각각 하나의 시스템이며 경영시스템의 서브시스템(Subsystem)인 것이다.

복제시스템을 예로 들어보자. 복제시스템은 교육과 훈련, 후원, 제품 지식, 성공마인드, 보상플랜의 이해, 휴먼 네트워크 강화, 성공 모델, 지렛대방식 등으로 이루어져 있으며 이들 각각은 하나의 시스템이며 복제시스템의 서브시스템인 것이다. 그러니까, 교육훈련시스템, 사업 설명회시스템, 후원시스템, 제품지식시스템, 성공마인드시스템, 보상 플랜시스템, 휴먼 네트워크시스템, 성공 모델시스템, 지렛대방식시스템이 각각의 기능을 갖고 있으면서 동일한 목적으로 부분의 집합을 이루어 통일체를 이룬 것을 '복제시스템' 이라고 말하는 것이다.

누구든 사업을 하고자 한다면 시스템을 통하여 그것을 이룰 수 있다. 시스템적 사고를 한다면 자신이 가지고 있는 모든 사업적 아이디어를 극대화하고 매번 실행에 옮길 수 있게 될 것이다. 따라서 시스템은 높은 가치의 일을 할 수 있는 다른 사람에게 양도함으로써 당신의 집중력과 사업확장을 가능하게 해주는 것이다. 무엇보다도 시스템으로 인하여 당신은 지렛대효과를 얻을 수 있고 더 빠른 성공을 이룰 수 있는 것이다.

브라이언 셔의 『부자의 코드를 읽어라』에서 부자가 되는 데에는 4가지가 있는데 ① 당신의 지식, ② 당신의 마케팅 능력, ③ 당신의 직원들, ④ 당신의 시스템이라고 되어 있다. 네트워크 마케팅도 말만 바꾸는 것이지 근본적으로 똑같다. 나의 지식, 나의 마케팅 능력, 직원 대신에 나의 다운 라인들, 나의 시스템이 그것이다.

시스템을 단순하게 하라

무엇인가 복잡한 것을 단순하게 하는 것이 중요하다.

필자가 아는 인쇄재료를 판매하는 S씨는 그 분야의 유능한 세일즈맨이었다. 따라서 고객을 잘 챙기고 눈부신 영업실적을 올리고 있었다. 그런데 문제는 업무가 늘어나는데도 혼자서 동분서주하는 것이었다. 하지만 그는 세일즈맨의 지식이나 그들을 활용하는 방법에 대하여 접근하지 못하고 있었다. 그들을 신뢰하지 못했기 때문이다.

첫째, 정착률을 높여 오래 근무하는 일터를 만든다.

둘째, 하는 일에 자부심을 갖도록 교육과 훈련을 시킨다.

셋째, 가불은 절대로 해주지 않는다. 단, 병원비, 학비 등은 외면하지 않는다.

넷째, 복리후생비보다 실수령액에 마음을 쓴다.

다섯째, 온정주의와 병행해 철저히 실적주의로 간다.

여섯째, 사표를 내는 사원은 절대로 붙잡지 않는다.

일곱째, 종업원은 대리점의 얼굴이므로 아침부터 표정관리에 관심을 갖도록 한다.

여덟째, 매일 아침 '상인의 혼'이라는 내용을 함께 복창하고 긴장감을 가지고 일을 시작한다.

아홉째, 공금은 단 1원이라도 철저히 규명한다.

〔표 5-16〕 사람관리의 10원칙

그러나 필자가 강력하게 설득하자, 그는 고객을 만날 때의 응대기법, 제품 운송의 원칙, 반품의 방법, 수금의 기준 등을 만들었고 여기에 철저한 연수 프로그램까지 제공하여 세일즈맨이 준수해야 하는 시스템을 제공함으로써 더 큰 성공을 거둘 수 있었다. [표 5-16]은 어느 식품회사 대리점 사장의 대리점운영전략에서 사람관리의 10원칙으로 일종의 인사관리시스템이다. 그것을 다른 말로 인사관리 매뉴얼이라고 말할 수 있다. 얼마나 단순하고 간단한가? 그러면서도 얼마나 효과적으로 활용할 수 있겠는가?

네트워크 사업자의 성공시스템

이미 앞에서 시스템은 단순해야 한다고 말했다. 이제부터 '네트워크 마케팅 사업자의 성공시스템' 사례를 살펴보기로 한다. 물론 이 사례는 말 그대로 사례일 뿐이다. 모든 네트워크 마케팅 회사에 공통적으로 사용할 수 있는 것은 아니다. 필요에 따라 가감할 수 있을 것이다.

1. 목표설정방법
   1) 목표는 월간 수입이 얼마라는 형식으로 할 것
   2) 자신의 능력, 시간, 기타 사정을 참고하여 최대한 높게 설정할 것
   3) 장기적인 목표가 달성되었을 때 무엇을 하겠다는 인생의 꿈(여행, 아파트, 승용차 등)을 갖도록 할 것
2. 목표달성방법
   1) 예비사업자와 예비고객의 작성

(목적) ① 사업확장 범위의 예측

② 사업확장 계획의 수립과 체계적인 실행

2) 초 대

(목적) 네트워크 마케팅 사업과 상품설명

(방법) ① 인원은 5~6명이 이상적이다.

② 장소는 자신의 집, 카페 등이 적당하다.

③ 가급적 전화를 사용할 것(전화이용방법은 〈떠들어라. 그리고 기억시켜라〉 편 참고).

3) 사업설명

(목적) 초대받은 사람들에게 네트워크 마케팅의 가능성과 제품의 우수성을 인식시킨다.

(방법) ① 자신이 익숙지 못하면 업 라인에게 부탁한다.

② 사업 및 제품 설명은 최소 주 (　)회 갖는다.

③ 조용한 분위기를 연출한다.

④ 정각에 시작한다.

⑤ 사업 및 제품설명은 다음의 순서로 한다.

- 인사
- 네트워크 마케팅의 사업설명
- 본사 소개(비디오를 활용하는 것도 좋다.)
- 제품 소개

⑥ 설명 도중 음료, 다과는 제공하지 않는다.

⑦ 자신 있게 설명한다.

4) 참고 자료의 대여

(목적) 네트워크 마케팅 회사의 사업과 제품을 다시 생각할 수 있는

기회를 주기 위하여 한다.

(방법) ① 본사에 대한 책과 비디오 이용

② 네트워크 마케팅의 지침서 등

5) 재접촉

(목적) 참여했던 사람들에 대해 의문을 풀어주는 일과 사업의 격려

(방법) ① 재접촉은 자료를 받은 후 가능하면 빠른 시일 내에 한다.

② 재접촉 때 해야 할 일

- 사업에 관심이 있으면 사업자로 등록시켜 주거나 제품 사용을 권유한다.

- 사업자로 등록한 사람은 명단작성법을 교육시킨다.

- 초대하는 방법에 대한 교육

- 사업설명 예약 등

- 제품의 우수성을 알도록 할 것

6) 자신감 고취

(목적) 성공을 할 수 있다는 자신감을 심어 주는 것

(방법) ① 업 라인이 권하는 책을 읽거나 테이프를 들을 것

② 업 라인이나 회사에서 주최하는 세미나에 참석할 것

③ 자신의 꿈을 써 붙이고 매일 큰소리로 읽을 것

④ 100% 본사 제품의 소비자가 될 것

⑤ 가능하면 10~20명의 다운 라인을 확보할 것

⑥ 그룹의 구성원으로서 그룹의 활동에 능동적으로 참여할 것

⑦ 사업설명은 정기적으로 할 것

⑧ 스스로 사업의 중심인물이 될 것

- 주 2회 사업설명회

- 본사 제품 100% 사용하기
- 10~20명의 다운 라인 확보하기
- 후원자가 추천하는 책이나 비디오 보기
- 모든 세미나에 참석하기
- 그룹의 능동적 구성원이 되려고 노력하는 사람

7) 조직은 넓고 깊게 키우기

(목적) 조직의 뿌리가 넓고 깊게 퍼지도록 함으로써 네트워크 마케팅사업을 안정적으로 구축하는 것을 도모한다.

(방법) ① 프론트 라인의 수와 각 라인의 깊이(후원자의 도움을 받을 것)

② 다운 라인이 초청한 사업설명회의 설명을 주 2회 이상 해줄 것

③ 사업설명을 할 때 비즈니스 키트, 소량의 제품, 본사의 사업 및 제품에 대한 자료를 소개할 것

8) 리더의 발견

(목적) 그룹 내에서 자신을 대신해서 집중적으로 교육하고 도와줄 사람을 찾는 것

(방법) ① 각 다운 라인에서 최소한 3명의 리더를 찾을 때까지 조직을 키울 것

② 매달 리더들에게 사업에 대한 카운슬링을 해줄 것

- 성장의 지표를 체크
- 문제점과 어려운 점 해결
- 자신과 업 라인의 경험담을 이야기 해줌

③ 조직의 리더들에게 본 지침을 이해시키고 실천하도록 유

도한다.

9) 지속적인 교육

(목적) 자신의 그룹에 속한 사업자들이 사업에 성공할 수 있도록 하기 위해서 이다.

(방법) ① 자신의 그룹에 속하는 사업자(디스트리뷰터)들에게 네트워크 마케팅 사업자의 성공시스템을 숙지하도록 하고 하부 다운 라인들에게 교육하도록 한다.

② 업 라인이 권유하는 비디오 · 책 등을 꼭 보도록 하고, 모임에 참석하도록 할 것

③ 사업을 하면서 어려움이나 의문 사항은 항상 도움을 요청하도록 주시시킨다.

당신도 성공시스템 전문가 

앞에서 말했던 턴키 방식도 따지고 보면 시스템인 것이다. 만일 당신이 무엇에 대하여 시스템 만들기를 기획하고 있다면 당신도 전문가가 될 수 있다.

거듭 강조하지만 6W 2H의 원칙에 따라 만들면 시스템이 되는 것이다. 복잡할수록 간단하게 만드는 것이다.

그리고 누구나 쉽게 알도록 기술하는 것이다.

이제부터 우리 모두는 네트워크 마케팅 사업을 시스템적으로 접근하도록 하자. 〔표 5－17〕은 성공시스템의 사례이다.

〔표 5－17〕을 설명하면 이렇다.

성공시스템은 성공의 결과를 먼저 그려보는 것이다.

10억 원을 벌었다고, 이미 이루어졌다고 생각해 보는 것이다. 그런 성공은 성취할 수 있는 행동으로 이어져야 하며, 행동은 감정의 지배를 받는다는 것이다. 다시 감정은 신체와 사고의 지배를 받는다는 것이다. "성공할 수 있다."고 박수를 치면서 목소리 높여 외치고 발을 동동 구르면 그것이 신체의 영역이다.

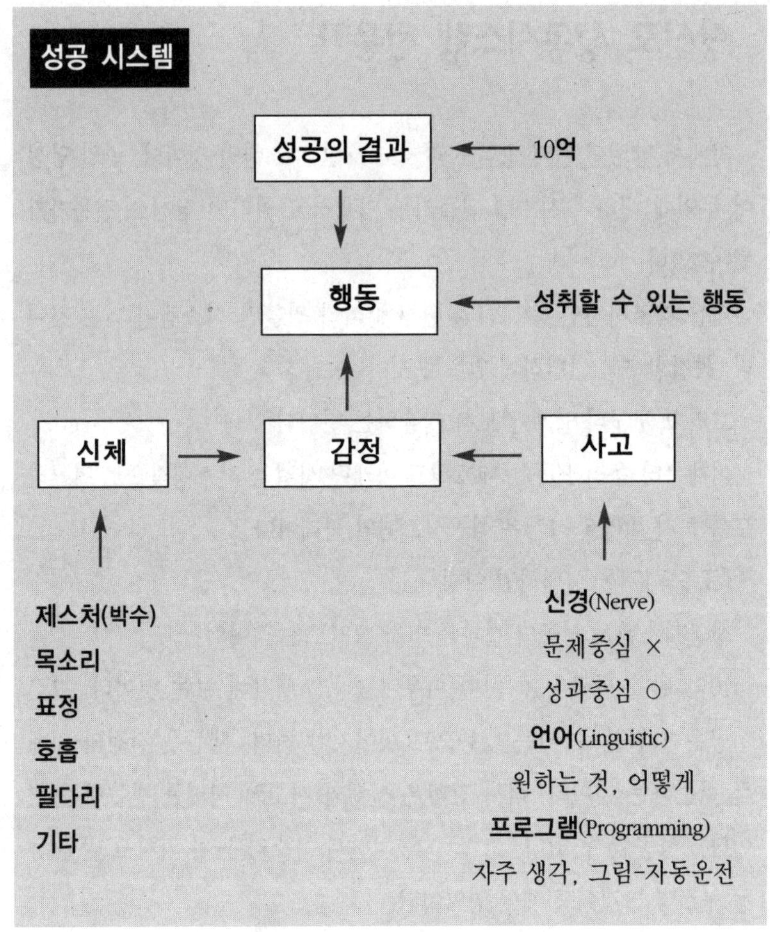

〔표 5-17〕 성공시스템의 사례

다음은 신경 · 언어 프로그램으로 안 되는 문제를 찾는 것이 아니라(문제중심사고), 되는 방법을 찾는 것(성과중심사고)이 중요하다는 것이다. '원하는 것, 어떻게?' 를 언어로 만들어 보는 것이다. 그리고 그것을 그림으로 그려 자주 보거나 자신의 내부에 자동운전시스템을 만드는 것이 프로그래밍인 것이다. 그러면 성공할 수 있는 것이다.

성공시스템! 그것을 우리의 것으로 만드는 것이다.

다운 라인의 후원 전문가

다운 라인의 후원 전문가

다운 라인의 후원 전문가

다운 라인의 후원 전문가

토네이도 *

돌풍? 토네이도(Tornado)? 이런 말이 마케팅에 있는가? 왜 하필이면 돌풍이고 토네이도인가?

첨단제품이 기존의 모든 제품을 휩쓸어 버리고 순식간에 시장을 장악하는 혁신기술의 돌풍을 '토네이도'라 한다. 토네이도는 한 기업을 시장 선도자의 위치로 끌어올려 많은 혜택을 누리게 하는 반면, 그 밖의 모든 기업들에게는 쓰라린 패배를 안겨 주는 것을 말한다. 네트워크 마케팅에서 토네이도가 가능한가? 분명히 가능다고 본다. 어느 정도의 시간이 흐르고 일정 수준의 조직이 확보된 이후에 갑자기 조직과 수입이 기하급수적으로 늘어나는 것을 소위 토네이도현상이라고 말한다. 토네이도현상에서 이미 리더로 성장한 네트워크 마케팅 사업자는 성취의 기쁨과 만족을 느끼는 반면, 네트워크 마케팅 사업에 무관심했던 더 많은 사람들은 성공한 네트워크 마케팅 사업자를 부러운 눈으로 바라보게 될 것이다. 우리가 바라는 네트워크 마케팅의 토네이도를 만드는 것, 그것은 무엇인가? 만일 아무런 노력 없이도 네트워크 마케팅의 토네이도가 이루어진다면 그것은 너무 불공평하다. 네트워크 마케팅의 토네이도, 그것은 다운 라인의 후원으로 성장의 속도를 증가시키는 것이다. 그러니까 다운 라인 후원의 전문가가 되는 것이다.

코칭 *

요즘 코칭(Coaching)이 부상하고 있다. 글자 그대로 코칭은 '임무를 스스로 완수하고 문제를 해결할 수 있도록 직원의 학습능력을 키워주는 리더십이다'. 이것을 어떻게 네트워크 마케팅에 활용할 것인가?

코칭은 일반 기업에서만 필요한 것이 아니라고 생각한다.

왜냐하면 네트워크 마케팅이야말로 다운 라인의 육성에 코칭을 유용하게 사용할 수 있기 때문이다.

코칭은 다운 라인이 사업을 제대로 할 수 있게 도와주는 리더십이기 때문이다. 어떻게 도와줄 것인가?

〔표 5-18〕 코칭에서의 기본자세를 보면 도움이 될 것이다.

감정을 이입한다.

- 상대를 평가하지 않고 상대의 입장이 되어 이해한다.
- 상대가 스스로 보는 방식 그대로 상대를 이해한다.
- 상대의 내적 체험 안으로 들어가는 것이다.

상대를 수용한다.

- 상대를 조건과 관계 없이 긍정적으로 평가하는 것이다.
- 상대방의 실망, 분노, 공격성, 기쁨을 있는 그대로 받아들인다.
- 그러나 그의 행동에 전적으로 동의하는 것은 아니다.
- 그에게 시간의 여유를 주는 것이다.

생각과 표현을 일치시킨다.

- 일치란 진실, 정직, 솔직함으로 꾸미지 않는 것을 말한다.

- 코치는 자신의 모습을 있는 그대로 보여주는 것이다.
- 일치란 명확함이다.
- 코치는 '아니오' 라고 말해야 할 때는 분명하게 말한다.

상대를 신뢰한다.

- 상대의 능력과 가능성, 한계를 수용한다.
- 한계를 상향조정할 수 있도록 돕는다.
- 코치의 신뢰는 상대의 발전에 결정적 도움을 준다.

상대의 세계에 대한 호기심을 갖는다.

- 상대의 세계가 어떤지, 어떤 식으로 세상을 바라보는지 호기심을 갖는다.
- 상대의 참뜻을 캐물으라는 것은 아니다.
- 상대의 입장이 되어 느끼는 솔직한 관심이 필요하다.

〔표 5-19〕 코칭에서의 기본자세

코칭의 테크닉 *

코칭은 3가지 형태로 이루어진다. 여기서 코치는 업 라인을, 상대는 다운 라인으로 보면 좋겠다.

첫째, 문제를 느낀 다운 라인이 찾아와 시작될 수 있다.

둘째, 다운 라인의 문제를 먼저 감지한 업 라인이 시작할 수 있다.

셋째, 업 라인과 다운 라인이 공동목표를 세우고 발전계획을 수립하면서 시작될 수 있다.

이때 코칭에는 여러 가지 테크닉이 있다. 어쨌든 후원 전문가는 코칭 전문가이기도 하며, 코칭 전문가 또한 후원 전문가이기도 하다.

코칭의 테크닉 중 메타 언어 모델(Meta-Language Model)을 설명하면 다음과 같다.

메타 언어에 대한 상대적 개념으로 대상언어가 있다. 대상언어는 보통 우리가 쓰는 언어를 말하고, 메타 언어는 우리가 쓰는 대상언어의 구조에 대해 말할 때 사용되는 고차적인 언어체계를 말한다.

예를 들어 "태백산맥은 남한과 북한을 잇는 산맥이다."라고 하는 것은 대상언어이고, 여기서 "남한과 북한은 '과'로 연결되어 있다."라고 할 때는 메타 언어인 것이다. 이 같은 메타 언어는 주관적인 것을 좀더 객관화할 수 있다는 점이 다르다. 그래서 때로는 좀더 고차적인 언어도 메타 모델로 이야기할 수 있는 것이다. 메타 언어 모델로 다운 라인을 코칭할 때 다운 라인의 말에서 삭제된 정보나 빠진 부분을 찾을 때 사용하기도 하고, 또는 어떻게 무엇을 경계짓고 있는지 사고모델에 왜곡이 보일 때 메타 언어 모델로 질문하면 효과적이다.

예컨대, "그들은 나를 이해하지 못한다."고 말하면, "누가 당신을 이해하지 못하는가?"라고 메타 언어 모델로 물어보면 훨씬 빨리 다운 라인의 진정한 뜻을 이해할 수 있는 것이다.

다음은 마인드 테크닉을 알아보자. 마인드 테크닉의 대표로 비주얼 테크닉이 있다. 이것은 긴장을 풀고 자신의 움직임을 마음속에서 영화로 돌리며 이상적인 상태가 될 때까지 바람직한 상태로 교정해 가는 것을 말한다.

- 먼저 관계를 만들어라.
- 코칭의 핵심은 질문이다.
- 문제를 해결하는 것이다.
- 적극적으로 경청하라.
- 메타 언어 모델을 이용하여 질문하라.
- 정보를 제공하라.
- 기대하는 바를 표현하라.
- 피드백을 주고받아라.
- 감정을 잘 조절해야 한다.
- 공개화의 원칙을 지켜라.
- 수동적인 '희생자'에서 주도적인 '행동가'로 변모하라.
- 기존의 틀을 깨라.
- 다운 라인의 실수를 제대로 다루어라.
- 코치의 역할을 인지하라.
- 마인드 테크닉을 활용하라.
- 리프레이밍을 하라.

〔표 5-19〕 코칭의 테크닉

끝으로 리프레이밍(Reframing)을 설명해 보자. '리프레이밍'이란 어떤 대상이나 어떤 사람에게 새로운 틀을 주는 것을 말한다. 예를 들면, 나쁜 점에서 좋은 점을 찾고 이를 통해 부정적인 판단에 긍정적인 의미를 추가하는 것이다. 다시 말하면 새로운 시각, 새로운 지도를 만들어 내는 일이다.

후원의 자동화

첫째, 단순업무 처리센터를 활용하는 것이다.

다운 라인이 D/M이나 기타 유인물의 발송 등으로 많은 시간을 빼앗겨 실제로 교류증진을 제대로 하지 못할 때 그것은 또다시 새로운 구속이 되는 것이나 다름없다. 단조롭고 루틴하게 이루어지는 일을 피하기 위해 네트워크 마케팅을 하자고 말한 것이 아닌가? 그렇다면 이 문제를 어떻게 해결해 줄 것인가?

첫째, 처리센터를 만들어 함께 사용하는 것이다. 단순업무를 최대한 한곳에 모아 처리하는 것이다. 이 처리센터의 시스템 개발로 시간의 자유를 얻을 수 있다. 다운 라인의 요구가 있으면 24시간 이내에 예비사업자에게 테이프가 든 키트를 보낸다던가, D/M을 보내는 등 반복적이고 단순한 업무를 센터에 맞기고 다운 라인이 교류증진에 전력 투구할 수 있도록 해주는 것이다. 따라서 다운 라인은 이렇게 말하면 된다. "건강과 영양에 관한 놀라운 테이프가 있는데 회사에 말해 하나 보내라고 할 테니 한 번 들어보세요." 다운 라인은 마치 이 거래에서 제3자가 되는 셈이다.

둘째, 인터넷을 활용하는 것이다.

네트워크 마케팅에 궁금한 점이 많을 것이다. 제품구성시스템, 사업구축시스템, 복제시스템 등을 질문하는 많은 예비사업자들에게 일일이 답변하는 것은 다운 라인에게 힘겨운 일일지도 모른다. 이 때 예비사업자들이 궁금해 하는 모든 것을 인터넷을 통해 정보를 얻도록 도와준다. 그러면 다운 라인은 훨씬 많은 시간을 효과적으로 활용할 수 있을 것이다.

이렇게 되면 다운 라인은 이렇게 말하면 된다. "www.internet.co.kr을 보면 궁금한 모든 것이 있습니다. 한 번 보시겠습니까?"

인터넷 홈페이지에는 그 밖에도 핵심 리더의 프로필, 그룹 내 인물 디렉토리와 연락처, 예상고객 유치방법 등이 포함되어도 좋다.

셋째, 팩스서비스를 활용하는 것이다.

정기적으로 보내야 할 것이 있다면 편지나 이메일로 하는 방법이 있으나 편지는 봉투작업을 해야 하는 번거로움이 있으며, 이메일은 노년층에게 적절하지 못할 수도 있다. 그러나 팩스서비스는 서로 얼굴을 보지 않으면서 정보를 전달하는 장점이 있다. "정보를 팩스로 보냈습니다. 보시고 전화를 주세요."라고 말하면 되는 것이다.

넷째, 수천 명의 사람들을 만나도록 유도한다.

어느 네트워크 마케팅업체는 100명의 연고만 리스트화해서 관리하면 돈이 눈덩이처럼 굴러들어 온다고 말하기도 한다. 실제로는 그렇지 않다. 대부분의 네트워크 마케터들은 상당한 사업을 구축하기까지 수천 명의 사람들을 만나야 한다고 말한다. 따라서 예비사업자를 유치하도록 도와주는 턴키시스템을 개발한 회사가 훨씬 더 다운 라인한테 훌륭한 후원이 될 수 있는 것이다.

육성과 유보 *

성공한 네트워크 마케터들은 예비사업자의 육성과 유보를 가르는 대가들이다. 훌륭한 예비사업자와 가망 없는 예비사업자를 가려냄으로써 가망 없는 예비사업자에 대한 시간낭비를 최소화하는 것이다. 다운라인들이 그들의 예비사업자에 대해 보상플랜을 설명해줄 때 마음을 열고 듣는 예비사업자에게는 '3단계 목표설정과정'을 거치게 하는 것이다. 그 3가지는 24개월 동안 꾸준히 노력할 것, 자신의 비전과 목표를 글로 적을 것, 그리고 사업계획이 그것이다. 이 3가지를 완료한 예비사업자는 육성하고 그렇지 못한 예비사업자는 육성을 유보하는 것이다.

빚〔負債〕으로부터의 자유, 시간으로부터의 자유, 스트레스로부터의 자유, 상사로부터의 자유를 만드는 것이다. 결코 어떤 결심 없이 육성은 이루어지지는 않는다.

역할연기 *

다운 라인에게 후원자가 예비사업자가 되고 다운 라인에게 설득시키는 연습을 시키는 것을 역할연기(Role Playing)라고 한다. 초기에 역할연기는 매우 효과적이고 여기에 대한 시스템을 만드는 것도 중요하다.

발표 연습 *

사업을 하다 보면 크든 작든 간에 여러 모임에서 발표를 하게 되는 경우가 많다. 어떻게 하면 다운 라인이 발표를 잘할 수 있을까?

다음의 발표 비결을 교육시키는 것이다.

〔발표의 10가지 원칙〕

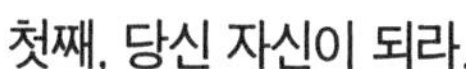

첫째, 당신 자신이 되라.

효율적인 대화에서 가장 중요한 것은 자신이 주체가 되는 것이다. 이해하기 힘든 기술 용어 또는 환상적인 말을 피하라. 그런 것들은 누구에게도 인상적일 수 없다. 사실상 그것들은 사람들을 어리둥절하게 만들고 당신을 청중과 단절시킬 뿐이다.

둘째, 편안하고 자신감 있는 태도를 취하라.

편안한 마음을 가져야 한다. 그리고 청중의 어떤 사람도 주제에 대해 당신보다 더 많이 알고 있지는 못할 것이라고 생각하는 것이다.

셋째, 정직하라.

만일 질문에 대한 답변을 모르면 그것을 인정하라. 당신의 진실성은 매우 중요하므로 그것을 위태롭게 하는 행동을 해서는 안 된다.

넷째, 간단하게 하라.

발표는 짧고 간결하게 하라. 만일 당신이 요점 정리를 정확하게 했다면 당신의 표정과 목소리는 더 자신감에 차 보일 것이다.

다섯째, 인간적이 되어라.

유머(익살스런 이야기) 사용을 두려워하지 말라. 그것은 친근하며 자신감에 넘치는 인상을 심어 준다.

여섯째, 개인적이 되어라.

개인적인 이야기와 숨은 일화는 아이디어 또는 개념을 더 잘 이해시킬 수 있도록 도와준다.

일곱째, 적극적이고 시종일관하라.

당신의 목표를 계속 상기하면서 말의 초점을 시종일관 그리고 적극적으로 목표에 맞추어라. 그리고 모든 자료들을 잘 정리해서 목표를 이해시키는데 효율적으로 활용하라.

여덟째, 정중하라.

마음을 산란하게 하는 잡념을 버려라. 그리고 모든 질문들을 주의 깊게 들어라. 당신이 뜻하는 것이 무엇인지를 말하고 또 당신이 말하는 것이 무엇을 뜻하는지를 이해시켜라.

아홉째, 정열적으로 행동하라.

제스처 · 표정 변화, 그리고 보디 랭귀지를 이용해서 말에 활력을 주어라. 목소리는 대화를 할 때처럼 자연스럽게 유지하면서 얼굴 표정은 감정과 표현 변화를 알리도록 노력하라.

열째, 진지하고 확신감 있는 태도를 유지하라.

설득력 있게 말하라. 더듬거나 잠깐잠깐 끊기는 것을 두려워하지 말라. 입을 열 때마다 당신의 말이 진실로 느껴질 수 있도록 표정과 목소리에 신경을 써라.

[발표기법]

● 음성

발표자의 음성은 열의를 전달하는 도구이다. 그리고 음성을 효과적으로 활용하기 위해서는 다음과 같은 변화를 주어야 한다.

· 정보를 전달하거나 요점을 강조하는 속도를 조절한다.

· 비교적 낮고 부드러운 음성으로 흥미를 불러일으키면서 자신이 의도하는 것을 전달한다.

· 일상적인 말투를 사용해서 자연스러움을 보여준다.

● 자세와 이동

발표자는 대체적으로 반듯한 자세를 취해야 하며 움직일 때는 의도적이고 활기찬 모습을 보여야 한다. 발표자는 서 있는 위치를 변동시킴으로써 다음의 효과를 얻을 수 있다.

· 시청각 효과를 주기 때문에 지루한 감을 줄여준다.

· 요점 강조 효과를 상승시킨다.

· 발표에 변화를 주는 효과가 있다.

· 청중의 참여를 유도하는 효과가 있다.

● 제스처

활기가 없어 보이거나 부자연스런 제스처를 쓰는 강사를 보고 있으면 쉽게 흥미를 잃게 된다. 따라서 제스처를 쓸 때는 다음의 사항을 기억해야 한다.

· 손만을 사용하기보다는 팔 전체를 사용한다.

· 동작을 크게 해서 참석자 전체가 볼 수 있도록 한다.

· 자신에게 편리한 자연스런 제스처를 사용한다.

· 흥미를 더하기 위해 제스처에 변화를 주어야 한다.

● 바람직하지 않은 5가지 손동작

대화를 할 때 너무 조급한 마음 때문에 자연스런 제스처의 중요성을 잊는 경우가 많다.

그러나 우리는 대화를 할 때 무의식적으로 손동작을 사용하여 (강조

의 한 방법으로) 제스처를 쓰고 있다.

그러므로 청중 앞에서도 친구들과 활기찬 대화를 할 때와 같은 정도로 자연스럽게 제스처를 쓰도록 배워야 한다. 일반적으로 자연스러운 제스처는 발표 기술을 저하시키지 않지만 다음과 같은 동작은 금지해야 한다.

· 주머니에 양손을 넣고 있는 것
· 팔짱을 끼고 있는 것
· 양손을 뒷짐지고 있는 것
· 양손을 허리춤에 걸치는 것
· 불안하게 양손을 쥐어짜는 것

● 눈맞춤

전형적인 문젯거리는 다음과 같이 불안한 시선이다.

· 실내를 두리번거리는 시선
· 청중들의 머리 위를 보는 것
· 꿈을 꾸는 듯한 눈으로 창 너머를 바라보는 것
· 천장이나 바닥을 쳐다보는 것
· 한 방향 또는 한 청중만 오랫동안 응시하는 것

바람직한 눈맞춤은 다음과 같다.

· 한 사람과 눈을 마주치는 시간은 5초 이내나 한 주제를 마치는 동안이 적당하다.
· 청중들에게 개별적으로 말을 하고 있다는 친근한 인상을 주어야 한다.
· 청중들에게 성의를 다하고 있다는 인상을 주어야 한다.
· 참여를 북돋우어 주어야 한다.

· 자신을 잘 다스리고 있다는 인상을 주어야 한다.

· 한 번에 한 사람에게만 시선을 줌으로써 산만하다는 인상을 주지 않도록 한다.

〔강의실 정렬〕

강의실 정렬은 배우려는 분위기를 조성하는데 매우 중요한 요소이며 자주 사용되는 강의실 정렬법의 장 · 단점은 다음과 같다.

● 전통적인 정렬법 : 참석자가 책상을 사이에 두고 강사를 향해 앉음

· 장점 : 강의 진행과 시간 통제가 용이(참석자의 시각 교류 용이).

· 단점 : 참석자 상호 교류 불편(그룹형 교육 불편).

● 말굽형 정렬법 : 참석자가 U형으로 정렬

· 장점 : 강사가 중앙 부분에서 자유롭게 이동할 수 있고, 참석자 개개인에게 접근이 쉽다. 개선 참여 유도 가능.

· 단점 : 스크린 위치가 부적절할 경우 시청각 교재의 사용이 불편하다.

● 그룹 분할형 정렬법 : 참석자를 몇 개의 그룹으로 나누어 다양한 방향으로 모여 앉게 함

· 장점 : 그룹별 독립 활동 가능.

· 단점 : 참석자 전체가 강사에게 집중하기에는 불편.

〔발표를 준비하고 연습하기〕

● 일주일 전

보다 편안하고 자신 있으며, 열정적인 발표를 위하여 다음 단계들을 항상 기억해야 한다.

- 청중의 요구사항이 어떤 것인가를 연구 · 분석해야 한다.
- 발표의 목적을 명확히 기록해야 한다.
- 색인 카드에 큰 글씨로 인쇄된 기록들은 단지 힌트가 되는 단어일 뿐임을 확실히 하라. 이것은 얘기의 실마리를 풀어나갈 수 있는 힌트를 떠올리는 데 도움을 주기 때문에 청중들은 당신이 그저 읽고 있다는 느낌을 받지 않게 된다.
- 상호작용이 가능한 학습 기술을 위한 지침들을 선택하고 예행 연습을 하라.
- 아이디어의 흐름과 어느 부분에 시청각 자료를 사용할지 판단하는 일에 익숙해질 때까지 위의 과정을 되풀이하라.
- 발표내용을 가지고 실제 상황처럼 연습하라. 연습 공간은 실제 교육 공간과 유사하게 준비하라.
- 모든 시청각 자료를 사용하여 사실적인 정보가 될 수 있는 아이디어를 제공하라. 노트에는 최소한의 초점을, 청중에게는 최대한의 초점을 맞추어라.

● 하루 전과 2시간 전

- 교육 프로그램 하루 전

① 교육 도구를 철저히 검토할 것.

② 모든 도구들이 준비되어 있는지 확인할 것.

· 인쇄물, 키트, 매직펜, 주문서, 이름표, 차트, OHP, 슬라이드, 비디오

③ 당신의 차트를 완전히 작성할 것.

④ 상호 학습기법을 계획하고 예행 연습을 할 것.

⑤ 교육 장소 준비를 확인할 것.

⑥ 참가 인원수를 확인할 것.

⑦ 만약 당신 그룹의 인원이 20명 이상이 된다면, 차트 대신 OHP를 사용할 것.

- 교육 프로그램 2시간 전(다음 사항을 확인할 것).

① 교육 장소가 그룹 규모에 최적으로 준비되어 있는가?

② 오디오 · VTR 장비가 설치되어 있으며, 작동하는가?

③ OHP는 초점이 맞추어져 있는가?

④ 차트는 완성되어 있으며, 매직펜은 잘 나오는가?

⑤ 슬라이드 기계는 작동하는가?

⑥ 교육 도구들은 책상 또는 의자 위에 놓여 있는가?

⑦ 교육 장소의 온도는 적당하며, 조명등은 켜져 있는가?

⑧ 예상되는 청중들의 질문에 대한 답변을 미리 준비할 것.

⑨ 전체 발표를 다시 한 번 되풀이 할 것. 가능하면, 자신의 모습을 비디오로 찍어서 확인하거나, 평가해 줄 만한 전문가로부터 조언을 받을 것.

⑩ 비디오 또는 친구의 조언을 통해 필요한 부분에 변화를 줄 것.

⑪ 인쇄물을 점검하고 그것을 나누어주기 좋도록 정리할 것.

⑫ 마지막 단계에서 부담 없이 한두 번 정식으로 연습을 할 것.

〔발표자의 금기 사항〕

적극적이고 전문적인 교육 및 세미나에서 해서는 안 될 10가지 사항이 있는데 다음과 같다.

- 준비가 미흡한 것.
- 질문에 적절하게 대응하지 않는 것.

- 자신과 조직에 대해서 사과하는 것.
- 최신 정보에 어두운 것.
- 시청각 자료와 기기를 잘 다루지 못하는 것.
- 시간 계획을 무시하는 것. 특히, 시간 내에 마무리하지 못하는 것.
- 참석자들과 융화하지 못하는 것.
- 인간적인 관계가 미흡한 것.
- 조직적이지 못한 것 같은 느낌을 주는 것.
- 강한 인상으로 신속하게 시작하지 않는 것.
- 성별, 인종적인 발언, 외국어식 발음, 적절하지 않은 유머의 사용.

이상에서 후원전문가가 되는 방법에 대하여 논의하였지만 진실로 네트워크 마케팅에서 성공하고 토네이도의 벅찬 감격을 만들기 위해 산을 넘어야 한다. 후원전문가의 산을 ….

6 부 록

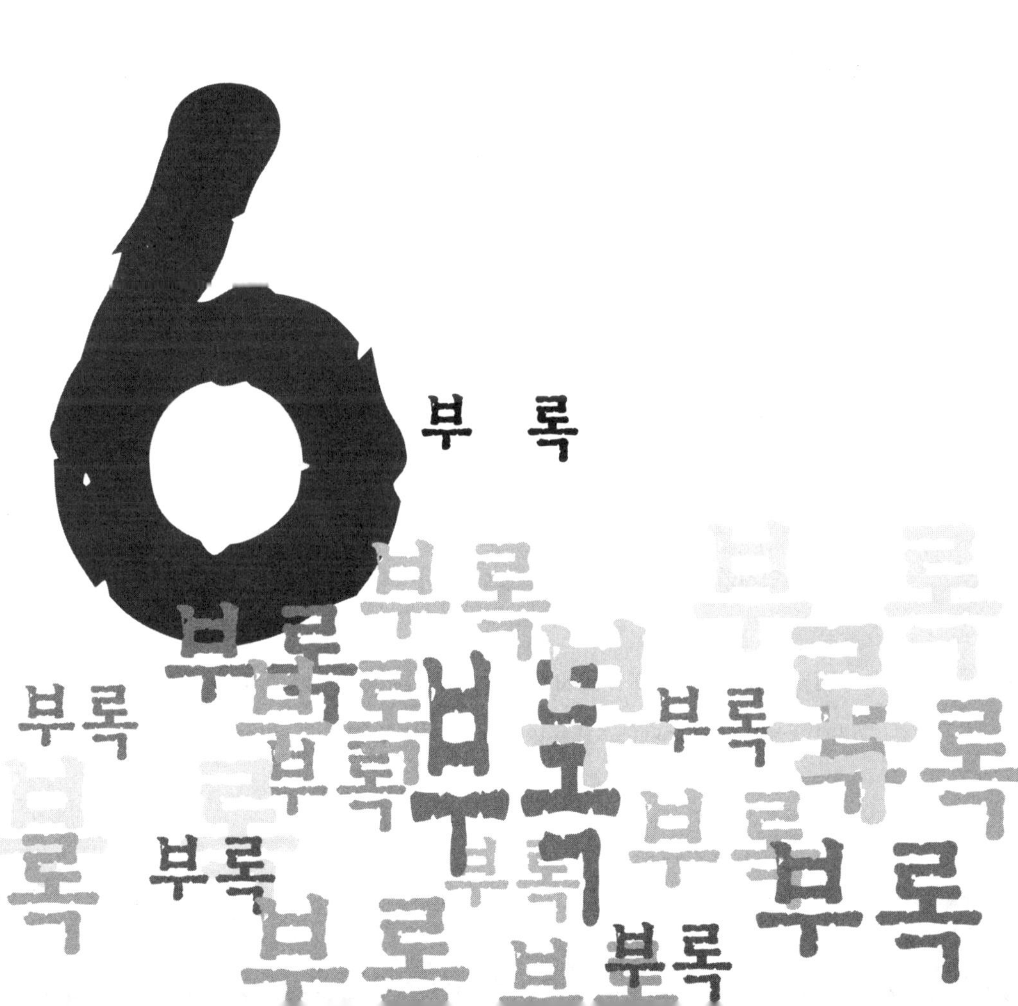

걸러내기 : 가장 유망한 예상고객을 신속하게 파악하여 그 사람들을 상대로 집중적인 리크루팅을 하는 것.

개인그룹 : 지급범위에 해당되는 모든 디스트리뷰터들로서 자신이 직접 후원했지만 분리 독립하지 않은 사람들이다.

깊이(depth) : 자신의 네트워크 마케팅조직 내의 레벨 수.

넓이(폭) : 디스트리뷰터의 프론트라인의 수, 혹은 보상플랜에 의해 디스트리뷰터의 프론트라인으로 허용된 사람의 수.

네트워크 마케팅 : 디스트리뷰터가 다른 디스트리뷰터를 가입시켜 그들의 판매로부터 커미션을 받을 수 있도록 하는 판매 형태.

다단계 링크 보상 제도(Multi-Affiliate Program) : 링크제공자가 다른 링크제공자를 가입시켜 그들의 판매에 대한 다단계 커미션을 받을 수 있도록 한 링크 보상 제도.

다운 라인 : 네트워크 마케팅 회사에 디스트리뷰터로 가입된 모든 사람들은 그 회사의 다운 라인을 구성한다. 자신의 다운 라인은 자신이 직접 가입시킨 사람들, 또 그 사람들이 가입시킨 사람들로 구성된다.

단서조항 : 일종의 미실현수당으로서 디스트리뷰터가 월 할당량을 달성하기 어렵게 만드는 보상플랜의 조건들을 말한다. 자신의 최하위

레벨에서 받을 수 있는 커미션은 프론트라인에 있는 이그제큐티브의 수에 의해 결정된다는 조항이 그 일례다.

대마불사(大馬不死) : 바둑에서 많은 점으로 넓게 자리잡은 말은 죽지 않는다는 뜻을 가진 용어이다. 통상 큰 것은 죽지 않는다는 뜻으로 사용한다.

데이터베이스마케팅 : 고객의 나이, 성격, 취미, 가족, 라이프스타일 등의 데이터를 이용하여 마케팅을 실시하는 것을 말한다.

도매 구매자 : 도매 할인을 받기 위해 디스트리뷰터로 등록하지만 본격적으로 사업을 구축하지는 않는 사람을 말한다.

도매 이익 : 제품을 처음 구매할 때 지불한 도매가격과 디스트리뷰터에게 판매할 때의 도매가격 간의 차이를 말한다. 그러나 도매 이익은 과거의 개념이 되고 있다. 네트워크 마케팅 디스트리뷰터가 자신의 다운 라인에게 도매로 제품을 판매하는 일은 드물기 때문이다. 요즘 네트워크 마케터들은 자기 조직에 속하는 사람들이 자신의 PIN 번호로 회사에 제품을 주문하면 거기서 곧바로 커미션을 받는다.

독립 레그 : 분리 독립한 디스트리뷰터의 조직이나 그의 다운 라인을 말한다.

드롭시핑(Drop-Shipping) : 디스트리뷰터를 통하지 않고 회사에서 고객에게 제품을 바로 배송하는 방식. 고객은 800번호나 웹사이트를 통해 주문한다.

디스트리뷰터 : 네트워크 마케팅 회사의 제품이나 서비스를 판매하는 독립 계약자.

레그 : 다운 라인 내의 다운 라인, 대개 프론트라인 디스트리뷰터 중 하나가 이끌게 된다.

레그 매출 : 특정 레그의 월 매출을 말한다.

레그 보너스 : 자신의 지급 범위보다 여러 레벨 아래에 있는 사람들로부터 돈을 벌 수 있도록 하는 브레이크어웨이 보상플랜의 특징. 가령, 자신의 독립세대 중 하나가 올린 월 매출의 일정 비율이 레그 보너스다. 6 레벨 보상플랜에서, 자신의 독립세대가 제 6 레벨에 있으면 나는 12 레벨까지 보너스를 받을 수 있다.

레벨 : 자기 조직에서 디스트리뷰터의 수직적 지위. 자신이 누군가를 가입시키면 그는 내 첫 레벨이 된다. 그 사람이 가입시킨 사람은 내 두 번째 레벨이 되며 또 그 두 번째 사람들이 가입시킨 사람들은 내 세 번째 레벨이 된다.

로열티 : 오버라이드를 말한다.

롤업(Roll-up) : 한달 동안 할당량을 달성하지 못했기 때문에 커미션 자격을 얻지 못하면 미실적자로 분류되어 그 달에 자기 다운 라인에게서 커미션을 받지 못한다는 일부 보상플랜의 규정. 그렇게 해서 자신이 받지 못한 커미션은 자기 위에 있는 실적자에게 롤업, 즉 지급된다.

리더 : 네트워크 마케팅의 다운 라인에 대한 최고 실적자를 가리킨다.

리모델링 : 오래된 집이나 건축물을 새롭게 단장하는 공사를 리모델링이라 한다. 인간에게 개인의 가치를 높여주는 구체적인 결과를 리모델링이라 부르기도 한다.

리크루트 : 자신의 다운 라인에 가입하기로 한 예상고객을 말한다. 디스트리뷰터가 되도록 가입을 유도하는 행위를 의미하기도 한다.

링크보상제도(Affiliate Program) : 아마존 같은 인터넷 사업에서 볼 수 있다. 개인 웹사이트에서 특정 회사 홈페이지로 링크를 제공하는 사람은 링크 제공자가 되어, 그 링크를 통해 이루어진 모든 판매에 대하여 커미션을 받는다.

마케팅 플랜 : 보상플랜 또는 지급플랜을 말한다.

매출원가 : 도매업에서는 구매한 비용이 매출원가가 되고, 제조업에서는 제조원가가 매출원가가 된다. 그래서 구매하는데 들어가는 모

든 비용, 제조하는데 들어가는 모든 비용을 매출원가라고 한다.

매트릭스(Matrix) : 프론트라인을 보통 2, 3명으로 제한하는 보상 플랜.

맥스 아웃(Max Out) : 다운 라인을 확고히 구축하고, 높은 판매 실적을 달성하여 해당 플랜에서 받을 수 있는 최대한의 커미션을 받게 되었을 때, 그 보상플랜은 맥스 아웃 되었다고 한다.

모바일커머스 : 무선단말기와 무선통신망이 유통채널로서 기능한다는 것을 이른바 모바일커머스(무선전자상거래)가 이루어진다고 말한다. 즉 무선통신 기술을 이용하여 소비자나 기업이 안전하게 상품이나 서비스를 구매할 수 있도록 하는 것을 의미한다.

무연고 시장 : 친구, 가족, 동료 이외의 예상고객들.

무한 깊이 : 디스트리뷰터가 자신의 지급 범위보다 깊은 레벨에서 수입을 얻을 수 있도록 하는 일부 보상플랜의 특징. 그러나 문자 그대로 깊이가 무한하지는 않다. 깊이 내려갈수록 보상이 적고, 다양한 형태의 미실현수당 때문에 몇 개의 레벨로 깊이를 제한한다. 그러나 일부 플랜에서는 20~30 레벨까지 깊이를 허용하는 경우도 있다.

무한 보너스 : 보상플랜에서 이론상 무한한 깊이를 낳는 특성.

무효 매출(Encumbered Volume) : 자신의 그룹 매출에 포함되지 않고, 그 결과 월 할당량으로 계산되지 않는 매출. 자기 그룹 가운데 특정 레그가 분리 독립하는 순간부터 그 레그의 매출은 자신의 매출에 포함되지 않도록 하는 보상플랜이 많다.

미실현수당(Breakage) : 자신의 매출 또는 다운 라인의 매출에서 보상을 받지 못하는 부분. 다시 말해서, 미실현수당은 회사에서 약속한 지급액과 실제 지급되는 금액과의 차이를 말한다. 네트워크 마케팅 회사들은 경쟁적으로 최상의 지급(회사의 총매출에서 디스트리뷰터에게 커미션으로 지급하는 비율)을 약속한다. 그러나 75%를 제시하는 회사가 실제로는 50%만 지급할 때, 그 나머지 25%가 바로 미실현수당이다. 이 금액은 커미션을 적게 지급하고, 할당량을 높이고, 페널티를 부과하고 특정상황에서 판매량의 일부를 인정하지 않는 등 미묘한 단서조항의 형태로 보상플랜에 적립된다.

바이너리 : 프론트 라인(Front Line)을 2명으로 제한하고 조직의 레그 2개 중 하나의 레그에 대해서만 매주 보상을 지급하는 보상플랜의 한 유형.

백 엔드 : 네트워크 마케팅에서 다운 라인이 여러 레벨 또는 여러 세대로 성장하면서 보다 나중에 생기는 단계이다. 이 용어는 여러 유형의 보상 플랜을 구분하는데 자주 이용된다. 백 엔드 쪽에 지급 비중이 높은 보상플랜은 가장 나중에 생성된 레벨에 대해 가장 많은 커미션을 지급한다.

벤치마킹(Benchmarking) : 원래 벤치마킹은 측량 용어로 "미리 고정한 또는 수준점"이라는 뜻이었는데, 경영학에 도입되면서 "경쟁자 또는 선두주자로 인식되는 회사에 대한 제품, 서비스, 작업방식 등을 측정하는 과정"이라고 정의되고 있다.

보너스 적립 : 네트워크 마케팅 회사가 이윤에서 얼마간 떼어 두는 특별 자금으로, 일정 자격의 판매 리더에게 특별 인센티브를 지급하는 데 이용된다.

보상 : 보상(報償)은 인간의 동기유발 요인 가운데 가장 강력한 요인이다. 보상의 종류에는 외적 보상과 내적 보상이 있는데 앞의 것은 화폐적 보상, 뒤의 것은 직무확충(職務擴充)이다.

보상플랜 : 지급플랜과 같은 말이다.

복제 : 자신의 다운 라인에서 적극적인 사업구축자를 양성하는 과정.

복제성 : 신규 가입자가 네트워크 마케팅 사업을 쉽게 습득할 수 있는 정도.

브레이크어웨이(Breakaway) : 스테어스텝/브레이크어웨이를 줄여 쓰는 말로 4가지 주요 보상플랜의 한 유형. 자신의 다운 라인 중 일정 수치의 월 할당량을 달성하여 그룹에서 분리 독립한 디스트리뷰터를 가리키는 말이기도 하다. 일단 디스트리뷰터가 그룹에서 분리해 나가면 더 이상 그 사람의 판매량은 자신의 판매량에 포함되지 않는다. 내 조직에서 그룹이 독립해 나가는 경우, 원래 내 지급 범위에 해당되던 사람들에 대해서는 더 이상 커미션을 받지 못하지만, 독립 그룹의 총판매량에 대해서는 커미션(로열티, 또는 오버라이드라고 한다)을 받을 수 있다.

비즈니스 키트 : 사업에 필요한 물품을 이것 저것 하나의 세트로 만들어 놓은 것을 말한다.

사업 기회 : 네트워크 마케팅 디스트리뷰터로 가입하는 기회 또는 디스트리뷰터 그 자체를 가리키는 말이다.

사업 기회 미팅 : 예상고객에게 사업 기회를 설명하기 위해 네트워크 마케팅 디스트리뷰터들이 개최하는 신규모집 랠리(집회)나 사업 설명회.

사업 구축자 : 적극적으로 고객을 유치하는 디스트리뷰터, 도매로 제품을 구매하여 직접 사용하는 수준에서 그치는 사람들과 반대 개념으로 쓰인다.

사업 설명회 : 사업 기회 미팅.

사업자 : 디스트리뷰터와 같은 개념으로 사용하고 있다.

사업 착수기 : 네트워크 마케팅 신규 업체의 사업 최초의 단계, 공식 착수일 혹은 그 직후.

사재기 : 과도한 월 할당량을 맞추거나 커미션을 받기 위해 실제로 판매할 수 있는 분량보다 더 많은 제품을 대량 구매하는 관행.

상위라인 : 업 라인과 같은 개념으로 사용한다.

성장기 : 네트워크 마케팅 회사의 매출과 신규가입이 기하급수적으로 성장하기 시작하는 시기를 말한다.

성취레벨 : 매달 일정 금액의 제품을 판매하거나 일정 성취레벨에 도달한 디스트리뷰터(사업자)가 일정 수를 리크루팅(모집)하면 얻게 되는 직급이나 직함. 두 가지 조건을 모두 달성해야 하는 경우도 있다. 상위 성취레벨에 올라감에 따라 커미션이 높아지며, 경우에 따라서 수당을 받을 수 있는 세대(레그) 수가 많아지기도 한다.

세대(Generation) : 자기 조직에서 독립한 디스트리뷰터의 레그를 말한다. 또는 브레이크어웨이 이외의 보상플랜에서 이그제큐티브 자격을 달성한 디스트리뷰터의 레그를 말하기도 한다.

소매이익 : 제품의 도매가와 고객에게 판매할 때의 소매가의 차이. 일반 소비자는 회사에서 직접 제품을 구매하기 때문에 요즘 MLM 디스트리뷰터들은 자신이 판매하는 제품을 실제로 관리하는 일이 거의 없

다. 소비자가 디스트리뷰터의 PIN 번호로 주문을 하면 컴퓨터는 해당 디스트리뷰터에게 소매이익을 지급하도록 처리해 준다.

소비재 : 화장품이나 약재 보조제품 등 항상 소비하고 정기적으로 교체해야 하므로 네트워크 마케터들에게 반복 판매를 보장하는 제품.

수당 : 커미션, 보너스, 오버라이드, 특별 수당, 프리미엄을 포함하여 네트워크 마케팅 디스트리뷰터로서 받게 되는 모든 유형의 보상을 가리키는 포괄적 용어.

수평구매(Transfer Buying) : 동일 품목이지만 브랜드를 바꿔 사용하는 것. 네트워크 마케터들은 대개 수평구매가 가능한 제품을 판매하고 싶어한다. 다시 말해서, 예상고객이 이미 사용하고 있는 제품을 말한다. 고객이 한 번도 써본 적 없는 새로운 제품을 사용하게 하는 것보다 계속 쓰던 제품의 브랜드만 바꾸게 하는 편이 더 쉽다는 논리다.

스패밍(Spamming) : 주로 전자우편과 게시판 공지를 통해 인터넷에서 네트워크 마케팅 사업을 무차별 선전하는 관행.

스폰서 : 후원자와 같은 개념으로 사용한다.

스테어스텝 : 성취레벨, 또는 스테어스텝/브레이크어웨이 보상플랜을 뜻하는 용어이다.

스테어스텝/브레이크어웨이(Stairstep/Breakaway) : 보상플랜의 한 유형으로 디스트리뷰터는 성취레벨, 또는 스테어스텝 자격을 얻기 위해 월 할당량을 달성해야 한다. 디스트리뷰터가 특정 레벨에 도달하면 자신의 후원자 그룹에서 분리독립 하게 된다.

스필오버 : 매트릭스에서 폭을 2명밖에 인정하지 않음으로 2명 이외의 사람들은 프론트라인에 두지 못하고 하위라인으로 두어야 하는 것이다.

압축(컴프레션) : 디스트리뷰터가 회사를 그만두거나 해고당하면 그 사람의 다운 라인이 한 레벨씩 상승하여 공석을 채우면서, 그 회사의 다운 라인이 한 레벨씩 압축하게 된다.

업라인 : 네트워크 마케팅 조직에서 자기 위에 있는 모든 사람들을 말한다. 후원자를 가리키는 말이기도 하다.

연고시장 : 가족, 친구, 사업상 동료 등 자신이 개인적으로 알고 있는 모든 잠재 예상고객을 가리킨다.

연회비 : 디스트리뷰터 자격 유지를 위해 네트워크 마케팅 회사에 지불하는 수수료. 네트워크 마케팅 회사가 이윤을 남기고 디스트리뷰터 자격을 파는 행위는 위법이므로 연회비는 소액이어야 한다.

영향권 : 자기와 가장 가까우며 연고시장을 구성하는 사람들을 말

한다. 또한 특정 직업이나 공동체에서 자신이 쉽게 영향력을 발휘할 수 있는 사람들도 속한다.

예상고객 : 잠재 고객 또는 가입자.

예상고객 리스트 : 자신의 연고시장을 형성하는 새로운 가입자의 연락처 리스트를 말한다.

오버라이드(Override) : 자신의 분리독립 레그에서 나오는 월 커미션.

원격회의 : 전화로 하는 신규모집 랠리나 사업 설명회. 예상고객은 특정시간에 전화로 행사 내용을 듣게 된다. 디스트리뷰터는 자신의 집에 예상고객을 초대하여 스피커폰으로 행사를 들려 줄 수 있다.

월 판매 요구량 : 월 할당량을 가리키는 말이다.

위성 회의 : 네트워크 마케팅 회사에서 폐쇄 위성 네트워크를 통하여 TV로 방송하는 교육이나 사업 설명회, 또는 신규모집 랠리방송.

디스트리뷰터는 집에서 방송을 시청할 수 있고, 예상고객을 초대하여 같이 볼 수도 있으며, 때로는 전화로 그 회의 참석자들과 대화를 나눌 수도 있다.

유니레벨(Unilevel) : 각 성취레벨 자격을 달성해야 하며, 다운 라인에 속한 사람들은 독립할 수 없는 보상플랜의 한 유형이다.

유효매출(Unencumbered Volume) : 자기 조직에서 나오는 매출량으로, 자기 그룹 판매량에 포함되고 성취레벨 자격을 얻는데 이용될 수 있는 매출이다.

이그제큐티브 : 분리 독립한 디스트리뷰터를 가리킨다.

인터넷상거래 : 기업과 기업 간, 기업과 소비자 간의 상거래활동을 통신네트워크를 통해 수행하는 것으로 정의된다.

자동회신(Auto-responder) : 온라인에서 이 자동회신에 클릭하는 사람에게 원하는 정보를 전자우편으로 보내주는 웹사이트 기능. 네트워크 마케터들은 이 기능을 이용하여 프로스펙팅(Prospecting) 및 교육 정보를 발송한다.

전자우편 블래스팅(e-mail blasting) : 상대방 의사에 관계 없이 네트워크 마케팅 사업 참여를 권하는 전자우편을 무차별 발송하는 것(스팸메일).

조직 : 오버라이드나 커미션을 받을 수 있는 다운 라인 부분으로 여기에는 자신의 지급범위에 해당되는 레벨에 있는 모든 디스트리뷰터를 포함한다. 브레이크어웨이 보상플랜에서는 자신의 분리독립 레그도 조직에 포함된다.

주문자 팩스전용 서비스 : 지정된 전화번호로 전화하는 사람들에게 팩스로 정보를 자동 전송해 주는 서비스. 네트워크 마케터들은 이 서비스를 이용하여 프로스펙팅과 교육 정보를 전달한다.

준연고 시장 : 연고 시장도 무연고 시장도 아닌 범주에 들어가는 예상고객으로 한두 번 얘기한 적이 있는 사람들이나 연고시장의 다른 사람들에게서 소개받은 사람들을 가리킨다.

지급범위 : 자신의 보상플랜에서 오버라이드와 커미션을 인정하는 다운 라인 레벨.

지급비율 : 오버라이드, 커미션, 보너스의 형태로 회사의 총수익에서 디스트리뷰터에게 지급하는 비율.

지점 판매 : 기존의 소매점이 아닌 1 대 1 판매를 통해 커미션을 받고 일하는 독립 판매원에 의한 판매형식. 커미션을 받으면서도 네트워크 마케팅 사업자가 아닌 직접판매원도 있기는 하지만, 네트워크 마케터들은 일반적으로 직접판매원으로 간주된다. 단, 기존의 소매점에서 판매하는 네트워크 마케팅 디스트리뷰터는 직접판매원으로 간주하지 않는다.

집중규제기 : 성공적인 회사의 성장기를 말한다. 대개 도약기 이후의 시기로 언론과 정부 규제 당국의 조사를 가장 받기 쉬운 때이다. 탄탄한 회사만이 이 시기에서 살아남는다.

집중 사업구축 : 1회성의 집중적인 프로스펙팅 활동.

창업 전단계(Pre-launch) : 네트워크 마케팅 회사의 공식 출범 직전의 기간.

최고 실적자 : 네트워크 마케팅 기업의 최고 판매 리더를 말한다.

캐시백(Cash Back) : 네트워크 마케팅에서 유통에 참여하는 사업자에게 회사가 정한 비율의 금액을 사업자에게 되돌려주는 돈 · 보상플랜과 비슷한 개념으로 사용한다.

커미션 : 자신의 조직 매출에서 실제 지급 받는 비율.

커미션 포인트 : BV를 말한다.

컴프레션(압축) 플랜 : 프론트 엔드, 즉 최초의 3 레벨에 대하여 커미션의 상당부분을 몰아 주거나 압축하는 보상플랜. 최초의 3 레벨에 대하여 도매가의 최소 40%는 지급해야 이 플랜에 해당한다.

턴키 시스템 : 이른바 턴키 방식은 '완성해서 인도해 주는 것' 이라는 뜻을 갖고 있다. '따로 따로 떼어놓는 것이 아니라 뭉쳐진 세트개념' 이라고 말할 수 있다. 그러니까 몇 가지 시스템을 하나의 시스템으로 뭉쳐 놓은 것을 말한다.

포화상태 : 네트워크 마케팅 기업의 예상고객과 가입자가 고갈되고 성장이 멈추는 시점.

프로스펙팅 : 네트워크 마케팅사업을 위한 고객이나 가입자를 유치하는 과정.

프론트라인 : 프론트엔드와 같은 개념으로 사용한다.

프론트 로딩(프론트 엔드 로딩) : 과도한 가입조건이나 월 할당량을 부과함으로써 디스트리뷰터가 실제로 팔 수 있는 능력 이상의 제품을 사재기하도록 강요하는 관행.

프론트엔드 : 직접 가입, 후원한 디스트리뷰터 그룹으로 자기 조직의 제 1 레벨이 된다.

피라미드 상법 : 등록비, 회원비, 사재기를 강요하여 돈을 버는 불법적 사업을 가리킨다. 마지막에 들어온 사람이 돈을 벌 수 없으면 피라미드 상법이다. 먼저 들어온 사람들은 나중에 들어오는 사람들로부터 일정비율의 수수료를 받거나 그 가입자들에게 사재기를 시켜 돈을 번다. 그러나 마지막에 들어오는 사람은 더 이상 가입자가 없기 때문에 수수료를 받지 못한다. 합법적인 네트워크 마케팅 회사에서는 마지막에 들어오는 사람이라도 도매로 구매한 제품을 소비자에게 팔아 소매이익을 남김으로써 언제나 소득을 창출할 수 있다. 합법적인 회사라면 그 회사의 제품을 구매하고 사용하는 진짜 소비자가 있다.

피라미드 사기에서 제품은 사재기를 위한 도구, 또는 가입비나 교육비를 받기 위한 구실에 불과하다.

하위 디스트리뷰터 : 디스트리뷰터의 하위라인으로 독립된 계약자. 다운 라인과 같은 개념이다.

할당량 : 일정한 성취레벨 자격을 얻기 위해 디스트리뷰터가 달성해야 할 월 할당량. 할당량은 GV나 PV 기준으로 결정된다. 간혹, 매달 프론트라인으로 일정 수의 사람을 데려와야 하는 리크루팅 할당량도 있다.

호텔 미팅 : 호텔 회의실에서 개최하는 사업 기회 미팅.

홈 미팅 : 디스트리뷰터의 집에서 여는 사업기회 미팅. 위성회의나 원격회의가 도입되기도 한다.

확정일자 : 법률용어로 국가기관에서 사문서에 어느 사항을 증명하고 기입한 일자를 확정일자로 하는 제도이다. 임대차보호법 제3조 제2항에 의거 임차보증금의 우선 변제를 획득하는데 이용하는 제도이다.

환불 정책 : 인지도 있는 네트워크 마케팅 기업은 모두 채택하고 있는 디스트리뷰터 환불 보장 정책. 일반적으로 기업들은 디스트리뷰터가 어떤 이유에서든 반품하려고 하는 모든 제품에 대하여 도매가의 70~100%까지 환불해 준다.

후원자 : 네트워크 마케팅 회사에서 다른 디스트리뷰터를 가입시키고 교육하는 디스트리뷰터를 가리키는 말이다.

BV(보너스 포인트) : 점수치(PV) 또는 가격치(BV)에 대한 다른 표현. 네트워크 마케팅 회사들이 오버라이드와 커미션을 계산할 때 사용하는 수치이다. 오버라이드와 커미션을 지급하는 품목의 도매가격을 근거로 하여 산정한다. 항상 그런 것은 아니지만, 일반적으로 BV는 해당 품목의 도매가보다 낮은 경우가 많다. 가령, 커미션으로 5%를 받는데, 도매가로 100달러 상당의 제품을 판매하였다면, 제품가격 100달러의 5%가 아니라 그 제품의 BV, 즉 80달러의 5%가 커미션이 된다. 회사에서는 저수익 품목에서 이익을 올리려는 목적으로 BV를 도입한다. 만약 50% 커미션 지급을 약속하는 회사가 제조원가 10달러인 제품을 20달러에 판매한다면 그 회사는 전혀 이익을 올리지 못한다. 그래서 제품가격을 올리기보다는 제품에 대해 더 낮은 BV를 부여하여 커미션을 적게 지급하는 회사들이 많다.

GSV : 개인 그룹의 월 매출.

GV : 개인 그룹의 한 달간 도매 구매량.

MLM/다단계 마케팅 : 일반적으로 네트워크 마케팅을 말한다. 디스트리뷰터가 하나의 레벨 이상에서 수입을 얻도록 하는 네트워크 마케팅 보상플랜을 가리키는 말이기도 하다.

PIN 번호 : 네트워크 마케팅 회사의 각 디스트리뷰터에게 할당된 특별 코드. 고객이 회사에 주문할 때 제품을 소개한 디스트리뷰터의 PIN 번호를 준다. 그렇게 해서 디스트리뷰터는 거래에 직접 참여하지 않아도 고객의 구매에 대한 커미션을 지급 받는다.

PSV : 개인의 월 매출.

PV : 개인이 한 달간 회사로부터 도매로 구입한 총구매량.

PV(개인 포인트): BV를 말한다.

OV(Organizational Volume) : 회사로부터 제품구매를 통한 자기 조직의 월 매출.

2 레벨 플랜 : 압축플랜을 가리킨다. 2 레벨 플랜은 대체로 첫 두 레벨에 커미션의 상당량을 몰아 준다는 특징에서 나온 용어이다.

3자 통화(Three-Way Call) : 신규 디스트리뷰터를 교육하면서 동시에 그 디스트리뷰터가 다운 라인을 구축하도록 하는 프로스펙팅 기법. 새로운 가입자가 전화로 예상고객에게 사업을 설명하고 싶을 때 자신의 후원자에게 전화를 넘긴다. 후원자는 예상고객에게 설명을 하고 신규 디스트리뷰터는 가만히 전화내용을 들으면서 설명 요령을 배우게 된다. 3자 리크루팅은 전화뿐만 아니라 직접 만나서 하는 것도 가능하다.

● 방문판매 등에 관한 개정법률안 ●

방문판매 등에 관한 법률을 다음과 같이 개정한다.

방문판매 등에 관한 법률

제1장 총칙

제1조【목적】이 법은 방문판매, 전화권유판매, 다단계판매, 계속거래 및 사업권유거래 등에 의한 재화 또는 용역의 공정한 거래에 관한 사항을 규정함으로써 소비자의 권익을 보호하고 시장의 신뢰도의 제고를 통하여 국민경제의 건전한 발전에 이바지함을 목적으로 한다.

제2조【정의】이 법에서 사용하는 용어의 정의는 다음 각 호와 같다.

1. "방문판매"라 함은 재화 또는 용역(일정한 시설을 이용하거나 용역의 제공을 받을 수 있는 권리를 포함한다. 이하 같다)의 판매(위탁 및 중개를 포함한다. 이하 같다)를 업으로 하는 자(이하 "판매업자"라 한다)가 방문의 방법으로 그의 영업소·대리점, 기타 총리령이 정하는 영업장소(이하 "사업장"이라 한다) 외의 장소에서 소비자에게 권유하여 계약의 청약을 받거나 계약을 체결(사업장 외의 장소에서 권유 등 총리령이 정하는 방법에 의하여 소비자를 유인하여 사업장에서 계약의 청약을 받거나 계약을 체결하는 경우를 포함한다)하여 재화 또는 용역(이하 "재화 등"이라 한다)을 판매하는 것을 말한다.

2. "방문판매자"라 함은 방문판매를 업으로 하기 위하여 방문판매조직을 개설 또는 관리 운영하는 자(이하 "방문판매업자"라 한다)와 방문판

매업자를 대신하여 방문판매업무를 수행하는 자(이하 "방문판매원"이라 한다)를 말한다.

3. "전화권유판매"라 함은 전화를 이용하여 소비자에게 권유하여 계약의 청약을 받거나 계약을 체결하는 등 총리령이 정하는 방법으로 재화 등을 판매하는 것을 말한다.

4. "전화권유판매자"라 함은 전화권유판매를 업으로 하기 위하여 전화권유판매조직을 개설 또는 관리 · 운영하는 자(이하 "전화권유판매업자"라 한다)와 전화권유판매업자를 대신하여 전화권유판매업무를 수행하는 자(이하 "전화권유판매원"이라 한다)를 말한다.

5. "다단계판매"라 함은 판매업자가 특정인에게 다음 각 목의 활동을 하면 일정한 이익(다단계판매에 있어서 다단계판매원이 소비자에게 재화등을 판매하여 얻는 소매이익과 다단계판매업자가 그 다단계판매원에게 지급하는 후원수당을 말한다. 이하 같다)을 얻을 수 있다고 권유하여 판매원의 가입이 단계적(판매조직에 가입한 판매원의 단계가 3단계 이상인 경우를 말한다)으로 이루어지는 다단계판매조직(판매조직에 가입한 판매원의 단계가 2단계 이하인 판매조직 중 사실상 3단계 이상인 판매조직으로 관리 · 운영되는 경우로서 대통령령이 정하는 판매조직을 포함한다)을 통하여 재화 등을 판매하는 것을 말한다.

가. 당해 판매업자가 공급하는 재화 등을 소비자에게 판매할 것

나. 가목의 규정에 의한 소비자의 전부 또는 일부를 당해 특정인의 하위판매원으로 가입하도록 하여 그 하위판매원이 당해 특정인의 활동과 같은 활동을 할 것

6. "다단계판매자"라 함은 다단계판매를 업으로 하기 위하여 다단계판매조직을 개설 또는 관리 운영하는 자(이하 "다단계판매업자"라 한다)

와 다단계판매조직에 판매원으로 가입한 자(이하 "다단계판매원"이라 한다)를 말한다.

7. "후원수당"이라 함은 판매수당 · 알선수수료 · 장려금 · 후원금 등 그 명칭 및 지급형태를 불문하고, 다단계판매업자가 다음 각 목의 사항과 관련하여 다단계판매원에게 지급하는 경제적 이익을 말한다.

가. 다단계판매원에게 속하는 하위판매원들에 대한 조직관리 및 교육훈련실적

나. 다단계판매원 자신의 재화 등의 판매실적이나 그 다단계판매원에게 속하는 하위판매원들의 재화 등의 판매실적

8. "계속거래"라 함은 대통령령이 정하는 일정기간 이상 계속하여 재화 등을 공급하는 계약으로서 중도에 해지할 경우 대금환급의 제한 또는 위약금에 관한 약정이 있는 거래를 말한다.

9. "사업권유거래"라 함은 사업자가 소득기회를 알선 · 제공하는 방법으로 거래 상대방을 유인하여 재화 등을 구입하게 하는 거래를 말한다.

10. "소비자"라 함은 사업자가 제공하는 재화 등을 소비생활을 위하여 사용하거나 이용하는 자 또는 대통령령이 정하는 자를 말한다.

제3조【적용제외】① 이 법의 규정은 사업자(다단계판매원이나 사업권유거래의 상대방을 제외한다. 이 항에서 같다)가 상행위를 목적으로 재화 등을 구입하는 거래에 대하여는 적용하지 아니한다. 다만, 사업자라 하더라도 사실상 소비자와 같은 지위에서 다른 소비자와 같은 거래조건으로 거래하는 경우에는 그러하지 아니하다.

② 제7조, 제16조 및 제28조의 규정에 의한 계약서 교부의무에 관한 규정은 다른 법률에 이 법의 규정과 다른 방법에 의한 계약서교부의무 등이 규정되어 있는 거래에는 적용하지 아니한다.

③ 이 법의 규정은 다음 각 호의 거래에 대하여서는 적용하지 아니한다.

1. 보험업법 제2조 제1항의 보험사업자와의 보험계약 체결을 위한 거래

2. 개인이 독립된 자격으로 공급하는 재화 등의 거래로서 대통령령이 정하는 거래

④ 계속거래에 관한 규정은 이 법에서 규정하고 있는 사항을 전기통신사업법 등 다른 법률에서 따로 정하고 있는 경우에는 그 법률을 적용한다.

제4조 【다른 법률과의 관계】 방문판매 · 전화권유판매 · 다단계판매 · 계속거래 및 사업권유거래에서의 소비자보호와 관련하여 이 법과 다른 법률의 적용이 경합하는 경우에는 이 법을 우선 적용하되, 다른 법률을 적용하는 것이 소비자에게 유리한 경우에는 그 법을 적용한다.

제2장 방문판매 및 전화권유판매

제5조 【방문판매업자 등의 신고 등】 ① 방문판매업자 또는 전화권유판매업자(이하 "방문판매업자 등"이라 한다)는 상호 · 주소 · 전화번호 · 전자우편주소(법인인 경우에는 대표자의 성명, 주민등록번호 및 주소를 포함한다), 기타 대통령령이 정하는 사항을 대통령령이 정하는 바에 따라 공정거래위원회 또는 특별시장 · 광역시장 또는 도지사(이하 "시 · 도지사"라 한다)에게 신고하여야 한다. 다만, 방문판매원 등을 두지 아니하는 소규모 방문판매업자 등 대통령령이 정하는 방문판매업자 등과 제13조의 규정에 의하여 등록한 다단계판매업자는 그러하지 아니하다.

② 제1항의 규정에 의하여 신고한 사항에 변경이 있는 때에는 대통령령이 정하는 바에 따라 이를 신고하여야 한다.

③ 제1항의 규정에 의하여 신고한 방문판매업자 등은 그 영업을 휴지 또는 폐지하거나 휴업한 후 영업을 재개하는 때에는 대통령령이 정하는 바에 따라 이를 신고하여야 한다.

④ 공정거래위원회는 제1항의 규정에 의하여 신고한 방문판매업자 등의 정보를 대통령령이 정하는 바에 따라 공개할 수 있다.

제6조【방문판매원 등의 명부 비치 등】① 방문판매업자 등은 총리령이 정하는 바에 따라 방문판매원 또는 전화권유판매원(이하 "방문판매원 등"이라 한다)의 명부를 작성하여 사업장에 비치하여야 한다.

② 방문판매업자 등은 소비자 피해의 방지 또는 구제를 위하여 필요한 경우 소비자로 하여금 방문판매원 등의 신원을 확인할 수 있도록 하여야 한다.

③ 방문판매자 또는 전화권유판매자(이하 "방문판매자 등"이라 한다)가 재화 등을 판매하고자 하는 경우에는 소비자에게 미리 해당 방문 또는 전화가 판매의 권유를 위한 것임과 방문판매자 등의 성명 또는 명칭, 판매하는 재화 등의 종류 및 내용을 밝혀야 한다.

제7조【계약체결 전의 정보제공 및 계약체결에 따른 계약서 교부의무】① 방문판매자 등은 재화 등의 판매에 관한 계약을 체결하기 전에 소비자가 계약의 내용을 이해할 수 있도록 다음 각 호의 사항을 설명하여야 한다.

1. 방문판매업자 등의 성명(법인인 경우에는 대표자의 성명을 말한다) · 상호 · 주소 · 전화번호 · 전자우편주소

2. 방문판매원 등의 성명 · 주소 · 전화번호 · 전자우편주소. 다만, 방

문판매업자 등이 소비자와 직접 계약을 체결하는 경우는 제외한다.

3. 재화 등의 명칭 · 종류 및 내용

4. 재화 등의 가격과 그 지급 방법 및 시기

5. 재화 등의 공급 방법 및 시기

6. 청약의 철회 및 계약의 해제(이하 "청약철회 등"이라 한다)의 기한 · 행사방법 · 효과에 관한 사항 및 청약철회 등의 권리 행사에 필요한 서식

7. 재화 등의 교환 · 반품 · 수리보증 및 그 대금 환불의 조건과 절차

8. 전자매체로 공급이 가능한 재화 등의 설치 · 전송 등과 관련하여 요구되는 기술적 사항

9. 소비자피해보상 · 재화 등에 대한 불만 및 소비자와 사업자 사이의 분쟁처리에 관한 사항

10. 거래에 관한 약관

11. 기타 소비자의 구매 여부 판단에 영향을 주는 거래조건 또는 소비자의 피해구제에 필요한 사항으로서 대통령령이 정하는 사항

② 방문판매자 등은 재화 등의 판매에 관한 계약을 체결할 때에는 제1항 각호의 사항을 기재한 계약서를 소비자에게 교부하여야 한다.

③ 방문판매자 등은 재화 등의 계약을 미성년자와 체결하고자 하는 경우에는 법정대리인의 동의를 얻어야 한다. 이 경우 법정대리인의 동의를 얻지 못하는 경우에는 미성년자 본인 또는 법정대리인이 계약을 취소할 수 있다는 내용을 고지하여야 한다.

④ 제1항의 규정에 의한 계약서 중 전화권유판매에 관한 계약서의 경우에는 소비자의 동의를 얻어 당해 계약의 내용을 모사전송이나 전자문서(전자거래기본법 제2조 제1호의 규정에 의한 전자문서를 말한다. 이하

같다)로 송부하는 것으로 갈음할 수 있으며, 모사전송 또는 전자문서에 의하여 송부한 계약의 내용이나 도달에 관하여 다툼이 있는 경우에는 전화권유판매자가 이를 입증하여야 한다.

⑤ 방문판매업자 등은 제1항의 규정에 의하여 소비자에게 표시 또는 고지한 거래조건을 신의에 좇아 성실하게 이행하여야 한다.

제8조【청약철회 등】① 방문판매 또는 전화권유판매(이하 "방문판매 등"이라 한다)의 방법으로 재화 등의 구매에 관한 계약을 체결한 소비자는 다음 각 호의 기간(거래 당사자 사이에 다음 각 호의 기간보다 긴 기간으로 약정한 경우에는 그 기간) 이내에 당해 계약에 관한 청약철회 등을 할 수 있다.

1. 제7조 제2항의 규정에 의한 계약서를 교부받은 날부터 14일. 다만, 그 계약서를 교부받은 때보다 재화 등의 공급이 늦게 이루어진 경우에는 재화 등을 공급받거나 공급이 개시된 날부터 14일

2. 제7조 제2항의 규정에 의한 계약서를 교부받지 아니한 경우, 방문판매자 등의 주소 등이 기재되지 아니한 계약서를 교부받은 경우 또는 방문판매자 등의 주소 변경 등의 사유로 제1호의 기간 이내에 청약철회등을 할 수 없는 경우에는 그 주소를 안 날 또는 알 수 있었던 날부터 14일

② 소비자는 다음 각 호의 1에 해당하는 경우에는 방문판매자 등의 의사에 반하여 제1항의 규정에 의한 청약철회 등을 할 수 없다.

1. 소비자에게 책임 있는 사유로 재화 등이 멸실 또는 훼손된 경우. 다만, 재화 등의 내용을 확인하기 위하여 포장 등을 훼손한 경우를 제외한다.

2. 소비자의 재화 등의 일부 사용 또는 소비에 의하여 그 가치가 현

저히 감소한 경우. 이 경우 방문판매자 등이 제6항의 규정에 의한 조치를 취한 때에 한한다.

3. 시간의 경과에 의하여 재판매가 곤란할 정도로 재화 등의 가치가 현저히 감소한 경우

4. 복제가 가능한 재화 등의 포장을 훼손한 경우

5. 기타 거래의 안전을 위하여 대통령령이 정하는 경우

③ 소비자는 제1항 또는 제2항의 규정에 불구하고 재화 등의 내용이 표시 · 광고의 내용과 다르거나 계약내용과 다르게 이행된 경우에는 당해 재화 등을 공급받은 날부터 3월 이내, 그 사실을 안 날 또는 알 수 있었던 날부터 30일 이내에 청약철회 등을 할 수 있다.

④ 제1항 또는 제3항의 규정에 의한 청약철회 등을 서면으로 하는 경우에는 청약철회 등의 의사표시가 기재된 서면을 발송한 날에 그 효력이 발생한다.

⑤ 제1항 내지 제3항의 규정을 적용함에 있어서 재화 등의 훼손에 대하여 소비자의 책임이 있는지의 여부, 계약이 체결된 사실 및 그 시기, 재화 등의 공급사실 및 그 시기 또는 계약서의 교부사실 및 그 시기 등에 관하여 다툼이 있는 경우에는 방문판매자 등이 이를 입증하여야 한다.

⑥ 방문판매자 등은 제2항 제2호의 규정에 의하여 청약철회 등이 불가능한 재화 등의 경우 그 사실을 재화 등의 포장, 기타 소비자가 쉽게 알 수 있는 곳에 명기하거나 시용상품을 제공하는 등의 방법으로 재화 등의 일부 사용이나 소비 등에 의하여 청약철회 등의 권리의 행사가 방해받지 아니하도록 조치하여야 한다.

제9조【청약철회 등의 효과】① 소비자는 제8조 제1항 또는 동 조 제

3항의 규정에 의하여 청약철회 등을 한 경우에는 이미 공급받은 재화 등을 반환하여야 한다.

② 방문판매자 등(소비자로부터 재화 등의 대금을 지급 받은 자 또는 소비자와 방문판매 등에 관한 계약을 체결한 자를 포함한다. 이하 제2항 내지 제8항에서 같다)은 재화 등을 반환 받은 날부터 3 영업일 이내에 이미 지급받은 재화 등의 대금을 환급하여야 한다. 이 경우 방문판매자 등이 소비자에게 재화 등의 대금의 환급을 지연한 때에는 그 지연기간에 따라 공정거래위원회가 고시하는 지연이자율을 곱하여 산정한 지연이자(이하 "지연배상금"이라 한다)를 지급하여야 한다.

③ 방문판매자 등은 제1항 및 제2항의 규정에 의하여 재화 등의 대금을 환급함에 있어 소비자가 여신전문금융업법 제2조 제3호의 규정에 의한 신용카드, 기타 대통령령이 정하는 결제수단(이하 "신용카드 등"이라 한다)으로 재화 등의 대금을 지급한 때에는 지체없이 당해 신용카드 등 대금결제수단을 제공한 사업자(이하 "결제업자"라 한다)로 하여금 재화 등의 대금의 청구를 정지 또는 취소하도록 요청하여야 한다. 다만, 방문판매자 등이 결제업자로부터 당해 재화 등의 대금을 이미 지급 받은 때에는 지체없이 이를 결제업자에게 환급하고 그 사실을 소비자에게 통지하여야 한다.

④ 제3항 단서의 규정에 의하여 방문판매자 등으로부터 재화 등의 대금을 환급받은 결제업자는 지체없이 소비자에게 이를 환급하거나 환급에 필요한 조치를 취하여야 한다.

⑤ 제3항 단서의 규정에 해당하는 방문판매자 등 중 환급의 지연으로 소비자로 하여금 대금을 결제하게 한 방문판매자 등은 그 지연기간에 대한 지연배상금을 소비자에게 지급하여야 한다.

⑥ 소비자는 방문판매자 등이 정당한 사유없이 결제업자에게 대금을 환급하지 아니하는 경우에는 환급받을 금액에 대하여 결제업자에게 당해 방문판매자 등에 대한 다른 채무와 상계할 것을 요청할 수 있다. 이 경우 결제업자는 대통령령이 정하는 바에 따라 당해 방문판매자 등에 대한 다른 채무와 상계할 수 있다.

⑦ 소비자는 결제업자가 제6항의 규정에 의한 상계를 정당한 사유없이 게을리 한 경우 결제업자에 대해 대금의 결제를 거부할 수 있다. 이 경우 방문판매자 등과 결제업자는 그 결제의 거부를 이유로 당해 소비자를 신용정보의이용및보호에관한법률 제2조 제7호의 규정에 의한 신용불량자로 처리하는 등 소비자에게 불이익을 주는 행위를 하여서는 아니된다.

⑧ 제1항의 경우 방문판매자 등은 이미 재화 등의 일부가 사용 또는 일부 소비된 경우에는 그 재화 등의 일부 사용 또는 일부 소비에 의하여 소비자가 얻은 이익 또는 그 재화 등의 공급에 소요된 비용에 상당하는 금액으로써 대통령령이 정하는 범위의 금액의 지급을 소비자에게 청구할 수 있다.

⑨ 제8조 제1항 및 동 조 제3항의 규정에 의한 청약철회 등의 경우 공급받은 재화 등의 반환에 필요한 비용은 방문판매자 등이 부담하며 방문판매자 등은 소비자에게 청약철회 등을 이유로 위약금 또는 손해배상을 청구할 수 없다.

⑩ 방문판매자 등, 재화 등의 대금을 지급받은 자 또는 소비자와 방문판매 등에 관한 계약을 체결한 자가 동일인이 아닌 경우, 각자는 제8조 제1항 및 동 조 제3항의 규정에 의한 청약철회 등에 따른 제1항 내지 제9항의 규정에 의한 재화 등의 대금 환급과 관련한 의무의 이행에

있어서 연대하여 책임을 진다.

제10조【손해배상청구금액의 제한 등】① 소비자에게 책임 있는 사유로 인하여 재화 등의 판매에 관한 계약이 해제된 경우 방문판매자 등이 소비자에게 청구하는 손해배상액은 다음 각 호에서 정한 금액에 대금미납에 따른 지연배상금을 더한 금액을 초과할 수 없다.

1. 공급받은 재화 등이 반환된 경우에는 다음 각 목의 1에 해당하는 금액 중 큰 금액

가. 반환된 재화 등의 통상 사용료액 또는 그 사용에 의하여 통상 얻어지는 이익에 상당하는 금액

나. 반환된 재화 등의 판매가격에서 그 재화 등이 반환된 당시의 가액을 공제한 금액

2. 공급받은 재화 등이 반환되지 아니한 경우에는 그 재화 등의 판매가격에 상당하는 금액.

② 공정거래위원회는 방문판매자 등과 소비자 간의 손해배상청구에 따른 분쟁의 원활한 해결을 위하여 필요한 경우 제1항의 규정에 의한 손해배상액의 산정기준을 정하여 고시할 수 있다.

제11조【금지행위】방문판매자 등은 다음 각 호의 1에 해당하는 행위를 하여서는 아니된다.

1. 재화 등의 판매에 관한 계약의 체결을 강요하거나 청약철회 등 또는 계약해지를 방해할 목적으로 소비자에게 위력을 가하는 행위

2. 허위 또는 과장된 사실을 알리거나 기만적 방법을 사용하여 소비자를 유인 또는 거래하거나 청약철회 등 또는 계약의 해지를 방해하는 행위

3. 가입비 · 판매보조물품 · 개인할당 판매액 · 교육비 등 그 명칭 및

형태 여하를 불문하고 방문판매원 등이 되고자 하는 자 또는 방문판매원 등에게 방문판매원 등이 되기 위한 조건 또는 방문판매원 등의 자격을 유지하기 위한 조건으로서 대통령령이 정하는 수준 이상의 비용, 기타 금품을 징수하거나 재화 등을 구매하게 하는 등 의무를 부과하는 행위

4. 방문판매원 등에게 다른 방문판매원 등을 모집하도록 의무를 지게 하는 행위

5. 청약철회 등이나 계약의 해지를 방해할 목적으로 주소 · 전화번호 등을 변경하는 행위

6. 분쟁이나 불만처리에 필요한 인력 또는 설비의 부족을 상당기간 방치하여 소비자에게 피해를 주는 행위

7. 소비자의 청약이 없는데도 일방적으로 재화 등을 공급하고 재화 등의 대금을 청구하는 행위

8. 소비자가 재화를 구매하거나 용역을 제공받을 의사가 없음을 밝혔음에도 불구하고 전화, 모사전송, 컴퓨터통신 등을 통하여 재화를 구매하거나 용역을 제공받도록 강요하는 행위

9. 본인의 허락을 받지 아니하거나 허락 받은 범위를 넘어 소비자에 관한 정보를 이용(제3자에게 제공하는 경우를 포함한다. 이하 같다)하는 행위. 다만, 다음 각 목의 1에 해당하는 경우를 제외한다.

가. 재화 등의 배송 등 소비자와의 계약의 이행에 불가피한 경우로서 대통령령이 정하는 경우

나. 재화 등의 거래에 따른 대금정산을 위하여 필요한 경우

다. 도용방지를 위하여 본인확인에 필요한 경우로서 대통령령이 정하는 경우

라. 법률의 규정 또는 법률에 의하여 필요한 불가피한 사유가 있는 경우

② 공정거래위원회는 이 법 위반행위의 방지 및 소비자피해의 예방을 위하여 방문판매자 등이 준수해야 할 기준을 정하여 고시할 수 있다.

제12조【휴업기간 등에서의 청약철회 등의 업무처리 등】① 방문판매자 등은 그 휴업기간 또는 영업정지기간중에도 제8조 제1항 및 제3항의 규정에 의한 청약철회 등의 업무와 제9조 제1항 내지 제3항의 규정에 의한 청약철회 등과 그에 따른 업무를 계속하여야 한다.

② 방문판매업자 등이 폐업신고를 하지 아니한 상태에서 파산선고를 받는 등 실질적으로 영업을 할 수 없는 것으로 판단되는 경우에는 제5조 제1항의 규정에 의하여 신고를 받은 공정거래위원회 또는 시 · 도지사는 직권으로 방문판매업등의 신고사항을 말소할 수 있다.

제3장 다단계판매

제13조【다단계판매업자의 등록 등】① 다단계판매업자는 대통령령이 정하는 바에 따라 다음 각 호의 서류를 갖추어 공정거래위원회에 등록하거나 시 · 도지사에게 등록하여야 한다.

1. 상호 및 주소 · 전화번호 · 전자우편주소(법인인 경우에는 대표자의 성명 · 주민등록번호 및 주소를 포함한다) 등을 기재한 신청서

2. 자본금이 3억 원 이상으로서 대통령령이 정하는 규모 이상임을 증명하는 서류

3. 제34조의 규정에 의한 소비자피해보상보험계약 등의 체결증명서류

4. 후원수당의 산정 및 지급기준에 관한 서류

5. 재고관리 · 후원수당 지급 등 판매의 방법에 관한 사항을 기재한 서류

6. 기타 다단계판매자의 신원확인을 위하여 필요한 사항으로서 총리령으로 정하는 서류

② 다단계판매업자는 제1항의 규정에 의하여 등록한 사항에 변경이 있는 때에는 대통령령이 정하는 바에 따라 신고하여야 한다.

③ 다단계판매업자는 그 영업을 휴지 또는 폐지하거나 휴업 후 영업을 재개하는 때에는 대통령령이 정하는 바에 따라 이를 신고하여야 한다. 이 경우 그 영업의 폐지를 신고한 때에는 제1항의 규정에 의한 등록은 그 효력을 잃는다.

④ 공정거래위원회는 제1항의 규정에 의하여 등록한 다단계판매업자의 정보를 대통령령이 정하는 바에 따라 공개할 수 있다.

제14조【결격사유】 다음 각 호의 1에 해당하는 개인 또는 법인은 제13조의 규정에 의한 등록을 할 수 없다.

1. 다음 각 목의 1에 해당하는 개인 또는 그가 임원으로 있는 법인

가. 금치산자 · 한정치산자 또는 미성년자

나. 파산선고를 받고 복권되지 아니한 자

다. 이 법에 위반하여 징역의 실형을 선고받고 그 집행이 종료(집행이 종료된 것으로 보는 경우를 포함한다)되거나 집행이 면제된 날부터 5년이 경과되지 아니한 자

라. 이 법에 위반하여 형의 집행유예의 선고를 받고 그 유예기간중에 있는 자

2. 제42조 제4항의 규정에 의하여 등록이 취소된 후 5년이 경과되지 아니한 개인 또는 법인

3. 제2호의 규정에 의한 개인 또는 법인의 등록취소 당시의 임원이었던 자가 임원으로 있는 법인

제15조【다단계판매원】① 다단계판매조직에 다단계판매원으로 가입하고자 하는 자는 그 조직을 관리 · 운영하는 다단계판매업자에게 총리령이 정하는 바에 따라 등록하여야 한다.

② 다음 각 호의 1에 해당하는 자는 다단계판매원으로 등록할 수 없다.

1. 국가공무원 · 지방공무원 또는 교육공무원 및 사립학교법에 의한 교원
2. 법인
3. 다단계판매업자의 지배주주 또는 임직원
4. 이 법을 위반하는 행위를 한 자로서 대통령령이 정하는 자

③ 다단계판매업자는 그가 관리 · 운영하는 다단계판매조직에 가입한 다단계판매원에게 총리령이 정하는 바에 따라 다단계판매원등록증을 교부하여야 한다.

④ 다단계판매업자는 총리령이 정하는 바에 따라 다단계판매원 등록부를 작성하고, 소비자피해의 방지 또는 구제를 위하여 필요한 경우 소비자로 하여금 등록된 다단계판매원의 신원을 확인할 수 있도록 하여야 한다.

⑤ 다단계판매업자는 제1항의 규정에 의하여 등록한 다단계판매원에게 다음 각 호의 사항에 대하여 확인이 가능한 다단계판매원수첩(전자기기로 된 것을 포함한다)을 교부하여야 한다.

1. 후원수당의 산정 및 지급기준
2. 하위판매원의 모집 및 후원에 관한 사항

3. 재화 등의 반환 및 다단계판매원의 탈퇴에 관한 사항

4. 다단계판매원이 지켜야 할 사항

5. 기타 총리령이 정하는 사항

제16조【계약체결 전의 정보제공 및 계약체결에 따른 계약서 교부 의무】 제7조의 규정은 다단계판매의 방법으로 재화 등의 판매에 관한 계약을 체결하는 경우에 이를 준용한다. 이 경우 "방문판매자 등"은 "다단계판매자"로, "방문판매업자 등"은 "다단계판매업자"로, "방문판매원 등"은 "다단계판매원"으로 본다.

제17조【청약철회 등】① 제8조의 규정은 다단계판매의 방법으로 재화 등의 구매에 관한 계약을 체결한 소비자가 청약철회 등을 하는 경우에 이를 준용한다. 이 경우 "방문판매자 등"은 "다단계판매자"로 본다. 다만, 소비자가 다단계판매원과 재화 등의 구매에 관한 계약을 체결한 경우에는 다단계판매원에게 우선적으로 청약철회 등을 하고, 다단계판매원의 소재불명 등 대통령령이 정하는 사유로 인하여 다단계판매원에 대하여 청약철회 등을 하는 것이 곤란한 경우에 한하여 소비자는 당해 재화 등을 공급한 다단계판매업자에게 청약철회 등을 할 수 있다.

② 다단계판매의 방법으로 재화 등의 구매에 관한 계약을 체결한 다단계판매원은 다단계판매업자에게 재고의 보유를 허위로 알리는 등의 방법으로 재화 등의 재고를 과다하게 보유한 경우, 재판매가 곤란한 정도로 재화 등을 훼손한 경우, 기타 대통령령이 정하는 경우를 제외하고는 계약을 체결한 날부터 3월 이내에 서면으로 당해 계약에 관한 청약철회 등을 할 수 있다.

③ 제1항 또는 제2항의 경우 계약이 체결된 사실 및 그 시기, 재화 등

의 공급사실 및 그 시기, 재화 등의 훼손 여부 및 책임소재 등에 관하여 다툼이 있는 경우에는 재화 등을 판매한 자가 이를 입증하여야 한다.

제18조【청약철회 등의 효과】① 다단계판매의 상대방(다단계판매자가 다단계판매원 또는 소비자에게 판매한 때에는 다단계판매원 또는 소비자를, 다단계판매원이 소비자에게 판매한 때에는 소비자를 말한다. 이하 이 장에서 같다)은 제17조제1항 또는 제2항의 규정에 의하여 계약에 관한 청약철회등을 한 경우에는 이미 공급받은 재화 등을 반환하여야 한다.

② 다단계판매자(상대방으로부터 재화 등의 대금을 지급받은 자 또는 상대방과 다단계판매에 관한 계약을 체결한 자를 포함한다. 이하 제1항 내지 제8항에서 같다)는 재화 등을 반환받은 날부터 3영업일 이내에 이미 지급받은 재화 등의 대금을 환급하여야 한다. 다만, 다단계판매업자가 다단계판매원에게 재화 등의 대금을 환급함에 있어서는 대통령령이 정하는 범위 이내의 비용을 공제할 수 있으며, 다단계판매자가 상대방에게 재화 등의 대금의 환급을 지연한 때에는 그 지연기간에 대한 지연배상금을 지급하여야 한다.

③ 제1항의 규정에 의한 상대방이 신용카드 등으로 재화 등의 대금을 지급한 때에는 다단계판매자는 지체없이 당해 결제업자에게 재화 등의 대금 청구를 정지 또는 취소할 것을 요청하여야 한다. 다만, 다단계판매자가 결제업자로부터 해당 재화 등의 대금을 이미 지급받은 때에는 지체없이 이를 결제업자에게 환급하고 그 사실을 상대방에게 통지하여야 한다. 이 경우 환급이 지연되어 상대방이 대금을 결제하는 경우에는 결제한 날 이후의 지연기간에 대한 지연배상금을 상대방에게 지급하여야 한다.

④ 제3항의 규정에 의하여 다단계판매자로부터 재화 등의 대금을 환

급받은 결제업자는 지체없이 상대방에게 이를 환급하거나 환급에 필요한 조치를 취하여야 하며, 다단계판매자가 정당한 사유없이 결제업자에게 대금을 환급하지 않는 경우 상대방은 환급받을 금액에 대하여 결제업자에게 당해 다단계판매자에 대한 다른 채무와 상계할 것을 요청할 수 있고, 결제업자는 대통령령이 정하는 바에 따라 당해 다단계판매자에 대한 다른 채무와 상계할 수 있다.

⑤ 결제업자가 제4항의 규정에 의한 상계를 정당한 사유없이 게을리한 경우 상대방은 결제업자에 대해 대금의 결제를 거부할 수 있다. 이 경우 다단계판매자와 결제업자는 이를 이유로 당해 상대방을 신용정보의이용및보호에관한법률 제2조 제7호의 규정에 의한 신용불량자로 처리하는 등 상대방에게 불이익을 주는 행위를 하여서는 아니된다.

⑥ 다단계판매자는 제17조의 규정에 의한 청약철회 등에 따라 재화 등의 대금을 환급한 경우 그 환급한 금액이 자신이 다단계판매원에게 공급한 금액을 초과할 때에는 그 차액을 다단계판매원에게 청구할 수 있다.

⑦ 제1항의 경우 다단계판매자는 재화 등의 일부가 이미 사용 또는 소비된 경우에는 그 재화 등의 일부 사용 또는 소비에 의하여 상대방이 얻은 이익 또는 그 재화 등의 공급에 소요된 비용에 상당하는 금액의 지급을 당해 상대방에게 청구할 수 있다.

⑧ 제17조 제1항의 규정에 의하여 준용되는 제8조 제1항 또는 동 조 제3항의 규정에 의한 청약철회 등의 경우 공급받은 재화 등의 반환에 필요한 비용은 다단계판매자가 이를 부담하며 다단계판매자는 상대방에게 위약금 또는 손해배상을 청구할 수 없다.

⑨ 다단계판매자, 상대방으로부터 재화 등의 대금을 지급받은 자 또

는 상대방과 다단계판매에 관한 계약을 체결한 자가 동일인이 아닌 경우, 각자는 제17조의 규정에 의한 청약철회 등에 따른 제1항 내지 제5항 및 제8항의 규정에 의한 재화 등의 대금 환급과 관련한 의무의 이행에 있어서 연대하여 책임을 진다.

제19조【손해배상청구금액의 제한 등】제10조의 규정은 다단계판매자와의 재화 등의 판매 계약이 해제된 경우(제17조의 규정에 의하여 청약철회 등이 된 경우를 제외한다)에 이를 준용한다. 이 경우 "방문판매자 등"은 "다단계판매자"로, "소비자"는 "상대방"으로 본다.

제20조【후원수당의 지급기준 등】① 다단계판매업자는 다단계판매원에게 고지한 후원수당의 산정 및 지급기준과 다르게 후원수당을 산정 · 지급하거나 기타 부당한 방법으로 다단계판매원을 차별하여 대우하여서는 아니된다.

② 다단계판매업자는 후원수당의 산정 및 지급기준을 객관적이고 명확하게 정하여야 하며, 후원수당의 산정 및 지급기준을 변경하고자 하는 경우에는 대통령령이 정한 절차에 따라야 한다.

③ 다단계판매업자가 다단계판매원에게 후원수당으로 지급할 수 있는 총액은 대통령령이 정하는 범위 이내이어야 한다.

④ 다단계판매업자는 다단계판매원의 요구가 있는 경우 후원수당의 산정 · 지급명세 등의 열람을 허용하여야 한다.

⑤ 다단계판매업자는 일정수의 하위판매원을 모집 또는 후원하는 것을 조건으로 하위판매원 또는 그 하위판매원의 판매실적에 관계 없이 후원수당을 차등하여 지급하여서 아니된다.

제21조【후원수당 관련 표시 광고 등】① 다단계판매업자는 다단계판매원이 되고자 하는 자 또는 다단계판매원에게 다단계판매원이 받

게 될 일정한 이익에 관하여 허위의 정보를 제공하여서는 아니된다.

② 다단계판매업자는 다단계판매원이 되고자 하는 자 또는 다단계판매원에게 전체 다단계판매원에 대한 평균 후원수당 등 후원수당의 지급현황에 관한 정보를 총리령이 정하는 기준에 따라 고지하여야 한다.

③ 다단계판매업자는 다단계조직의 운영방식 또는 활동내용에 관하여 허위 또는 과장된 사실을 유포하여서는 아니된다.

제22조【다단계판매원의 등록 및 탈퇴 등】① 다단계판매업자는 다단계 판매원 등록 또는 자격유지의 조건으로 과다한 재화 등의 구입 등 대통령령이 정하는 수준 이상의 부담을 지게 하여서는 아니된다.

② 다단계판매자는 다단계판매원에게 일정수의 하위판매원을 모집하도록 의무를 지게 하거나, 특정인을 그 특정인의 동의없이 자신의 하위판매원으로 등록하여서는 아니된다.

③ 다단계판매업자는 다단계판매원이 제15조의 규정에 해당되는 때에는 당해 다단계판매원을 탈퇴시켜야 한다.

④ 다단계판매원은 언제든지 다단계판매업자에게 탈퇴의사를 표시하고 탈퇴할 수 있으며, 다단계판매업자는 다단계판매원의 탈퇴에 조건을 부과하여서는 아니된다.

⑤ 다단계판매업자는 탈퇴한 다단계판매원의 판매행위 등으로 인하여 소비자의 피해가 발생하지 아니하도록 판매원 수첩의 회수 등 필요한 조치를 하여야 한다.

제23조【금지행위】① 다단계판매자는 다음 각 호의 1에 해당하는 행위를 하여서는 아니된다.

1. 재화 등의 판매에 관한 계약의 체결을 강요하거나 청약철회 등 또는 계약의 해지를 방해할 목적으로 상대방에게 위력을 가하는 행위

2. 허위 또는 과장된 사실을 알리거나 기만적 방법을 사용하여 상대방과의 거래를 유도하거나 청약철회 등 또는 계약의 해지를 방해하는 행위 또는 재화 등의 가격 · 품질 등에 대하여 허위사실을 알리거나 실제의 것보다도 현저히 우량하거나 유리한 것으로 오인시킬 수 있는 행위

3. 다단계판매원이 되고자 하는 자 또는 다단계판매원에게 가입비, 판매보조물품, 개인할당판매액, 교육비 등 그 명칭 및 형태 여하를 불문하고 10만 원 이하의 범위로서 대통령령이 정하는 수준 이상의 비용, 기타 금품을 징수하는 등 의무를 부과하는 행위

4. 다단계판매원에게 하위 판매원 모집 자체에 대하여 경제적 이익을 지급하거나 정당한 사유없이 후원수당 외의 경제적 이익을 지급하는 행위

5. 청약철회 등이나 계약의 해지를 방해할 목적으로 주소 · 전화번호 등을 변경하는 행위

6. 분쟁이나 불만처리에 필요한 인력 또는 설비의 부족을 상당기간 방치하여 상대방에게 피해를 주는 행위

7. 상대방의 청약이 없는데도 일방적으로 재화 등을 공급하고 재화 등의 대금을 청구하는 등 상대방에게 재화 등을 강매하거나 하위판매원에게 재화 등을 판매하는 행위

8. 소비자가 재화를 구매하거나 용역을 제공받을 의사가 없음을 밝혔음에도 불구하고 전화, 모사전송, 컴퓨터통신 등을 통하여 재화를 구매하거나 용역을 제공받도록 강요하는 행위

9. 다단계판매원이 사회적인 신분 등을 이용하여 자신의 하위판매원으로서의 등록을 강요하거나 다단계판매원이 그 하위판매원에게 재화

등의 구매를 강요하는 행위

10. 다단계판매원이 되고자 하는 자 또는 다단계판매원에게 본인의 의사에 반하여 교육 합숙 등을 강요하는 행위

11. 다단계판매업자의 피용자가 아닌 다단계판매원을 다단계판매업자에게 고용된 자로 오인하게 하거나 다단계판매원으로 등록하지 아니한 자를 다단계판매원으로 활동하게 하는 행위

12. 제34조의 규정에 의한 소비자피해보상보험계약 등을 체결하지 아니하고 영업하는 행위

13. 다단계판매자가 거래의 상대방에게 판매하는 개별 재화 등의 가격을 대통령령이 정하는 금액 이상으로 정하여 판매하는 행위

14. 본인의 허락을 받지 아니하거나 허락 받은 범위를 넘어 소비자에 관한 정보를 이용하는 행위. 다만, 다음 각 목의 1에 해당하는 경우를 제외한다.

가. 재화 등의 배송 등 소비자와의 계약의 이행에 불가피한 경우로서 대통령령이 정하는 경우

나. 재화 등의 거래에 따른 대금정산을 위하여 필요한 경우

다. 도용방지를 위하여 본인확인에 필요한 경우로서 대통령령이 정하는 경우

라. 법률의 규정 또는 법률에 의하여 필요한 불가피한 사유가 있는 경우

15. 다단계판매조직 및 다단계판매원의 지위를 양도 · 양수하는 행위. 다만, 다단계판매원의 지위를 상속하는 경우 또는 사업의 양도 · 양수 · 합병의 경우에는 그러하지 아니하다.

② 누구든지 다단계판매조직 또는 이와 유사하게 단계적으로 가입한

자로 구성된 다단계조직을 이용하여 재화 등의 거래 없이 금전거래만을 하거나 재화 등의 거래를 가장하여 사실상 금전거래만을 하는 행위를 하여서는 아니된다.

③ 다단계판매업자는 다단계판매원으로 하여금 제1항 각 호 또는 제2항의 금지행위를 하도록 교사하거나 방조하여서는 아니된다.

④ 공정거래위원회는 이 법 위반행위의 방지 및 소비자피해의 예방을 위하여 다단계판매자가 준수하여야 할 기준을 정하여 고시할 수 있다.

제24조【소비자 등의 침해정지 요청】 제23조의 금지행위에 관한 규정을 위반한 다단계판매업자의 행위로 인하여 이익을 침해받거나 침해받을 우려가 있는 자 또는 대통령령이 정하는 소비자단체 등은 당해 행위가 현저한 손해를 주거나 줄 우려가 있는 경우에는 그 행위에 대하여 대통령령이 정하는 바에 따라 공정거래위원회에 침해의 정지에 필요한 조치를 요청할 수 있다.

제25조【휴업기간 등에서의 청약철회 등의 업무처리 등】 ① 다단계판매업자는 그 휴업기간 또는 영업정지기간 중에도 제17조 제1항의 규정에 의하여 준용되는 제8조 제1항 및 제3항의 규정에 의한 청약철회 등의 업무와 제18조 제1항 내지 제3항의 규정에 의한 청약철회 등과 그에 따른 업무를 계속하여야 한다.

② 다단계판매원은 다단계판매업자가 폐업하거나 그 등록이 취소된 경우 그 폐업 또는 등록취소 당시 판매하지 못한 재화 등을 다른 사람에게 판매한 때에는 그 다단계판매원이 청약의 철회 등에 따라 반환되는 재화 등을 반환받고, 재화 등을 반환받은 날부터 3 영업일 이내에 재화 등의 대금을 환급하여야 한다.

③ 제13조 제1항의 규정에 의하여 공정거래위원회에 등록하거나 시 · 도지사에 등록한 다단계판매업자가 폐업신고를 하지 아니한 상태에서 파산선고를 받는 등 실질적으로 영업을 할 수 없는 것으로 판단되는 경우에는 등록을 받은 행정기관의 장은 그 등록을 직권으로 취소할 수 있다.

제26조【주소변경 등의 공고】 다단계판매업자가 다음 각 호의 1에 해당하는 경우 공정거래위원회 또는 시 · 도지사는 총리령이 정하는 바에 따라 그 사실을 공고하여야 한다.

1. 상호 또는 주된 사업장의 주소 · 전화번호를 변경한 경우
2. 제13조 제3항의 규정에 의한 휴업 또는 폐업신고를 한 경우
3. 제42조 제4항의 규정에 의한 영업정지처분을 받거나 등록이 취소된 경우

제27조【다단계판매업자의 책임】 ① 다단계판매업자는 다단계판매원이 그의 하위판매원을 모집하거나 다단계판매업자의 재화 등을 소비자에게 판매함에 있어서 당해 다단계판매원이 제23조의 금지행위에 관한 규정을 위반하지 아니하도록 다단계판매원에게 당해 규정의 내용을 서면이나 전자우편으로 고지하여야 한다.

② 다단계판매업자가 제1항의 규정에 의한 고지의무를 게을리 한 경우에는 제23조의 금지행위에 관한 규정을 위반한 다단계판매원의 행위에 의하여 다른 다단계판매원 또는 소비자에게 가한 재산상 손해에 대하여 이를 배상할 책임을 진다.

③ 제2항의 규정에 의한 배상책임의 기준은 대통령령으로 정하며, 제2항의 규정은 다단계판매원에 대한 다단계판매업자의 구상권 행사를 방해하지 아니한다.

제4장 계속거래 등

제28조【계약체결 전의 정보제공 및 계약체결에 따른 계약서 교부의무】 ① 계속거래 또는 사업권유거래(이하 "계속거래 등"이라 한다)를 업으로 하는 자(이하 "계속거래업자 등"이라 한다)는 대통령령이 정하는 금액 및 기간 이상을 거래조건으로 하는 계속거래 등에 관한 계약을 체결하는 경우에는 계약을 체결하기 전에 소비자(사업권유거래에서 재화 등을 구매하는 자를 포함한다. 이하 이 장에서 같다)가 계약의 내용을 이해할 수 있도록 다음 각 호의 사항을 설명하고 계약을 체결하는 때에는 다음 각 호의 사항을 기재한 계약서를 소비자에게 교부하여야 한다.

1. 계속거래업자 등의 성명(법인인 경우에는 대표자의 성명을 말한다) · 상호 · 주소 · 전화번호 · 전자우편주소

2. 계속거래를 통하여 판매하는 재화 등(계속거래와 관련하여 따로 구입할 필요가 있는 다른 재화 등이 있는 경우에는 그 재화 등을 포함한다)이나 사업권유거래를 통하여 판매하는 재화 등의 명칭, 종류 및 내용

3. 재화 등의 대금(가입비, 설치비 등 명칭 여하를 불문하고 재화 등의 거래와 관련하여 지급하는 금액을 포함한다. 이하 이 장에서 같다)과 그 지급시기 및 방법

4. 재화 등의 거래 방법과 거래기간 및 시기

5. 사업권유거래의 경우에는 제공되는 사업에 관한 거래조건으로 대통령령이 정하는 사항

6. 제29조의 규정에 의한 계약의 해지와 그 행사방법 · 효과에 관한 사항 및 해지권의 행사에 필요한 서식

7. 소비자 피해보상 · 재화 등에 대한 불만 및 소비자와 사업자 사이

의 분쟁처리에 관한 사항

8. 거래에 관한 약관

9. 기타 거래 여부의 판단에 영향을 주는 거래조건 또는 소비자의 피해구제에 필요한 사항으로서 대통령령이 정하는 사항

② 제7조 제3항의 규정은 계속거래업자 등이 미성년자와 제1항의 규정에 의한 계약을 체결하는 경우에 이를 준용한다.

계속거래업자 등은 제1항의 규정에 따라 소비자에게 표시 또는 고지한 거래조건을 신의에 좇아 성실하게 이행하여야 한다.

제29조【계약의 해지】계속거래업자 등과 계속거래 등의 계약을 체결한 소비자는 언제든지 계약 기간중 계약을 해지할 수 있다. 다만, 다른 법률에 별도의 규정이 있거나 거래의 안전 등을 위하여 대통령령이 정하는 경우에는 그러하지 아니하다.

제30조【계약 해지 또는 해제의 효과와 위약금 등】① 계속거래업자 등은 자신의 귀책사유 없이 계속거래 등의 계약이 해지 또는 해제된 경우(제8조 및 제17조의 규정에 의하여 청약이 철회된 경우를 제외한다) 소비자에게 해지 또는 해제로 인해 발생하는 손실을 현저하게 초과하는 위약금을 청구하거나 가입비, 기타 명칭 여하를 불문하고 실제 공급된 재화 등의 대가를 초과하여 수령한 대금의 반환을 부당하게 거부하여서는 아니된다.

② 계속거래 등의 계약이 해지 또는 해제된 경우 소비자는 반환할 수 있는 재화 등을 계속거래업자 등에게 반환할 수 있으며, 계속거래업자 등은 대통령령이 정하는 바에 따라 대금의 환급 또는 위약금의 경감 등의 조치를 취하여야 한다.

③ 계속거래업자 등은 자신의 귀책사유 없이 계약이 해지 또는 해제

된 때에 소비자로부터 받은 재화 등의 대금(재화 등이 반환된 경우 환급하여야 할 금액을 포함한다)이 이미 공급한 재화 등의 대금에 위약금을 더한 금액보다 많은 경우에는 그 차액을 소비자에게 환급하여야 한다. 이 경우 환급이 지연되는 경우에는 총리령이 정하는 지연기간에 대한 지연배상금을 더하여 환급하여야 한다.

④ 제1항의 규정에 의한 계약의 해지 또는 대금의 환급에 관하여 소비자의 책임이 있는지의 여부, 계약이 체결된 사실 및 그 시기, 재화 등의 공급사실 및 그 시기에 관하여 다툼이 있는 경우에는 계속거래업자등이 이를 입증하여야 한다.

⑤ 공정거래위원회는 제1항에 의한 위약금의 청구와 제2항의 규정에 따른 대금의 환급 또는 위약금의 경감과 관련한 분쟁을 방지하기 위하여 필요한 경우 위약금 및 대금의 환급에 관한 산정기준을 정하여 고시할 수 있다.

제31조【거래기록의 열람 등】 계속거래업자 등은 대통령령이 정하는 바에 따라 재화 등의 거래기록 등을 언제든지 소비자가 열람할 수 있도록 하여야 한다.

제32조【금지행위 등】① 계속거래업자 등은 다음 각 호의 1에 해당하는 행위를 하여서는 아니된다.

1. 계속거래 등의 계약을 체결하게 하거나 계약의 해지 또는 해제를 방해하기 위하여 소비자에게 위력을 가하는 행위

2. 허위 또는 과장된 사실을 알리거나 기타 기만적인 방법으로 소비자를 유인 또는 거래하거나 계약의 해지 또는 해제를 방해하는 행위

3. 계속거래 등에 필요한 재화 등을 통상 거래 가격보다 현저히 비싼 가격으로 구입하게 하는 행위

4. 소비자가 계속거래 등의 계약을 해지 또는 해제하였음에도 불구하고 정당한 사유없이 이에 따른 조치를 지연하거나 거부하는 행위

5. 계약의 해지 또는 해제를 방해할 목적으로 주소 · 전화번호 등을 변경하는 행위

6. 분쟁이나 불만처리에 필요한 인력 또는 설비의 부족을 상당기간 방치하여 소비자에게 피해를 주는 행위

7. 소비자의 청약이 없는데도 일방적으로 재화 등을 공급하고 재화 등의 대금을 청구하는 행위

8. 소비자가 재화를 구매하거나 용역을 제공받을 의사가 없음을 밝혔음에도 불구하고 전화, 모사전송, 컴퓨터통신 등을 통하여 재화를 구매하거나 용역을 제공받도록 강요하는 행위

② 공정거래위원회는 이 법 위반행위의 방지 및 소비자피해의 예방을 위하여 계속거래업자등이 준수하여야 할 기준을 정하여 고시할 수 있다.

제5장 소비자권익의 보호

제33조【소비자보호지침 제정 등】① 공정거래위원회는 방문판매, 전화권유판매, 다단계판매 및 계속거래 등(이하 "특수판매"라 한다)을 행함에 있어서 건전한 거래질서의 확립 및 소비자(다단계판매원이나 사업권유거래의 상대방을 포함한다. 이하 같다)의 보호를 위하여 사업자의 자율적 준수를 유도하기 위한 지침(이하 "소비자보호지침"이라 한다)을 관련분야의 거래당사자, 기관 및 단체의 의견을 들어 정할 수 있다.

② 특수판매를 업으로 하는 자(이하 "특수판매업자"라 한다)는 그가 사

용하는 약관이 소비자보호지침의 내용보다 소비자에게 불리한 경우 소비자보호지침과 다르게 정한 약관의 내용을 소비자가 알기 쉽게 표시 또는 고지하여야 한다.

제34조【소비자피해보상보험계약 등】① 제13조 제1항의 규정에 의하여 등록하고자 하는 다단계판매업자는 다음 각 호의 1에 해당하는 계약(이하 "소비자피해보상보험계약 등"이라 한다)을 체결하여야 한다.

1. 소비자피해보상을 위한 보험계약
2. 소비자피해보상금의 지급을 확보하기 위한 금융기관과의 채무지급보증계약
3. 제35조의 규정에 의하여 설립된 공제조합과의 공제계약

② 공정거래위원회는 방문판매, 전화권유판매 및 계속거래 등에서의 소비자보호를 위하여 소비자피해보상보험계약 등을 체결하도록 권장할 수 있다.

③ 소비자피해보상보험계약 등은 이 법 위반행위로 인한 소비자 피해의 보상에 적절한 수준이어야 하며 그 구체적인 기준은 대통령령으로 정한다.

④ 소비자피해보상보험계약 등에 의하여 소비자 피해보상금을 지급할 의무가 있는 자는 그 지급 사유가 발생한 경우 지체없이 이를 지급하여야 한다. 이를 지연한 경우에는 지연배상금을 지급하여야 한다.

⑤ 소비자피해보상보험계약 등을 체결하고자 하는 사업자는 소비자피해보상보험계약 등을 체결하기 위하여 매출액 등의 자료를 제출함에 있어 허위의 자료를 제출하여서는 아니된다.

⑥ 소비자피해보상보험계약 등을 체결한 자는 그 사실을 나타내는 표지를 사용할 수 있다.

⑦ 소비자피해보상보험계약 등을 체결하지 아니한 사업자는 제6항의 규정에 의한 표지를 사용하거나 이와 유사한 표지를 제작 또는 사용하여서는 아니된다.

제35조【공제조합의 설립】① 제5조의 규정에 의하여 신고 또는 제13조의 규정에 의하여 등록한 사업자는 소비자피해보상으로 인한 보상금지급책임의 보험사업 등 제34조 제1항 제3호의 규정에 의한 공제사업을 영위하기 위하여 공정거래위원회의 인가를 받아 공제조합(이하 "공제조합"이라 한다)을 설립할 수 있으며 인가의 기준은 대통령령으로 정한다.

② 공제조합은 법인으로 하며, 주된 사무소의 소재지에 설립등기를 함으로써 성립한다.

③ 공제조합에 가입한 자는 공제사업의 수행에 필요한 출자금 등을 조합에 납부하여야 한다.

④ 공제조합의 기본재산은 조합원의 출자금 등으로 조성한다. 다만, 정부는 예산의 범위 안에서 출연 또는 보조할 수 있다.

⑤ 공제조합의 조합원의 자격, 임원에 관한 사항 및 출자금의 부담기준에 관한 사항은 정관으로 정한다.

⑥ 공제조합의 설립인가 절차, 정관기재사항, 운영 및 감독 등에 관하여 필요한 사항은 대통령령으로 정한다.

⑦ 공제조합이 제1항의 규정에 의한 공제사업을 하고자 하는 때에는 공제규정을 정하여 공정거래위원회의 인가를 받아야 한다. 공제규정을 변경하고자 하는 때에도 또한 같다.

⑧ 제7항의 공제규정에는 공제사업의 범위, 공제료, 공제사업에 충당하기 위한 책임준비금 등 공제사업의 운영에 관하여 필요한 사항을

정하여야 한다.

공제조합에 관하여 이 법에 규정된 것을 제외하고는 민법 중 사단법인에 관한 규정을 준용한다.

⑩ 이 법에 의한 공제조합의 사업에 대하여는 보험업법을 적용하지 아니한다.

제36조【특수판매 소비자단체 등의 지원】공정거래위원회는 특수판매에서의 공정거래질서 확립 및 소비자의 권익을 보호하기 위한 사업을 시행하는 기관 또는 단체에 대하여 예산 범위 안에서 필요한 지원을 할 수 있다.

제6장 조사 및 감독

제37조【위반행위의 조사 등】① 공정거래위원회 또는 시 · 도지사는 이 법의 규정에 위반한 사실이 있다고 인정할 때에는 직권으로 필요한 조사를 할 수 있다.

② 시 · 도지사가 제1항의 규정에 의한 조사를 하고자 하는 경우에는 공정거래위원회에 통보하여야 하며, 공정거래위원회는 조사 등이 중복될 우려가 있는 경우에는 시 · 도지사에게 조사의 중지를 요청할 수 있다. 이 경우 요청을 받은 시 · 도지사는 상당한 이유가 없는 한 그 조사를 중지하여야 한다

③ 공정거래위원회 또는 시 · 도지사는 제1항 또는 제2항의 규정에 의하여 조사를 한 경우에는 그 결과(조사결과 시정조치명령 등의 처분을 하고자 하는 경우에는 그 처분의 내용을 포함한다)를 당해 사건의 당사자에게 서면으로 통지하여야 한다.

④ 누구든지 이 법의 규정에 위반되는 사실이 있다고 인정할 때에는 그 사실을 공정거래위원회 또는 시 · 도지사에게 신고할 수 있다.

⑤ 공정거래위원회는 이 법의 규정에 위반하는 행위가 종료한 날부터 5년을 경과한 경우에는 당해 위반행위에 대하여 제42조의 규정에 의한 시정조치를 명하지 아니하거나 제44조의 규정에 의한 과징금 등을 부과하지 아니한다.

第38조【부당행위에 대한 정보의 공개 등】 공정거래위원회는 특수판매의 공정거래질서확립과 소비자피해예방을 위하여 필요한 경우에는 대통령령이 정하는 바에 따라 특수판매업자의 이 법 위반행위 사실 등 부당행위에 대한 정보를 공개할 수 있다.

第39조【평가 인증사업의 공정화】 ① 특수판매의 공정거래질서확립 및 소비자 보호를 위하여 관련사업자의 평가 인증 등의 업무를 수행하는 자(이하 "평가 인증사업자"라 한다)는 그 명칭 여하를 불문하고 대통령령이 정하는 바에 따라 그 평가인증에 관한 기준 · 방법 등을 공시하고, 그에 따라 공정하게 평가 인증하여야 한다.

② 제1항의 평가 인증의 기준 및 방법은 사업자가 거래의 공정화 및 소비자보호를 위하여 행한 노력과 성과에 관한 정보를 전달하는데 적절한 것이어야 한다.

③ 공정거래위원회는 평가 인증사업자에 대하여 운용 상황 등에 관한 자료를 제출하게 할 수 있다.

第40조【보고 및 감독】 ① 시 · 도지사는 제41조의 규정에 의한 시정권고 또는 제42조의 규정에 의한 처분을 하는 경우에는 대통령령이 정하는 바에 따라 공정거래위원회에 보고하여야 한다.

② 공정거래위원회는 이 법의 효율적인 시행을 위하여 필요하다고

인정할 때에는 그 소관사항에 관하여 시 · 도지사 등에 대하여 조사 · 확인 또는 자료의 제출을 요구하거나 기타 시정에 필요한 조치를 요구할 수 있다. 이 경우 시 · 도지사는 특별한 사유가 없는 한 이에 응하여야 한다.

제7장 시정조치 및 과징금 부과

제41조【위반행위의 시정권고】 ① 공정거래위원회 또는 시 · 도지사는 사업자가 이 법의 규정에 위반되는 행위를 하거나 이 법의 규정에 의한 의무를 이행하지 아니하는 경우 제42조의 규정에 의한 시정조치에 앞서 당해 행위를 중지하거나 이 법에 규정된 의무를 이행하도록 당해 사업자에 대하여 시정방안을 정하여 이에 따를 것을 권고할 수 있다. 이 경우 당해 권고를 수락한 때에는 제3항의 규정에 의하여 시정조치가 명하여진 것으로 본다는 뜻을 함께 통지하여야 한다.

② 제1항의 규정에 의하여 시정권고를 받은 사업자는 그 통지를 받은 날부터 10일 이내에 당해 권고를 수락하는지의 여부에 관하여 이를 행한 행정청에 통지하여야 한다.

③ 제1항의 규정에 의하여 시정권고를 받은 자가 당해 권고를 수락한 때에는 제42조의 규정에 의한 시정조치가 명하여진 것으로 본다.

제42조【시정조치】 ① 공정거래위원회는 사업자가 다음 각호의 1에 해당하는 행위를 하거나 이 법의 규정에 의한 의무를 이행하지 아니하는 경우 해당 사업자 등에 대하여 그 시정을 위한 조치를 명할 수 있다.

1. 제5조 제1항 내지 제3항 · 제6조 · 제7조 제1항 내지 제3항 및 제5항 · 제8조 제6항 · 제9조 · 제10조 제1항 · 제12조 제1항 · 제13조 제1

항 내지 제3항 · 제14조 내지 제23조 · 제25조 제1항 및 제2항 · 제27조 제1항 및 제2항 · 제28조 · 제30조 제1항 내지 제3항 · 제31조 · 제33조 제2항 · 제34조 제1항, 제4항, 제5항 및 제7항 · 제39조 제1항 및 제2항 · 제48조의 규정에 위반하는 경우

2. 제11조 제1항 · 제23조 제1항 · 제32조 제1항 각 호의 1에 해당하는 금지행위를 한 경우

② 제1항의 규정에 의한 시정을 위한 조치에는 다음 각호의 1을 포함한다.

1. 당해 위반행위의 중지

2. 이 법에 규정된 의무의 이행

3. 시정조치를 받은 사실의 공표

4. 기타 시정을 위한 필요한 조치

③ 제2항 제3호의 규정에 의한 시정조치를 받은 사실의 공표에 관하여 필요한 사항은 대통령령으로 정한다.

④ 공정거래위원회는 제1항의 규정에 의한 시정조치에도 불구하고 위반 행위가 반복되거나 시정조치에 따른 이행을 하지 않는 경우에는 대통령령이 정하는 바에 따라 1년 이내의 기간을 정하여 그 영업의 전부 또는 일부의 정지를 명할 수 있다. 다만, 다음 각 호의 1에 해당하는 경우에는 대통령령이 정하는 바에 따라 그 등록을 취소할 수 있다.

1. 사위, 기타 부정한 방법으로 제13조 제1항의 규정에 의한 등록을 한 경우

2. 제14조의 규정에 의한 결격사유에 해당하게 된 경우

3. 제34조 제1항의 소비자피해보상보험계약 등이 해지된 경우

제43조【소비자피해분쟁조정의 요청】① 공정거래위원회 또는 시·도지사는 특수판매에 있어 이 법 위반행위와 관련하여 소비자의 피해구제 신청이 있는 경우 제41조의 규정에 의한 시정권고 또는 제42조의 규정에 의한 시정조치를 행하기 전에 특수판매에 있어 소비자보호 관련 업무를 수행하는 기관 또는 단체 등 대통령령이 정하는 소비자피해분쟁조정기구에 그 조정을 의뢰할 수 있다.

② 공정거래위원회 또는 시·도지사는 제1항의 규정에 의하여 의뢰된 권고안 또는 조정안을 당사자가 수락하고 이를 이행하는 경우에는 제42조의 규정에 의한 시정조치를 하지 아니한다는 뜻을 당사자에게 통지하여야 한다.

③ 제1항의 규정에 의한 소비자피해분쟁조정기구의 권고안 또는 조정안에 대하여 당사자가 수락하고 이행한 경우에는 대통령령이 정하는 바에 따라 제42조의 규정에 의한 시정조치를 하지 아니한다. 이 경우 제37조 제5항의 규정은 이를 적용하지 아니한다.

④ 공정거래위원회는 제1항의 규정에 의하여 분쟁의 조정을 요청하는 경우 예산의 범위 안에서 당해 분쟁의 조정에 필요한 예산을 지원할 수 있다.

제44조【과징금】① 공정거래위원회는 특수판매업자가 제42조의 시정조치에도 불구하고 법 위반행위가 반복되거나 시정조치만으로는 소비자피해의 방지가 곤란하다고 판단되는 경우에는 대통령령이 정하는 바에 따라 1년 이내의 기간을 정하여 영업의 전부 또는 일부의 정지를 명하거나 이에 갈음하여 해당 특수판매업자에 대하여 대통령령이 정하는 위반행위 관련 매출액을 초과하지 아니하는 범위 안에서 과징금을 부과할 수 있다. 이 경우 관련 매출액이 없거나 이를 산정할 수 없

는 경우 등에는 5천만 원을 초과하지 아니하는 범위 안에서 과징금을 부과할 수 있다.

② 공정거래위원회는 제1항의 규정에 의한 과징금을 부과함에 있어서 다음 각 호의 사항을 참작하여야 한다.

1. 위반행위로 인한 소비자 피해정도
2. 소비자 피해에 대한 사업자의 보상노력 정도
3. 위반행위로 인하여 취득한 이익의 규모
4. 위반행위의 내용 · 기간 및 횟수 등

③ 공정거래위원회는 이 법의 규정을 위반한 특수판매업자인 회사의 합병이 있는 경우에는 해당 회사가 행한 위반행위는 합병 후 존속하거나 합병에 의하여 새로 설립된 회사가 행한 행위로 보아 과징금을 부과 · 징수할 수 있다.

④ 독점규제및공정거래에관한법률 제55조의 4 및 제55조의 5의 규정은 제1항의 규정에 의한 과징금의 납부기한의 연장 · 분할납부 및 과징금 징수 · 체납처분에 관하여 준용한다.

제8장 보 칙

제45조【소비자 등에 불리한 계약의 금지】 제7조 내지 제10조 · 제16조 내지 제19조 · 제28조 내지 제30조의 규정의 1에 위반한 약정으로 소비자에게 불리한 것은 그 효력이 없다.

제46조【전속관할】 이 법 적용대상인 특수판매업자와의 거래에 관련된 소는 제소 당시의 소비자의 주소를, 주소가 없는 경우에는 거소를 관할하는 지방법원의 전속관할로 한다. 다만, 제소 당시 소비자의

주소 또는 거소가 분명하지 아니한 경우에는 그러하지 아니하다.

제47조【사업자단체의 등록 등】① 특수판매의 건전한 발전과 소비자에 대한 신뢰도의 제고, 기타 공동의 이익 증진을 목적으로 설립된 사업자 단체는 대통령령이 정하는 바에 의하여 공정거래위원회에 등록할 수 있다.

② 제1항의 규정에 의한 등록의 요건, 방법 및 절차 등에 관하여 필요한 사항을 대통령령으로 정한다.

제48조【소비자에 관한 정보의 오 · 남용 및 도용방지 등】전자상거래등에서의소비자보호에관한법률 제11조는 특수판매업자가 소비자에 관한 정보를 수집 · 이용하는 경우에 이를 준용한다. 이 경우 "전자상거래 또는 통신판매"는 "특수판매"로 본다.

제49조【권한의 위임 위탁】① 이 법의 규정에 의한 공정거래위원회의 권한은 그 일부를 대통령령이 정하는 바에 따라 소속기관의 장 또는 시 · 도지사에게 위임하거나 다른 행정기관의 장에게 위탁할 수 있다.

② 이 법에 의한 시 · 도지사의 권한은 그 일부를 대통령령이 정하는 바에 따라 시장 · 군수 · 구청장(자치구의 구청장을 말한다. 이하 같다)에게 위임할 수 있다.

③ 공정거래위원회는 이 법의 효율적인 집행을 위하여 필요한 경우 사무의 일부를 제47조의 규정에 의하여 등록한 사업자단체에 위탁할 수 있다.

④ 제3항의 규정에 의하여 사무를 위탁받은 사업자 단체의 임원 및 직원은 형법 제129조 내지 제132조의 규정에 의한 벌칙의 적용에 있어서는 이를 공무원으로 본다.

제50조【독점규제및공정거래에관한법률의 준용】① 독점규제및공

정거래에관한법률 제42조 내지 제45조 및 제52조의 규정은 이 법에 의한 공정거래위원회의 심의 · 의결에 관하여 준용한다.

② 독점규제및공정거래에관한법률 제53조 내지 제55조의 2의 규정은 이 법에 의한 공정거래위원회의 처분 및 제49조에 의하여 위임된 시 · 도지사의 처분에 대한 이의신청 · 소의 제기 및 불복의 소의 전속관할에 관하여 준용한다.

③ 독점규제및공정거래에관한법률 제50조 제1항 내지 제4항의 규정은 이 법 위반행위에 대한 공정거래위원회 또는 시 · 도지사의 조사 등에 관하여 이를 준용한다.

④ 독점규제및공정거래에관한법률 제62조의 규정은 이 법에 의한 직무에 종사하거나 종사하였던 공정거래위원회의 위원 또는 공무원에 대하여 준용한다.

제9장 벌 칙

제51조【벌칙】① 다음 각 호의 1에 해당하는 자는 7년 이하의 징역 또는 2억 원 이하의 벌금에 처한다. 이 경우 다음 각호의 1에 해당하는 자가 당해 법 위반 행위와 관련하여 판매 또는 거래한 대금 총액의 3배에 상당하는 금액이 2억 원을 초과하는 때에는 7년 이하의 징역 또는 판매하거나 거래한 대금 총액의 3배에 상당하는 금액 이하의 벌금에 처한다.

1. 제13조 제1항의 규정에 위반하여 등록을 하지 아니하고(제42조 제4항의 규정에 의하여 등록이 취소된 경우를 포함한다) 다단계판매조직을 개설 · 관리 또는 운영한 자

2. 허위, 기타 부정한 방법으로 제13조 제1항의 규정에 의한 등록을 하고 다단계판매조직을 개설 · 관리 또는 운영한 자(제23조 제1항 제12호의 금지행위를 한 자를 포함한다)

② 제1항의 징역형과 벌금형은 이를 병과할 수 있다

제52조【벌칙】① 다음 각 호의 1에 해당하는 자는 5년 이하의 징역 또는 1억 5천만 원 이하의 벌금에 처한다.

1. 제22조 제2항의 규정에 위반한 자

2. 제23조 제1항 제1호 · 제2호 · 제3호 · 제4호의 금지행위를 한 자

3. 제23조 제2항의 규정에 위반하여 사실상 재화 등의 거래 없이 금전거래만을 행하거나 재화 등의 거래를 가장하여 사실상 금전거래만을 행한 자

② 제1항의 징역형과 벌금형은 이를 병과할 수 있다

제53조【벌칙】① 다음 각 호의 1에 해당하는 자는 3년 이하의 징역 또는 1억 원 이하의 벌금에 처한다.

1. 제13조 제2항 또는 제3항의 규정에 위반하여 허위로 신고한 자

2. 제15조 제5항의 규정에 의한 다단계판매원 수첩에 허위사실을 기재한 자

3. 제18조 제2항의 규정에 위반하여 재화 등의 대금을 환급하지 아니한 자

4. 제20조 제5항의 규정에 위반한 자

5. 제21조 제1항 또는 제3항의 규정에 위반한 자

6. 제22조 제1항 또는 제4항의 규정에 위반한 자

7. 제23조 제1항 제5호 · 제7호 · 제9호 · 제10호 · 제11호 또는 제15호의 규정에 해당하는 금지행위를 한 자

8. 제34조 제5항의 규정에 위반하여 소비자피해보상계약 등을 체결함에 있어 허위로 자료를 제출한 다단계판매업자

9. 제34조 제7항의 규정에 위반하여 허위 또는 유사한 표지를 제작 또는 사용한 자

10. 제42조 제1항의 규정에 위반하여 시정조치명령에 응하지 아니한 자

11. 제42조 제4항의 규정에 의한 영업정지 명령에 위반하여 영업을 한 자

② 제1항의 징역형과 벌금형은 이를 병과할 수 있다

제54조【벌칙】① 다음 각 호의 1에 해당하는 자는 2년 이하의 징역 또는 5천만 원 이하의 벌금에 처한다.

1. 제11조 제1항 제1호 · 제2호 또는 제5호의 규정에 해당하는 금지행위를 한 자

2. 제13조 제2항 또는 제3항의 규정에 위반하여 신고를 하지 아니한 자

3. 제32조 제1호 · 제2호 또는 제5호의 규정에 해당하는 금지행위를 한 자

② 제1항의 징역형과 벌금형은 이를 병과할 수 있다

제55조【벌칙】다음 각 호의 1에 해당하는 자는 1년 이하의 징역 또는 3천만 원 이하의 벌금에 처한다.

1. 제5조 제1항의 규정에 위반하여 신고를 하지 아니하거나 허위로 신고한 자

2. 제11조 제1항 제3호의 규정에 해당하는 금지행위를 한 자

3. 제12조 제1항 또는 제25조 제1항의 규정에 위반하여 휴업기간 또

는 영업정지기간중에 계속하여야 할 업무를 계속하지 아니한 자

4. 제15조 제2항의 규정에 의하여 다단계판매원으로 등록할 수 없는 자로서 다단계판매원으로 등록한 자

5. 제15조 제3항의 규정에 의한 다단계판매원등록증에 허위 사실을 기재한 자

6. 제15조 제4항의 규정에 위반하여 다단계판매원등록부를 허위로 작성한 자

7. 제23조 제1항 제13호의 규정에 해당하는 금지행위를 한 자

8. 제31조의 규정에 위반하여 재화 등의 거래기록 등을 허위로 작성한 자

제56조【벌칙】 다음 각 호의 1에 해당하는 자에 대하여는 1천만 원 이하의 벌금에 처한다.

1. 제6조 제3항의 규정에 위반하여 성명 등을 허위로 명시한 자

2. 제7조 제1항, 제16조 또는 제28조 제1항의 규정에 의한 계약서를 교부함에 있어 허위로 기재된 계약서를 교부한 자

3. 제11조 제1항 제4호 또는 제7호의 규정에 해당하는 금지행위를 한 자

4. 제32조 제3호 · 제4호 또는 제7호의 규정에 해당하는 금지행위를 한 자

제57조【양벌규정】 법인의 대표자나 법인 또는 개인의 대리인 · 사용인, 그 밖의 종업원이 그 법인 또는 개인의 업무에 관하여 제51조 내지 제56조의 위반행위를 한 때에는 행위자를 벌하는 외에 그 법인 또는 개인에 대하여도 각 해당 조의 벌금형을 과한다.

② 제51조 내지 제56조의 위반행위를 한 자 또는 제1항에 의하여 벌

금형이 부과되는 법인 또는 개인이 이미 공정거래위원회 또는 시 · 도지사의 처분을 받은 때 또는 소비자의 피해를 보상한 때에는 제51조 내지 제56조의 형을 감경 또는 면제할 수 있다.

제58조【과태료】 ① 다음 각 호의 1에 해당하는 자는 1천만 원 이하의 과태료에 처한다.

1. 제9조의 규정에 위반하여 재화 등의 대금을 환급하지 않거나 환급에 필요한 조치를 취하지 않은 자

2. 제11조 제1항·제8호, 제23조 제1항 제8호 또는 제32조 제1항 제8호의 규정에 위반하여 금지행위를 한 자

3. 제11조 제1항 제6호, 제23조 제1항 제6호 또는 제32조 제1항 제6호의 규정에 위반하여 금지행위를 한 자

4. 제15조 제3항의 규정에 의한 다단계판매원등록증 또는 제15조 제5항의 규정에 의한 다단계판매원수첩을 교부하지 아니한 자

5. 제15조 제4항의 규정에 의한 다단계판매원등록부를 작성하지 아니한 자

6. 제30조의 규정에 위반하여 위약금을 과다하게 청구하거나 대금환급을 거부한 자

7. 제50조 제3항의 규정에 의하여 준용되는 독점규제및공정거래에관한법률 제50조 제1항 제1호의 규정에 의한 출석처분을 받은 당사자 중 정당한 사유없이 2회 이상 응하지 아니한 자로서 이 법의 규정을 위반한 자

8. 제50조 제3항의 규정에 의하여 준용되는 독점규제및공정거래에관한법률 제50조 제1항 제3호 또는 제3항의 규정에 의한 보고 또는 필요한 자료나 물건의 제출을 하지 아니하거나 허위의 보고 또는 자료나

물건을 제출한 자

9. 제50조 제3항의 규정에 의하여 준용되는 독점규제및공정거래에관한법률 제50조 제2항의 규정에 의한 조사를 거부, 방해 또는 기피한 자

② 다음 각 호의 1에 해당하는 자는 500만 원이하의 과태료에 처한다.

1. 제5조 제2항 및 제3항의 규정에 의한 신고를 하지 아니하거나 허위로 신고한 자

2. 제6조 제1항 또는 동 조 제3항의 규정에 위반하여 방문판매원 명부를 비치하지 아니하거나 성명 등을 명시하지 아니한 자

3. 제7조 제1항, 제16조 또는 제28조 제1항의 규정에 의한 계약서를 교부하지 아니한 자

4. 제20조 제2항의 규정에 위반하여 후원수당의 산정 및 지급기준을 변경한 자

5. 제20조 제4항의 규정에 위반하여 후원수당의 지급내역이나 지급기준의 열람을 허용하지 아니한 자

6. 제31조의 규정에 의한 재화 등의 거래기록 등을 소비자가 열람할 수 있도록 아니한 자

③ 제1항 및 제2항의 규정에 의한 과태료는 대통령령이 정하는 바에 따라 공정거래위원회 또는 시 도지사가 부과 · 징수한다.

④ 제1항 및 제2항의 규정에 의한 과태료의 부과기준은 대통령령으로 정한다.

⑤ 제1항 및 제2항의 규정에 의한 과태료 처분에 불복이 있는 자는 그 처분의 고지를 받은 날부터 30일 이내에 공정거래위원회 또는 시 · 도지사에게 이의를 제기할 수 있다.

⑥ 제1항 및 제2항의 규정에 의한 과태료 처분을 받은 자가 제5항의 규정에 의하여 이의를 제기한 때에는 공정거래위원회 또는 시 · 도지사는 지체없이 관할법원에 그 사실을 통보하여야 하며, 그 통보를 받은 관할법원은 비송사건절차법에 의한 과태료의 재판을 한다.

⑦ 제5항의 규정에 의한 기간 내에 이의를 제기하지 아니하고 과태료를 납부하지 아니한 경우, 공정거래위원회가 부과한 경우에는 국세 체납처분의 예에 의하여, 시 · 도지사가 부과한 경우에는 지방세 체납처분의 예에 의하여 이를 징수한다.

부　　칙

제1조【시행일】이 법은 2002년 7월 1일부터 시행한다.

제2조【신고 · 등록에 관한 경과조치】① 이 법 시행 당시 종전의 제4조의 규정에 의하여 방문판매업으로 신고를 한 자는 제5조의 규정에 의하여 시 · 도지사에게 신고한 것으로 본다. 다만, 계속하여 이 법에 의한 방문판매업을 영위하고자 하는 자는 이 법 시행 후 2월 이내에 제5조의 규정에 의한 신고사항을 보완하여야 한다.

② 이 법 시행 당시 종전의 제28조의 규정에 의하여 다단계판매업의 등록을 한 자는 이 법에 의하여 등록한 것으로 본다. 다만, 계속하여 이 법에 의한 다단계판매업을 영위하고자 하는 자는 이 법 시행 후 6월 이내에 제13조의 규정에 의하여 시 · 도지사에게 등록사항을 보완하여야 한다.

③ 이 법 시행 당시 종전의 제37조의 규정에 의하여 다단계판매업자가 환불보증금으로 공탁한 금액 또는 유가증권은 당해 다단계판매업

자가 이 법 제34조의 규정에 의한 소비자피해보상보험계약 등을 체결하고 제2항의 규정에 따라 등록사항을 보완한 날의 다음날부터 이를 반환받을 수 있다.

④ 이 법 시행 당시 종전의 제13조 또는 제42조의 규정에 의하여 영업의 폐지나 휴업을 신고한 방문판매업자 또는 다단계판매업자는 제5조 또는 제13조의 규정에 의하여 신고한 것으로 본다.

제3조【청약철회에 관한 경과조치】이 법 시행 당시 종전의 방문판매등에관한법률의 규정에 의하여 이루어진 거래에 대한 청약의 철회 및 그 효과 등에 관하여는 종전의 규정에 의한다.

제4조【영업의 정지처분에 관한 경과조치】이 법 시행 전에 종전의 방문판매등에관한법률의 규정에 의하여 시·도지사가 행한 영업정지처분에 관하여는 종전의 규정에 의한다.

제5조【벌칙 및 과태료에 관한 경과조치】이 법 시행 전의 행위에 대한 벌칙 및 과태료의 적용에 있어서는 종전의 규정에 의한다.

제6조【다른 법령과의 관계】이 법 시행 당시 다른 법령에서 종전의 방문판매등에관한법률 또는 그 규정을 인용하고 있는 경우, 이 법 중 그에 해당하는 규정이 있는 때에는 종전의 규정에 갈음하여 이 법 또는 이 법의 해당 규정을 인용한 것으로 본다.

깨끗한 정신세계를 공유할 수 있는 기회를 제공.
4·6판 양장본 / 144쪽 / 4,500원

사랑보다 소중한 삶의 의미
크리슈나무르티 지음 · 최윤영 엮음

금세기 최고의 사상가이자 철학자인 크리슈나무르티가 인간의 정신적 사고의 구조와 본질을 규명하여 인간의 삶에 대한 가장 완벽한 해답을 제시. 신국판 / 180쪽 / 4,000원

장자-어찌하여 알 속에 털이 있다 하는가
홍영의 엮음

동양 사상의 저변에 흐르고 있는 자연에의 경외감을 유감없이 표현한 장자를 통하여 인간 본연의 자세로 돌아가 나를 돌아보는 계기를 만들어 주는 책. 4·6판 / 180쪽 / 4,000원

논어-배우고 때로 익히면 즐겁지 아니한가
신도희 엮음

인간에게 필요불가결한 윤리와 도덕생활의 교훈들을 평이한 문체로 광범위하게 집약한 논어의 모든 것!!
4·6판 / 180쪽 / 4,000원

맹자-가까이 있는데 어찌 먼 데서 구하려 하는가
홍영의 엮음

반성과 자책을 통해 잃어버린 양심을 수습하고 선으로 복귀할 것을 천명하는 맹자 사상의 집대성!! 4·6판 / 180쪽 / 4,000원

아름다운 세상을 만드는 사랑의 메시지 365
DuMont monte Verlag 엮음 / 정성호 옮김

독일에서 출간 이후 1백만 권 이상 판매된 베스트셀러. 특별히 소중한 사람을 행복하게 만드는 독창적인 사랑고백법 365가지를 수록한 마음이 따뜻해지는 책. 4·6판 변형 / 240쪽 / 8,000원

건 강

식초건강요법
건강식품연구회 엮음 · 신재용(해성한의원 원장) 감수

가장 쉽게 구할 수 있고 경제적인 식품이면서 상상할 수 없을 정도로 뛰어난 약효를 지닌 식초의 모든 것을 담은 건강지침서! 신국판 / 224쪽 / 6,000원

아름다운 피부미용법
이순희(한독피부미용학원 원장) 지음

피부조직에 대한 기초 이론과 우리 몸의 생리를 알려줌으로써 아름다운 피부, 젊은 피부를 오래 유지할 수 있는 비결 제시!
신국판 / 296쪽 / 6,000원

버섯건강요법
김병각 외 6명 지음

종양 억제율 100%에 가까운 96.7%를 나타내는 기적의 약용버섯 등 신비의 버섯을 통하여 암을 치료하고 비만, 당뇨, 고혈압, 동맥경화 등 각종 성인병 예방을 위한 생활 건강 지침서!
신국판 / 286쪽 / 8,000원

성인병과 암을 정복하는 유기게르마늄
이상현 편저 · 캬오 샤오이 감수

최근 들어 각광을 받고 있는 새로운 치료제인 유기게르마늄을 통한 성인병, 각종 암의 치료에 대해 상세히 소개.
신국판 / 312쪽 / 9,500원

난치성 피부병
생약효소연구원 지음

현대의학으로도 치유불가능했던 난치성 피부병인 건선 · 아토피(태열)의 완치요법이 수록된 건강 지침서.
신국판 / 232쪽 / 7,500원

新 방약합편
정도명 편역

자신의 병을 알고 증세에 맞춰 스스로 처방을 할 수 있고 조제할 수 있는 보약 506가지 수록. 신국판 / 416쪽 / 15,000원

자연치료의학
오홍근(신경정신과 의학박사 · 자연의학박사) 지음

대한민국 최초의 자연의학박사가 밝힌 신비의 자연치료의학으로 자연산물을 이용하여 부작용 없이 치료하는 건강 생활 비법 공개!! 신국판 / 472쪽 / 15,000원

약초의 활용과 가정한방
이인성 지음

주변의 흔한 식물과 약초를 활용하여 각종 질병을 간편하게 예방 · 치료할 수 있는 비법제시. 신국판 / 384쪽 / 8,500원

역전의학
이시하라 유미 지음 · 유태종 감수

일반상식으로 알고 있는 건강상식에 대해 전혀 새로운 관점에서 비판하고 아울러 새로운 방법들을 제시한 건강 혁명 서적!!
신국판 / 286쪽 / 8,500원

이순희식 순수피부미용법
이순희(한독피부미용학원 원장) 지음

자신의 피부에 맞는 관리법으로 스스로 피부관리를 할 수 있는 방법을 제시하고 책 속 부록으로 천연팩 재료 사전과 피부 타입별 팩 고르기. 신국판 / 304쪽 / 7,000원

21세기 당뇨병 예방과 치료법
이현철(연세대 의대 내과 교수) 지음

세계 최초 유전자 치료법을 개발한 저자가 당뇨병과 대항하여 가장 확실하게 이길 수 있는 당뇨병에 대한 올바른 이론과 발병시 대처 방법을 상세히 수록! 신국판 / 360쪽 / 9,500원

신재용의 민의학 동의보감
신재용(해성한의원 원장) 지음

주변의 흔한 먹거리를 이용하여 신비의 명약이나 보약으로 활용할 수 있는 건강 지침서로서 저자가 TV나 라디오에서 다 밝히지 못한 한방 및 민간요법까지 상세히 수록!!
신국판 / 476쪽 / 10,000원

치매 알면 치매 이긴다
배오성(백상한방병원 원장) 지음

B.O.S.요법으로 뇌세포의 기능을 활성화시키고 엔돌핀의 분비 효과를 극대화시켜 증상에 맞는 한약 처방을 병행하여 치매를 치유하는 획기적인 치유법 제시. 신국판 / 312쪽 / 10,000원

21세기 건강혁명 밥상 위의 보약 생식
최경순 지음

항암식품으로, 다이어트식으로, 젊고 탄력적인 피부를 유지할 수 있게 해주는 자연식으로의 생식을 소개하여 현대인들의 건강 길라잡이가 되도록 하였다. 신국판 / 348쪽 / 9,800원

기치유와 기공수련
윤한홍(기치유 연구회 회장) 지음
누구나 노력만 하면 개발할 수 있고 활용할 수 있는 기 수련 방법과 기치유 개발 방법 소개. 신국판 / 340쪽 / 12,000원

만병의 근원 스트레스 원인과 퇴치
김지혁(김지혁한의원 원장) 지음
만병의 근원인 스트레스를 속속들이 파헤치고 예방법까지 속 시원하게 제시!! 신국판 / 324쪽 / 9,500원

김종성 박사의 뇌졸중 119
김종성 지음
우리나라 사망원인 1위. 뇌졸중 분야의 최고 권위자인 저자가 일상생활에서의 건강관리부터 환자간호에 이르기까지 뇌졸중의 예방, 치료법 등 모든 것 수록. 신국판 / 356쪽 / 12,000원

탈모 예방과 모발 클리닉
장정훈 · 전재홍 지음
미용적인 측면과 우리가 일상적으로 고민하고 궁금해 하는 털에 관한 내용들을 다양하고 재미있게 예들을 들어가면서 흥미롭게 풀어간 것이 이 책의 특징. 신국판 / 252쪽 / 8,000원

구태규의 100% 성공 다이어트
구태규 지음
하이틴 영화배우의 다이어트 체험서.
저자만의 다이어트법을 제시하면서 바람직한 다이어트에 대해서도 알려준다. 건강하게 날씬해지고 싶은 사람들을 위한 필독서! 4 · 6배판 변형 / 240쪽 / 9,900원

암 예방과 치료법
이춘기 지음
암환자와 가족들을 위해서 암의 치료방법에서부터 합병증의 예방 및 암이 생기기 전에 알 수 있는 방법에 이르기까지 상세하게 해설해 놓은 책. 신국판 / 296쪽 / 11,000원

알기 쉬운 위장병 예방과 치료법
민영일 지음
소화기관인 위와 관련 기관들의 여러 질환을 발병 원인, 증상, 치료법을 중심으로 알기 쉽게 해설해 놓은 건강서.
신국판 / 328쪽 / 9,900원

이온 체내혁명
노보루 야마노이 지음 · 김병관 옮김
새로운 건강관리 이론으로 주목을 받고 있는 음이온을 통해 건강을 돌볼 수 있는 방법 제시. 신국판 / 272쪽 / 9,500원

어혈과 사혈요법
정지천 지음
침과 부항요법 등을 사용하여 모든 질병을 다스릴 수 방법과 우리 주변에서 흔하게 접할 수 있는 각 질병의 상황별 처치를 혈자리 그림과 함께 해설. 신국판 / 308쪽 / 12,000원

약손 경락마사지로 건강미인 만들기
고정환 지음
경락과 민족 고유의 정신 약손을 결합시킨 약손 성형경락 마사지로 수술하지 않고도 자신이 원하는 부위를 고치는 방법을 제시하는 건강 미용서. 4×6배판 변형 / 284쪽 / 15,000원

정유정의 LOVE DIET
정유정 지음
널리 알려진 온갖 다이어트 방법으로 살을 빼려고 노력했던 저자의 고통스러웠던 다이어트 체험담이 실려 있어 지금 살 때문에 고민하는 사람들이 가슴에 와 닿는 나만의 다이어트 계획을 나름대로 세울 수 있을 것이다. 4×6배판 변형 / 196쪽 / 10,500원

머리에서 발끝까지 예뻐지는 부분다이어트
신상만 · 김선민 지음
한약을 먹거나 침을 맞아 살을 빼는 방법, 아로마요법을 이용한 다이어트법, 운동을 이용한 부분비만 해소법 등이 실려 있으므로 나에게 맞는 방법을 선택해 날씬하고 예쁜 몸매를 만들 수 있을 것이다. 4×6배판 변형 / 196쪽 / 11,000원

알기 쉬운 심장병119
박승정 지음
서울아산병원 심장 내과에 있는 저자가 심장병에 관해 심장질환이 생기는 원인, 증상, 치료법을 중심으로 내용을 상세하게 해설해 놓은 건강서. 신국판 / 248쪽 / 9,000원

알기 쉬운 고혈압119
이정균 지음
생활 속의 고혈압에 관해 일반인들이 관심을 가지고 예방할 수 있도록 고혈압의 원인, 증상, 합병증 등을 상세하게 해설해 놓은 건강서. 신국판 / 304쪽 / 10,000원

교 육

우리 교육의 창조적 백색혁명
원상기 지음
자라나는 새싹들이 기본적인 지식과 사고를 종합적 · 창조적으로 발전시켜 창조적인 사고능력을 배양할 수 있도록 한 교육지침서. 신국판 / 206쪽 / 6,000원

육아아이디어 263
생활건강린드그룹 엮음 한상신 옮김
세상에서 가장 예쁘고 소중한 우리 아기에게 언제나 여유로우면서도 무슨 일이든 척척 처리하는 현명한 신세대 엄마가 되기 위한 최신 육아 정보 수록! 신국판 / 318쪽 / 6,000원

현대생활과 체육
조창남 외 5명 공저
각종 현대병의 원인과 예방 및 운동요법에 대한 이론과 요즘 각광받는 골프 · 스키 · 볼링 등의 레저스포츠 총망라한 생활체육 총서. 신국판 / 340쪽 / 10,000원

퍼펙트 MBA
IAE유학네트 지음
기존의 관련 도서들과는 달리 Top MBA로 가는 길을 상세하고 완벽하게 수록. 가장 완벽하고 충실한 최신 정보 제공.
신국판 / 400쪽 / 12,000원

유학길라잡이 Ⅰ -미국편
IAE유학네트 지음
미국의 교육제도 및 유학을 가기 위해서 준비해야 할 절차, 미국 현지 생활 정보, 최신 비자정보 등을 한눈에 볼 수 있는 유학길잡이. 4 · 6배판 / 372쪽 / 13,900원

유학길라잡이 Ⅱ - 4개국편
IAE유학네트 지음
영어권 국가인 영국 · 캐나다 · 호주 · 뉴질랜드의 현지 정보 ·

교육제도 및 각 국가별 학교의 특화된 교육내용 완전 수록!!
4·6배판 / 348쪽 / 13,900원

조기유학길라잡이.com
IAE유학네트 지음
영어권으로 나이 어린 자녀를 유학보내기 위해 준비중인 학부모 및 준비생들이 반드시 읽어야 할 필독서!!
영어권 나라의 교육제도 및 학교별 데이터를 완벽하게 수록하여 유학정보서의 질을 한 단계 상승시킨 결정판!!
4·6배판 / 428쪽 / 15,000원

현대인의 건강생활
박상호 외 5명 공저
현대인들의 건강한 삶을 위한 사회체육의 중요성을 강조. 건강과 체력 증진을 위한 기본상식, 노인과 건강 등 이론과 스쿼시·스키·윈드 서핑 등 레저스포츠 등의 실기편으로 이루어진 알찬 내용 수록. 4·6배판 / 268쪽 / 15,000원

천재아이로 키우는 두뇌훈련
나카마츠 요시로 지음 · 민병수 옮김
머리가 좋은 아이로 키우기 위한 환경 만들기, 식사, 운동 등 연령별 두뇌 훈련법 소개. 국판 / 288쪽 / 9,500원

취미 · 실용

김진국과 같이 배우는 와인의 세계
김진국 지음
포도주 역사에서 분류, 원료 포도의 종류와 재배, 양조·숙성·저장, 시음법, 어울리는 요리와 와인의 유통과 소비, 와인 시장의 현황과 전망, 와인 판매 요령, 와인의 보관과 재고의 회전, '와인 양조 비밀의 모든 것'을 동영상으로 제작한 CD까지, 와인의 모든 것이 담긴 종합학습서.
국배판 변형양장본(올 컬러판) / 208쪽 / 30,000원

경제 · 경영

CEO가 될 수 있는 성공법칙 101가지
김승룡 편역
또 한 번의 경제위기를 겪고 있는 우리의 현실을 극복하고 일어설 수 있는 리더로서의 역할과 책임에 대한 명확한 해답을 제시해줄 것이다. 신국판 / 320쪽 / 9,500원

정보소프트
김승룡 지음
홍수처럼 쏟아지는 정보를 수집·분석하여 효과적으로 활용하는 방법을 총망라한 정보 전략 완벽 가이드!!
신국판 / 324쪽 / 6,000원

기획대사전
다카하시 겐코 지음 · 홍영의 옮김
기획에 관련된 모든 사항을 실례와 도표를 통하여 초보자에서 프로기획맨에 이르기까지 효율적으로 활용할 수 있도록 체계적으로 총망라하였다. 신국판 / 552쪽 / 19,500원

맨손창업 · 맞춤창업 BEST 74
양혜숙 지음
창업대행 현장 전문가가 추천하는 유망업종을 7가지 주제별로 나누어 수록한 맞춤창업서로 창업예비자들에게 창업의 길을 밝혀줄 발로 뛰면서 만든 실무 지침서!! 신국판 / 416쪽 / 12,000원

무자본, 무점포 창업! FAX 한 대면 성공한다
다카시로 고시 지음 · 홍영의 옮김
완벽한 FAX 활용법을 제시하여 가장 적은 자본으로 창업하려는 예비자들에게 큰 투자를 필요로 하지 않으면서 성공을 이끌어주는 길라잡이가 되는 실무 지침서. 신국판 / 226쪽 / 7,500원

성공하는 기업의 인간경영
중소기업 노무 연구회 편저 · 홍영의 옮김
무한경쟁시대에서 각 기업들의 다양한 경영 실태 속에서 인사·노무 관리 개선에 있어서 기업의 효율을 높이고 발전을 이룰 수 있는 원칙을 제시. 신국판 / 368쪽 / 11,000원

21세기 IT가 세계를 지배한다
김광희 지음
21세기 화두로 떠오른 IT혁명의 경쟁력에 대해서 전문가의 논리적이고 철저한 해설과 더불어 매장 끝까지 실제 사례를 곁들여 설명. 신국판 / 380쪽 / 12,000원

경제기사로 부자아빠 만들기
김기태 · 신현태 · 박근수 공저
날마다 배달되는 경제기사를 꼼꼼히 챙겨보는 사람만이 현대 생활에서 부자가 될 수 있다. 언론인의 현장감각과 학자의 전문성을 접목시킨 것이 이 책의 특성! 누구나 이 책을 읽고 경제원리를 체득, 경제예측을 할 수 있게 준비된 생활경제서적.
신국판 / 388쪽 / 12,000원

포스트 PC의 주역 정보가전과 무선인터넷
김광희 지음
포스트 PC의 주역으로 급부상하고 있는 정보가전과 무선인터넷 그리고 이를 구현하기 위한 관련 테크놀러지를 체계적으로 소개. 신국판 / 356쪽 / 12,000원

성공하는 사람들의 마케팅 바이블
채수명 지음
최근의 이론을 보완하여 내놓은 마케팅 관련 실무서. 마케팅의 정보전략, 핵심요소, 컨설팅실무까지 저자의 노하우와 창의적인 이론이 결합된 마케팅서. 신국판 / 328쪽 / 12,000원

느린 비즈니스로 돌아가라
사카모토 게이이치 지음 · 정성호 옮김
미국식 스피드 경영에 익숙해져 현실의 오류를 간과하고 있는 사람들을 위한 어떻게 팔 것인가보다 무엇을 팔 것인가를 차분히 설명하는 마케팅 컨설턴트의 대안 제시서!
신국판 / 276쪽 / 9,000원

적은 돈으로 큰돈 벌 수 있는 부동산 재테크
이원재 지음
700만 원으로 부동산 재테크에 뛰어들어 100배 불린 저자가 부동산 재테크를 계획하고 있는 사람들이 반드시 알아두어야 할 내용을 경험담을 담아 해설해 놓은 경제서.
신국판 / 340쪽 / 12,000원

바이오혁명
이주영 지음
21세기 국가간 경쟁부문으로 새로이 떠오르고 있는 바이오혁

명에 관한 기초지식을 언론사에 몸담고 있는 현직 기자가 아주 쉽게 해설해 놓은 바이오 가이드서. 바이오 관련 용어 해설 수록. 신국판 / 328쪽 / 12,000원

두뇌혁명

나카마츠 요시로 지음 · 민병수 옮김

『뇌내혁명』 하루야마 시게오의 추천작!!
어른들을 위한 두뇌 개발서로, 풍요로운 인생을 만들기 위한 '뇌'와 '몸' 자극법 제시. 4 · 6판 양장본 / 288쪽 / 12,000원

성공하는 사람들의 자기혁신 경영기술

채수명 지음

자기 계발을 통한 신지식 자기경영마인드를 갖추어야 한다는 전제 아래 그 방법을 자세하게 알려주는 자기계발 지침서.
신국판 / 344쪽 / 12,000원

CFO

교텐 토요오 · 타하라 오키시 지음 / 민병수 옮김

일반인들에게 생소한 용어인 CFO. 세계화에 발맞추어 기업이 경쟁력을 갖추려면 CFO, 즉 최고 재무책임자의 역할이 지금까지와는 완전히 달라져야 한다. 이에 기업을 이끌어가는 새로운 키잡이로서의 CFO의 역할, 위상 등을 일본의 기업을 중심으로 하여 알아보고 바람직한 방향을 제시한다.
신국판 / 312쪽 / 12,000원

네트워크시대 네트워크마케팅

임동학 지음

학력, 사회적 지위 등에 관계 없이 자신이 노력한 만큼 돈을 벌 수 있는 네트워크마케팅에 관해 알려주는 안내서.
신국판 / 376쪽 / 12,000원

주 식

개미군단 대박맞이 주식투자

홍성걸(한양증권 투자분석팀 팀장) 지음

초보에서 인터넷을 활용한 주식투자까지 필자의 현장에서의 경험을 바탕으로 한 주식 성공전략의 모든 정보 수록.
신국판 / 310쪽 / 9,500원

알고 하자! 돈 되는 주식투자

이길영 외 2명 공저

일본과 미국의 주식시장을 철저한 분석과 데이터화를 통해 한국 주식시장의 투자의 흐름을 파악함으로써 한국 주식시장에서의 확실한 성공전략 제시!! 신국판 / 388쪽 / 12,500원

항상 당하기만 하는 개미들의 매도 · 매수타이밍 999% 적중 노하우

강경무 지음

승부사를 꿈꾸며 와신상담하는 모든 이들에게 희망의 등불이 될 것을 확신하는 Jusicman이 주식시장에서 돈벌고 성공할 수 있는 비결 전격공개!! 신국판 / 336쪽 / 12,000원

부자 만들기 주식성공클리닉

이창회 지음

저자의 경험담을 섞어서 주식이란 무엇인가를 풀어서 써놓은 주식입문서. 초보자와 자신을 성찰해볼 기회를 가지려는 기존의 투자자를 위해 태어났다. 신국판 / 372쪽 / 11,500원

선물 · 옵션 이론과 실전매매

이창회 지음

선물과 옵션시장에서 일반인들이 실패하는 원인을 분석하고, 반드시 지켜야 할 투자원칙에 따라 유형별로 실전 매매 테크닉을 터득함으로써 투자를 성공적으로 할 수 있게 한 지침서!!
신국판 / 372쪽 / 12,000원

너무나 쉬워 재미있는 주가차트

홍성무 지음

주식시장에서는 차트 분석을 통해 주가를 예측하는 투자자만이 주식투자에서 성공하므로 차트에서 급소를 신속, 정확하게 뽑아내 매매타이밍을 잡는 방법을 알려주는 주식투자 지침서.
4 · 6배판 / 216쪽 / 15,000원

역 학

역리종합 만세력

정도명 편저

현존하는 만세력 중 최장 기간을 수록하였으며 누구나 이 책을 보고 자신의 사주를 쉽게 찾아보고 맞춰 볼 수 있게 하였다.
신국판 / 532쪽 / 10,500원

작명대전

정보국 지음

독자들 스스로 작명할 수 있도록 한글 소리 발음에 입각한 작명의 원리를 밝힌 길라잡이서. 신국판 / 460쪽 / 12,000원

하락이수 해설

이천교 편저

점서학인 하락이수를 직역으로 풀어 놓아 원작자의 깊은 뜻을 원형 그대로 전달하고 원문을 공부하려는 사람들에게 도움이 되는 해설서이다. 신국판 / 620쪽 / 27,000원

현대인의 창조적 관상과 수상

백운산 지음

관상학을 터득하여 적절히 운명에 대처해 나감으로써 어느 분야에서든지 성공적인 삶을 누릴 수 있는 비법을 전해줄 것이다. 신국판 / 344쪽 / 9,000원

대운용신영부적

정재원 지음

수많은 역사와 신비로운 영험을 지닌 1,000여 종의 부적과 저자가 수십 년간 연구 · 개발한 200여 종의 부적들을 집대성한 국내 최대의 영부적이다. 신국판 양장본 / 750쪽 / 39,000원

사주비결활용법

이세진 지음

컴퓨터와 역학의 만남!! 운명의 숨겨진 비밀을 꿰뚫어 보는 신 녹현사주 방정식의 모든 것을 수록. 신국판 / 392쪽 / 12,000원

컴퓨터세대를 위한 新 성명학대전

박용찬 지음

이름 속에 운명을 바꾸는 비결이 있다. 태어난 아기 이름은 물론 개명 · 상호 · 아호 짓는 법까지 사람이 살아가면서 필요한 모든 이름 짓기가 총망라되어 각자의 개성과 사주에 맞게 이름을 짓는 작명비법을 수록. 신국판 / 388쪽 / 11,000원

길흉화복 꿈풀이 비법
백운산 지음
길몽과 흉몽을 구분하여 그림과 함께 보기 쉽게 엮었으며, 특히 요즘 신세대 엄마들에게 관심이 '많은 태몽이 여러 가지로 자세하게 풀이되어 있다. 신국판 / 410쪽 / 12,000원

새천년 작명컨설팅
정재원 지음
혼자 배워야 하는 독자들도 정말 이해하기 쉽도록 구성된 신세대 부모를 위한 쉽고 좋은 아기 이름만들기의 결정판.
신국판 / 470쪽 / 13,000원

백운산의 신세대 궁합
백운산 지음
남녀궁합 보는 법뿐만 아니라 인간관계, 출세, 재물, 자손문제, 건강문제, 성격, 길흉관계 등을 미리 규명할 수 있도록 쉽게 풀어놓았다. 신국판 / 304쪽 / 9,500원

동자삼 작명학
남시모 지음
최초의 한글 성명학으로 한글의 독창성 · 우수성 · 과학성을 운명철학 차원에서 검증한, 한국사람에게 알맞은 건물명 · 상호 · 물건명 등의 이름을 자신에게 맞는 한글이름으로 지을 수 있는 작명비법을 제시한다. 신국판 / 496쪽 / 15,000원

구성학의 기초
문길여 지음
방위학의 모든 것을 통하여 개인의 일생운 · 결혼운 · 사고운 · 가정운 · 부부운 · 자식운 · 출세운을 성공적으로 이끄는 비법 공개. 신국판 / 412쪽 / 12,000원

혼자서 쉽고 빠르게 할 수 있는 소액재판
김재용 · 김종철 공저
나홀로 소액재판을 할 수 있도록 소장작성에서 판결까지의 실제 재판과정을 상세하게 수록하여 이 책 한 권이면 모든 것을 완벽하게 해결할 수 있다. 신국판 / 312쪽 / 9,500원

"술 한 잔 사겠다"는 말에서 찾아보는 채권 · 채무
변환철 지음
일반인들이 꼭 알아야 할 채권 · 채무에 관한 법률 사항을 빠짐없이 수록. 신국판 / 408쪽 / 13,000원

알기쉬운 부동산 세무 길라잡이
이건우 지음
부동산에 관련된 모든 세금을 알기 쉽게 단계별로 해설. 합리적이고 탈세가 아닌 적법한 절세법 제시.
신국판 / 400쪽 / 13,000원

알기쉬운 어음, 수표 길라잡이
변환철(변호사) 지음
어음, 수표의 발행에서부터 도난 또는 분실한 경우의 공시최고와 제권판결에 이르기까지 어음, 수표 관련 법률사항을 쉽고도 상세하게 압축해 놓은 생활법률서. 신국판 / 328쪽 / 11,000원

제조물책임법
강동근 · 윤종성 공저
제품의 설계, 제조, 표시상의 결함으로 소비자가 피해를 입었을 때 제조업자가 배상책임을 져야 하는 제조물책임 시대를 맞아 제조업자가 갖춰야 할 법률적 지식을 조목조목 설명해 놓은 법률서. 신국판 / 368쪽 / 13,000원

법률 일반

여성을 위한 성범죄 법률상식
조명원(변호사) 지음
성희롱에서 성폭력범죄까지 여성이었기 때문에 특히 말 못하고 당해야만 했던 이 땅의 여성들을 위한 성범죄 법률상식서. 사례별 법적 대응방법 제시. 신국판 / 248쪽 / 8,000원

아파트 난방비 75% 절감방법
고영근 지음
예비역 공군소장이 잘못 부과된 아파트 난방비를 최고 75%까지 줄일 수 있는 방법을 구체적인 법적 근거를 토대로 작성한 아파트 난방비 절감방법 제시. 신국판 / 238쪽 / 8,000원

일반인이 꼭 알아야 할 절세전략 173선
최성호(공인회계사) 지음
세법을 제대로 알면 돈이 보인다.
현직 공인중계사가 알려주는 합법적으로 세금을 덜 내고 돈을 버는 절세전략의 모든 것! 신국판 / 392쪽 / 12,000원

변호사와 함께하는 부동산 경매
최환주(변호사) 지음
새 상가건물임대차보호법에 따른 권리분석과 채무자나 세입자의 권리방어기법은 제시한다. 또한 새 민사집행법에 따른 각 사례별 해설도 수록. 신국판 / 404쪽 / 13,000원

생활법률

부동산 생활법률의 기본지식
대한법률연구회 지음 · 김원중 감수
부동산관련 기초지식과 분쟁해결을 위한 노하우, 테크닉을 제시하고 권두 특집으로 주택건설종합계획과 부동산 관련 정부 주요 시책을 소개하였다. 신국판 / 480쪽 / 12,000원

고소장 · 내용증명 생활법률의 기본지식
하태웅 지음
스스로 고소 · 고발장을 작성할 수 있도록 예문과 서식을 함께 소개. 또 민사소송에 대해서도 자세하게 설명.
신국판 / 440쪽 / 12,000원

노동 관련 생활법률의 기본지식
남동희 지음
4만 여 건 이상의 무료 상담을 계속하고 있는 저자의 상담 사례를 통해 문답식으로 풀어나가는 노동 관련 생활법률 해설의 최신 결정판. 신국판 / 528쪽 / 14,000원

외국인 근로자 생활법률의 기본지식
남동희 지음
외국인 연수협력단의 자문위원으로 오랜 시간 실무를 접했던 저자의 경험을 바탕으로 외국인 근로자의 체류자격 및 취업자격 등 법적 문제와 법률적 지위를 상세하게 다루었다.
신국판 / 400쪽 / 12,000원

계약작성 생활법률의 기본지식
이상도 지음
국민생활과 직결된 계약법의 기초를 이루는 핵심 기본지식을 간단명료한 해설 및 관련 계약서 작성 예문과 함께 제시.
신국판 / 560쪽 / 14,500원

지적재산 생활법률의 기본지식
이상도 · 조의제 공저
현대 산업사회에서 중요시되고 있는 특허, 실용신안, 의장, 상표, 저작권, 컴퓨터프로그램저작권 등 지적재산의 모든 것을 체계화하여 한 권으로 요약하였다. 신국판 / 496쪽 / 14,000원

부당노동행위와 부당해고 생활법률의 기본지식
박영수 지음
노사관계 핵심사항인 부당노동행위와 정리해고 · 징계해고를 중심으로 간단 명료한 해설과 더불어 대법원 판례, 노동위원회에 의한 구제절차, 소송절차 및 노동부 업무처리지침을 소개
신국판 / 432쪽 / 14,000원

주택 · 상가임대차 생활법률의 기본지식
김운용 지음
전세업자들이 보증금 반환소송이나 민사소송, 경매절차까지의 기본적인 흐름을 알 수 있도록 인터넷을 통한 실제 법률 상담을 전격 수록. 신국판 / 480쪽 / 14,000원

하도급거래 생활법률의 기본지식
김진홍 지음
경제적 약자인 하도급업자를 위하여 하도급거래 관련 필수적인 법률사안들을 쉽게 해설함과 동시에 실무에 필요한 12가지 하도급표준계약서를 소개. 신국판 / 440쪽 / 14,000원

이혼소송과 재산분할 생활법률의 기본지식
박동섭 지음
이혼과 관련하여 해결해야 할 법률문제들을 저자의 실무경험을 바탕으로 명쾌하게 해설하였다. 아울러 약혼이나 사실혼파기로 인한 위자료문제도 함께 다루어 가정문제로 고민하는 사람들에게 길잡이가 되도록 하였다. 신국판 / 460쪽 / 14,000원

부동산등기 생활법률의 기본지식
정상태 지음
등기를 하지 않으면 어떤 위험이 따르고, 등기를 하면 어떤 효력이 생기는가! 등기신청은 어떻게 하며, 필요한 서류는 무엇이고, 등기종류에는 어떤 것들이 있는가 등 부동산등기 전반에 걸쳐 일반인이 꼭 알아야 할 법률상식을 간추려 간단, 명료하게 해설하였다. 신국판 / 456쪽 / 14,000원

기업경영 생활법률의 기본지식
안동섭 지음
사업을 구상하고 있는 사람이나 현재 경영하고 있는 사람 및 관리실무자에게 필요한 법률을 체계적으로 알려주고 관련 법률서식과 서식작성 예문도 함께 소개. 신국판 / 466쪽 / 14,000원

교통사고 생활법률의 기본지식
박정무 · 전병찬 공저
교통사고 당사자가 쉽게 응용할 수 있도록 단계별 해결책을 제시함과 동시에 사고유형별 Q&A를 통하여 상세한 법률자문 역할을 하였다. 신국판 / 480쪽 / 14,000원

소송서식 생활법률의 기본지식
김대환 지음
일상생활과 밀접한 소송서식을 중심으로 소장작성부터 판결을 받을 때까지 그 서식작성요령을 서식마다 항목별로 자세하게 설명하였다. 신국판 / 480쪽 / 14,000원

호적 · 가사소송 생활법률의 기본지식
정주수 지음
개명, 성 · 본 창설, 취적절차 및 법원의 허가 및 판결에 의한 호적정정절차, 친권 · 후견절차, 실종선고 · 부재선고절차에 상세한 해설과 함께 신고서식 작성요령과 구비할 서류 및 재판절차에 대하여 자세히 설명. 신국판 / 516쪽 / 14,000원

상속과 세금 생활법률의 기본지식
박동섭 지음
상속재산분할, 상속회복청구, 유류분반환청구, 상속세부과처분취소 등 상속관련 사건들을 해결하는 데 도움이 되도록 상속법과 상속세법을 상세하게 함께 수록. 신국판 / 480쪽 / 14,000원

담보 · 보증 생활법률의 기본지식
류창호 지음
살아가다 보면 담보를 제공하거나 보증을 서는 일이 비일비재하다. 이렇게 담보를 제공하거나 보증을 섰는데 문제가 생겼을 때의 해결방법을 법조항 설명과 함께 실례를 실어 알아 본다.
신국판 / 436쪽 / 14,000원

처 세

성공적인 삶을 추구하는 여성들에게 우먼파워
조안 커너 · 모이라 레이너 공저, 지창영 옮김
사회의 여성을 향한 냉대와 편견의 벽을 깨뜨리고 성공적인 삶을 이루려는 여성들이 갖추어야 할 자세 및 삶의 이정표 제시!!
신국판 / 352쪽 / 8,800원

聽 이익이 되는 말 話 손해가 되는 말
우메시마 미요 지음 · 정성호 옮김
상호 교류감이 있는 대화가 인생과 비즈니스를 성공으로 이끈다. 직장이나 집안에서 언제나 주고받는 일상의 화제를 모아 실음으로써 대화의 참의미를 깨닫고 비즈니스를 성공적으로 이끌기 위한 대화술을 키우는 방법 제시!!
신국판 / 304쪽 / 9,000원

성공하는 사람들의 화술테크닉
민영욱 지음
개인간의 사적인 대화에서부터 대중을 위한 공적인 강연에 이르기까지 어떻게 말하고 어떻게 스피치를 할 것인가에 관한 지침서. 신국판 / 320쪽 / 9,500원

부자들의 생활습관 가난한 사람들의 생활습관
다케우치 야스오 지음 · 홍영의 옮김
경제학의 발상을 기본으로 하여 사람들이 살아가면서 생활에서 생각해 볼 수 있는 이익을 보는 생활습관과 손해를 보는 생활습관을 수록, 독자 자신에게 맞는 생활습관의 기본 전략을 설계할 수 있도록 제시. 신국판 / 320쪽 / 9,800원

코끼리 귀를 당긴 원숭이-히딩크식 창의력을 배우자
강충인 지음
코끼리와 원숭이의 우화를 히딩크의 창조적 경영기법과 리더

십에 대비하여 자기혁신, 기업혁신을 꾀하는 창의력 개발법을 제시. 신국판 / 208쪽 / 8,500원

성공하려면 유머와 위트로 무장하라
민영욱 지음

21세기에 들어 새로운 추세를 형성하고 있는 말 잘하기. 이러한 추세에 맞추어 현재 스피치 강사로 활약하고 있는 저자가 말을 잘하는 방법과 유머와 위트를 만들고 즐기는 방법을 제시한다. 신국판 / 292쪽 / 9,500원

등소평의 오뚝이전략
조창남 편저

중국 역사상 정치 · 경제 · 학문 등의 분야에서 최고 위치에 오른 리더들의 인재활용, 상황 극복법 등 처세 전략 · 전술을 통해 이 시대의 성공인으로 자리매김하는 해법 제시.
신국판 / 304쪽 / 9,500원

명 상

명상으로 얻는 깨달음
달라이 라마 지음 · 지창영 옮김

티베트의 정신적 지도자이자 실질적 지도자인 달라이 라마의 수많은 가르침 가운데 현대인에게 필요해지고 있는 인0에 대한 이야기. 국판 / 320쪽 / 9,000원

어 학

2진법 영어
이상도 지음

영어학습의 대혁명!!
2진법 영어의 비결을 통해서 기존 영어학습 방법의 단점을 말끔히 해소시켜 주는 최초로 공개되는 고효율 영어학습 방법. 적은 시간을 투자하여 영어의 모든 것을 획기적으로 향상시킬 수 있는 비법을 제시한다. 4 · 6배판 변형 / 328쪽 / 13,000원

한 방으로 끝내는 영어
고제윤 지음

일상생활에서의 이야기를 바탕으로 하는 영어강의로 영어문법은 재미없고 지루하다고 생각하는 이 땅의 모든 사람들의 상식을 깨면서 학습 효과를 높이기 위한 공부방법을 제시하는 새로운 영어학습서.
이 책으로 영어문법을 마스터하여 영어의 벽을 뛰어넘도록 하자. 신국판 / 316쪽 / 9,800원

한 방으로 끝내는 영단어
김승엽 지음 / 김수경 · 카렌다 감수

일상생활에서 우리가 무심코 던지는 영어 한마디가 당신의 영어수준을 드러낸다는 사실을 깨닫게 하는 영어 실용서. 풍부한 예문을 통해 참영어를 배우겠다는 사람, 무역업이나 관광 안내업에 종사하는 사람, 영어권 나라로 이민을 가려는 사람들에게 많은 도움을 줄 것이다. 4 · 6배판 변형 / 236쪽 / 9,800원

테마별 고사성어로 익히는 한자
김경익 지음

세글자, 네글자로 이루어진 고사성어를 통해 실용한자를 익히고 성어 속에 담긴 의미도 오늘에 맞게 재해석 해보는 한자 학습서 4 · 6배판 변형 / 248쪽 / 9,800원

해도해도 안 되던 영어회화 하루에 30분씩 90일이면 끝낸다
Carrot Korea 편집부 지음

온라인과 오프라인을 넘나들면서 영어학습자들의 각광을 받고 있는 린다의 현지 생활 영어 수록. 교과서에서 배울 수 없었던 생생한 실생활 영어를 90일 학습으로 모두 끝낼 수 있다.
4 · 6배판 변형 / 260쪽 / 15,000원

바로 활용할 수 있는 기초생활영어
김수경 지음

다양한 상황에 대처할 수 있도록 인사나 감정 표현, 전화나 교통, 장소 및 기타 여러 사항에 관한 기초생활영어를 총망라.
신국판 / 240쪽 / 10,000원

스포츠

수열이의 브라질 축구 탐방 삼바 축구, 그들은 강하다
이수열 지음

축구에 대한 관심만으로 각 나라의 축구팀, 특히 브라질 축구팀에 애정을 가지고 브라질 축구팀의 전력 및 각 선수들의 장단점을 나름대로 분석하고 연구하여 자신의 의견을 피력하고 있는 축구 길라잡이서. 신국판 / 280쪽 / 8,500원

마라톤, 그 아름다운 도전을 향하여
빌 로저스 · 프리실라 웰치 · 조 헨더슨 공저 / 오인환 감수 / 지창영 옮김

마라톤에 입문하고자 하는 초보 주자들을 위한 마라톤 가이드서. 올바르게 달리는 법, 음식 조절법, 달리기 전 준비운동, 주자에게 맞는 프로그램 짜기, 부상 예방법을 상세하게 설명하고 있다. 4 · 6배판 / 320쪽 / 15,000원

퍼팅 메커닉
이근택 지음

감각에 의존하는 기존 방식의 퍼팅은 이제 그만!!
저자 특유의 과학적 이론을 신체근육 운동학에 접목시켜 몸의 무리를 최소한으로 덜고 최대한의 정확성과 거리감을 갖게 하는 새로운 퍼팅 메커닉 북.
4 · 6배판 변형 / 192쪽 / 18,000원

네트워크시대 네트워크마케팅

2003년 3월 25일 제1판 1쇄 발행

지은이/임동학
펴낸이/강선희
펴낸곳/가림출판사

등록/1992. 10. 6. 제4-191호
주소/서울시 광진구 구의동 57-71 부원빌딩 4층
대표전화/458-6451 팩스/458-6450
홈페이지 http://www.galim.co.kr
e-mail galim@galim.co.kr

값 12,000원

ISBN 89-7895-133-3 13320